THOMAS MOORE

SA VIE & SES ŒUVRES

D'APRÈS DES DOCUMENTS PRIS AU BRITISH MUSEUM

THÈSE FRANÇAISE

PRÉSENTÉE A LA FACULTÉ DES LETTRES DE BORDEAUX

PAR

Gustave VALLAT

Censeur des Études au Lycée d'Orléans.

PARIS

ARTHUR ROUSSEAU, ÉDITEUR

14, rue Soufflot, et rue Toullier, 13

LONDON, Asher and C°.
DUBLIN, Hodges Figgis and C°.

1886

A

LA MÉMOIRE

DE

MON PÈRE BIEN-AIMÉ

INTRODUCTION

La vie et les œuvres de Thomas Moore, qu'un de ses compatriotes appelle l' « Enchanteur d'Erin (1), » ne sont encore que très imparfaitement connues en France. Ses biographies parues jusqu'à présent chez nous sont défectueuses et peu précises (2), les meilleures même sont incomplètes (3). Quant à ses œuvres, nous entendons parler de ses principales, on n'en a le plus souvent qu'une idée très vague. Cependant Moore a joué dans la société de son temps et dans la littérature anglaise, pendant la première partie de notre siècle, un rôle trop considérable pour que nous ne cherchions pas à le mieux connaître. Nous nous proposons, à l'aide de documents que nous avons pris en grande partie au British Museum (4), de l'étudier dans le milieu social où il

---

(1) Voyez à la fin du chapitre X le début du poème du Docteur Oliver Wendell Holmes.

(2) Notice sur la vie et les œuvres de Thomas Moore, par O'Sullivan.

(3) Thomas Moore. Biographie Universelle de Firmin Didot.

Thomas Moore, sa vie et ses mémoires. Eugène Forcade. Revue des Deux-Mondes, Février 1853.

Thomas Moore. Léo Quesnel. Revue littéraire. N° 46, Mai 1879.

(4) Nous avons consulté les principales éditions des OEuvres de Moore et tous les travaux sur Moore, consistant, pour la plupart, en articles critiques, notices biographiques et littéraires, mémoires, qu'on trouve

est né, où il a grandi, vécu, pensé, écrit, d'observer l'influence de ce milieu sur lui, son influence sur ce milieu, de le considérer dans ses rapports avec ses amis et les Grands, de le suivre pas à pas dans le cours de tous ses travaux littéraires, en un mot, de juger l'homme et l'écrivain dans sa vie et dans ses œuvres, puis de montrer, après l'avoir comparé aux illustres poètes de son époque, ce qui le distingue entre tous, et de rechercher quelle est sa place parmi eux.

A notre travail nous avons joint une notice de tous les écrits de Moore (1) et de tous les ouvrages relatifs à Moore que possèdent le British Museum et notre Bibliothèque nationale.

---

disséminés dans les revues, les journaux, les encyclopédies, les dictionnaires, les ouvrages et les histoires de littérature anglaise et dans plusieurs éditions des Œuvres mêmes du poète. Deux écrivains anglais, Montgomery et Symington, ont écrit chacun un volume uniquement sur Moore ; mais ils ont laissé dans leur livre des lacunes regrettables : l'un, tout en racontant assez longuement la vie de Moore, omet quelquefois certains détails qui ont leur importance ; l'autre a trop écourté, en général, sa biographie. Quant à la critique des œuvres, elle est parfois chez tous les deux bien insuffisante : ainsi, Symington consacre à peine quelques lignes aux « Odes d'Anacréon, » à des ouvrages d'une plus grande portée, tels que « les Poèmes satiriques » faisant suite aux « Lettres interceptées, » « l'Epicurien » et « les Fudge en Angleterre. » Montgomery est plus laconique au sujet des « Odes d'Anacréon » et des « Fudge » qu'il nomme simplement. Nous ne parlons pas de ces œuvres moins importantes, comme la publication du « Monde à Westminster, » sur laquelle ces deux critiques gardent le silence, les poèmes sur la « Corruption » et « l'Intolérance, » les « Soirées en Grèce, » qu'ils se contentent de mentionner. Aucun critique anglais n'a encore fait une étude complète sur la vie et les œuvres de Thomas Moore.

(1) Au British Museum, soixante-quatre pages du catalogue 150 (H) sont exclusivement consacrées à l'indication des éditions variées de ses œuvres.

THOMAS MOORE

SA VIE & SES ŒUVRES

CHAPITRE PREMIER

(1779-1799)

Moore à la Maison et au Collège. — Premières œuvres.

Date de la naissance de Moore. — Sa famille. — Son enfance. — Ses premiers vers. — Ses premiers maîtres. — Supériorité de son intelligence. — Son goût pour le théâtre. — Il devient correspondant d'une revue littéraire. — Le bill de 1793. — Moore entre au collège. — Il obtient une récompense extraordinaire pour des vers anglais. — Ses dispositions pour la musique. — Ode au Roi de Dalkey. — Etat des esprits dans l'Université. — Robert Emmet. — La Société de Dialectique. — Moore concourt pour l'obtention d'une bourse. — La Société d'Histoire. — « Ode sur Rien. » — Moore adresse une lettre au journal « La Presse. » — Caractère de cette lettre. — Sa mère découvre qu'il en est l'auteur. — Promesse de ne plus recommencer. — Ses amis. — Son amour du plaisir et du travail. — Il traduit Anacréon. — Ses visites assidues à la Bibliothèque Marsh. — Son bonheur. — Il dédie ses premières œuvres à sa mère. — « La Lampe de sainte Agathe. » — Passion de Moore pour la musique. — Ce qu'il doit à Edward Hudson. — Vocation de Moore. — Les jours d'épreuves. — Inquisition politique au collège. — Insurrection de 1798. — Les victimes. — Mort d'Emmet. — Douleur de Moore. — Il termine ses études avec succès. — Considération dont il jouit. — Il se destine au barreau. — Son départ pour Londres.

Thomas Moore naquit à Dublin le 28 mai 1779. Andrew Symington (1) a tort d'affirmer que ce fut en 1780 ; car non seulement Moore déclare le contraire (2), mais encore le registre même de baptême de l'église de Saint-André, dont nous donnons ci-dessous un extrait officiel (3), démontre définitivement que l'année 1779 fut bien celle de sa naissance. Il était le seul garçon de la famille. Ses parents, de condition obscure, mais gens fort respectables, étaient des catholiques romains. Sa mère, Anastasie Codd, jeune femme spirituelle et enjouée, avait reçu une excellente éducation ; elle était fille d'un petit commerçant de Wexford (4). Avant son mariage, John Moore avait à Dublin, rue Grafton, dans « Johnston's Court », un petit fonds de vin. La dot de sa femme lui ayant permis de donner

(1) Life Sketch of Thomas Moore, p. 9.
(2) Memoirs of Moore. Vol. 1. Memoirs of myself.
(3)   CHURCH OF St ANDREW,
                Westland-row, Dublin,
                          This 22nd day of September 1885.
I certify that Thomas Moor, son of John and Anastasia, was Baptized according to the rite of the Catholic Church, on the 30th— day of May, A. D. 1779, Sponsors being James Dowling and Margaret Lynch as appears from the Baptismal Register of the United Parishes of St. Andrew, St. Mark, St. Peter, and St. Anne, kept in the Church of St. Andrew, Westland-row, Dublin.
                              Signé :
                          Abraham PLUNKETT,
                              Adm. of said Parishes.
Dans le registre de baptême, le nom de Moore est écrit tel que le reproduit cette pièce, sans e. C'est, sans aucun doute, une inadvertance commise par l'ecclésiastique qui dressa l'acte de baptême.
(4) Memoirs of Moore. Vol. 1. Memoirs of myself.

plus d'extension à son commerce, il avait changé de logement, et il tenait alors un magasin d'épicerie et de liqueurs, rue Aungier, N° 12, au coin de la rue « Little Longford. » Cette maison est encore telle qu'elle était à cette époque, avec sa boutique sentant, comme par le passé, le fromage de Stilton et le whisky d'Irlande ; car on y vend toujours les mêmes denrées (1). Dans l'arrière-boutique, Mistress Moore, qui aimait le plaisir, donnait souvent le thé à des personnes fort bien élevées de sa société, à quelques-unes même de la gentry. Moore, tout enfant, assistait à ces réunions, sa mère étant d'avis qu'il ne saurait apprendre trop tôt à se plaire dans la bonne compagnie (2). Il dut à cette fréquentation du monde une vivacité d'imagination si précoce et des manières si charmantes, qu'on disait par badinage qu'il avait des relations avec les fées. Au-dessus de la boutique, on peut voir encore le petit salon où Tom fit ses premiers vers, et dans lequel, un an ou deux après son entrée au collège, il joua, avec sa sœur aînée et une ou deux autres personnes, une pièce bouffonne de sa composition (3). Un critique (4) dit qu'il avait environ treize ans, quand il écrivit ses premiers vers ; un autre (5) avance qu'il en avait onze ; un autre (6) prétend qu'il était déjà poète et versificateur à cinq ans. Il y a, ce nous semble, dans ces affirmations, plus de fantaisie que de vérité ; car Moore déclare lui-

(1) Austin Allibone. Critical Dictionary of english literature and british and american authors living and deceased, from the earliest accounts to the latter end of the nineteenth century. Vol. II, p. 1354. Trübner and Co. London, 1870.
(2) Memoirs of Moore. Vol. I. Memoirs of myself.
(3) Moore's poetical Works. Preface to the first volume.
(4) Allibone. Critical Dictionary of english literature. Vol. II.
(5) Forcade. *Revue des Deux-Mondes*, Février 1853.
(6) Léo Quesnel. *Revue littéraire*, N° 46, Mai 1879.

même qu' « il est réellement incapable de dire à quel âge il a commencé à jouer, à chanter, à rimer (1). » Certes, nous ne doutons pas qu'il n'ait, comme le célèbre Pope, bégayé sa pensée en vers ; mais les premiers dont il a conservé le souvenir sont ceux qu'il avait composés sur un jouet nommé « quiz », qui faisait fureur vers l'an 1789 :

« The ladies, too, when in the streets, or walking in the green, »
« Went quizzing on, to show their shapes and graceful mien. »

Tom alla d'abord à l'école chez Mr. Malone. Ce maitre passait la plus grande partie de ses nuits à boire dans les cabarets et ne paraissait guère en classe avant midi. Il était alors généralement d'humeur à fouetter ses élèves, parce qu'ils interrompaient ses sommes. Mistress Moore ne voulant pas que son fils fût exposé aux lubies brutales d'un ivrogne, le retira de cette école et le confia aux soins de Mr. Samuel Whyte, homme d'une vanité ridicule, mais d'un cœur excellent, et qui avait longtemps joui d'une grande réputation comme professeur de déclamation. C'était l'ancien précepteur de Richard Brinsley Shéridan, qu'il avait jadis imprudemment jugé « un lourdaud incorrigible. » Tom admirait son maître et s'appliquait à marcher sur ses traces : il déclamait et faisait des vers. Aux jours d'examen public, il brillait plus que ses petits camarades, au vif désappointement de leurs mamans, à la grande satisfaction de la sienne. Il paraissait encore plus jeune qu'il n'était, et pourtant il n'avait alors que sept ou huit ans, si nous en croyons le mot d'un gentleman à une maman jalouse disant de lui : « Oh ! c'est un petit vieillard rabougri ; il ne peut

---

(1) Moore's poetical Works. Preface to the first volume.

avoir moins de onze ou douze ans. » — « Dans ce cas, Madame, il a dû avoir quatre ans avant sa naissance (1). »

A cette époque, le goût des théâtres de société était général en Irlande, et dans plusieurs grandes maisons on donnait fréquemment des représentations où des personnes considérables jouaient les principaux rôles.

Mr. Whyte écrivait ordinairement les prologues et les épilogues des pièces, et dirigeait les représentations. C'est à ce moment que le jeune Moore fit sa première apparition sur la scène. Elle fut suivie de plusieurs autres et toujours avec plein succès ; car Mr. Whyte, qui avait reconnu et secondé de son mieux les dispositions de son élève pour l'art théâtral, n'hésitait pas à le produire dans toutes les occasions. Tom, non content d'être acteur, voulut aussi être auteur, et, à l'imitation de son professeur, il composa l'épilogue d'une pièce qui fut jouée au théâtre de Lady Borrowes. Le programme du spectacle, publié dans les Mélanges de Mr. Whyte, en fait foi (2). Il est daté de 1790. Tom avait onze ans. En Octobre 1793, il se hasarda à envoyer deux courtes pièces de vers à une revue de Dublin, appelée « *Anthologia Hibernica,* » qui leur fit bon accueil. C'étaient une poésie « A Zélie » qui l'accusait de trop écrire sur l'amour, et une « Ballade pastorale » sur l'indifférence cruelle de Célie. Ces deux pièces, d'une beauté réelle, annonçaient déjà l'art divin du poète qui toucha plus tard, d'une manière enchanteresse, les cordes de sa lyre. Trois mois après, en livrant à la publicité, dans le courant de Février 1794, sa « Paraphrase de l'ode V^e d'Ana-

---

(1) Andrew Symington. Life sketch of Thomas Moore, p. 10.
(2) « An Epilogue. — A Squeeze to S^t. Paul's. — Master Moore. »

créon », la même revue le saluait du titre flatteur de
« Correspondant estimé. » Jamais aucun honneur ne lui
causa depuis une joie pareille. Le mois suivant parut
encore, dans l' « *Anthologia Hibernica,* » son sonnet
« A Samuel Whyte ». Le digne homme en fut si heureux
et si fier qu'il le reproduisit en 1795, dans la troisième
édition de ses « Poémes sur des sujets variés ».

En 1793, un bill du Parlement avait ouvert l'Université aux catholiques. Ainsi commençait à s'accomplir le
vœu que le jeune Moore avait entendu former avec
enthousiasme en 1792, dans un diner donné en l'honneur de la Révolution française : « Puissent les brises
venues de France faire verdir notre Chêne irlandais ».
L'admission des catholiques dans l'Université était leur
premier pas vers l'affranchissement. Moore put le faire.
Il entre, pendant l'été de 1794, au collège de la Trinité.
Bientôt il trouve l'occasion de montrer dans son travail
une heureuse originalité, qui attire sur lui l'attention du
Conseil et lui concilie ses sympathies. A l'examen trimestriel, au lieu de remettre, comme les autres étudiants, le sujet d'usage écrit en prose latine, le plus
souvent pour la forme et à peine digne d'être lu, il
présente une pièce de vers anglais. L'examinateur,
homme de goût, appréciant fort la composition, lui
demande si elle est bien son œuvre ; sur sa réponse
affirmative, non seulement il lui assure qu'elle lui fait
beaucoup d'honneur, mais encore il lui promet de la
mettre sous les yeux du Conseil. Celui-ci, se plaisant à
reconnaître le mérite de l'auteur, lui donne pour récompense un exemplaire magnifiquement relié des « Voyages d'Anacharsis », avec un certificat constatant, dans
un latin un peu plat, que l'ouvrage lui a été accordé
« propter laudabilem in versibus componendis pro-

gressum » (1). Moore consacre ses heures de loisir aux arts d'agrément, surtout à la musique, dont il avait jadis, sans beaucoup de succès, appris les éléments sous la direction du maître de musique de sa sœur, et qu'il sait maintenant par intuition.

Son premier essai de satire politique date de ce temps. Sa Majesté le Roi de Dalkey lui en fournit l'occasion. Il existait alors un club politico-burlesque qui avait fondé un véritable royaume à Dalkey, petite île rocheuse, située à quelques milles de la cité, près du rivage de la magnifique et pittoresque baie de Dublin. Ce royaume surpassait tous les royaumes anciens ou modernes par le nombre de ses sinécures. Chaque année, en l'honneur de l'anniversaire de son couronnement, le Roi Etienne conférait à quelques-uns de ses sujets de nouvelles dignités : au milieu de son peuple en liesse, dans les ruines d'une vieille église qui lui servaient de palais, il donnait ainsi le titre de « Sir Charles Melody » au fameux chanteur Incledon et celui de « Countess of Laurel » à Mistress Battier, célèbre par ses satires. Dans ce travestissement du pouvoir monarchique, on observait avec une gravité comique le cérémonial et les pompes de la royauté. Ces scènes divertissantes inspirèrent à Moore l'Ode pindarique, où mettant en opposition la sécurité du Monarque de l'Ile, entouré de ses joyeux sujets, avec les craintes qu'indique « le carrosse en métal » de son royal frère d'Angleterre, il appelle Etienne « Roi des Cœurs » et George « Roi des Diamants » (2).

(1) Moore's poetical Works. Preface to the first volume.
(2)   « George has of wealth the Dev'l and all, »
    » Him we may King of Diamonds call, »
    » But thou hast such persuasive arts, »
    » We hail thee, Stephen, King of Hearts. »

Depuis un certain temps les idées de justice et de liberté, que la Révolution française avait réveillées dans l'esprit public, s'étaient répandues dans l'intérieur même du collège où un jeune homme, destiné à jouer un rôle douloureux, mais à jamais mémorable, dans les graves événements qui approchaient, fixait déjà l'attention de ses condisciples. C'était le plus jeune des fils du Docteur Emmet. Robert avait eu jusque-là, dans le cours de ses études, de brillants succès, particulièrement en sciences. Il ne se distinguait pas moins par l'éclat de son talent oratoire, et, dans la vie privée, par la simplicité, la pureté et la douceur de ses mœurs. Il y avait dans le collège deux Sociétés ayant pour but de cultiver, l'une, l'art de la discussion, l'autre, les études historiques. La première était la moins ancienne. Moore avait donc commencé, peu après son entrée au collège, par en faire partie. On y traitait des questions de ce genre : « Quel gouvernement, de l'aristocratie ou de la démocratie, contribue le plus à l'avancement des sciences et des lettres ? » — « Un soldat était-il obligé en toute occasion d'obéir aux ordres de son commandant (1) ». Comme on le voit, la politique tenait autant sinon plus de place que la littérature dans ces questions. Le jeune Emmet, l'un des orateurs les plus avancés, apportait dans son argumentation une hardiesse d'esprit, une sûreté de jugement, une chaleur d'âme qui enlevaient l'auditoire. Moore s'intéressait vivement à ces débats politiques et littéraires, et en tirait grand profit.

Sur ces entrefaites, en 1797, une bourse devint vacante ; Thomas savait bien que les catholiques étaient toujours exclus de ces honneurs et avantages universi-

---

(1) Moore's poetical Works. Preface to the fourth volume.

taires, mais il savait aussi qu'il ferait plaisir à sa mère (1), en montrant publiquement que, par son savoir, il méritait de les obtenir ; car la nature n'avait pas fait de l'intelligence le privilège des protestants. Il se présenta donc à l'examen et en subit les épreuves de la manière la plus brillante. Toutefois, il ne retira de ce beau succès qu'une gloire stérile, puisqu'il continua ses études au compte de ses parents ; aussi lui arriva-t-il plus d'une fois de parler avec quelque amertume de l'injustice des lois qui l'empêchaient, lui et ses coreligionnaires, d'obtenir la récompense d'un mérite purement littéraire.

Vers le même temps, il fut admis dans la Société d'Histoire, vaste champ où tous les anciens étudiants de talent faisaient l'essai de leurs forces. Elle était divisée en deux camps, le parti monarchique et le parti démocratique. Emmet dirigeait celui-ci, et sa puissance était telle, que les autorités du collège se virent dans la nécessité de recourir à un personnage de l'Université, d'une éloquence éprouvée, pour neutraliser l'effet produit par l'enthousiasme du jeune et bouillant orateur. La Société d'Histoire avait l'habitude d'ouvrir un concours à époque fixe et d'accorder aux meilleurs travaux des prix ou des médailles. Moore, ayant eu la fantaisie de concourir, envoya une poésie extravagante, intitulée « Une Ode sur Rien », avec des Notes par « Trismegistus Rustifustius, D. D. » Une commission fut désignée pour lire les divers sujets anonymes, avant que la Société rendît son jugement. Il arriva que Moore, soit par hasard, soit par malice, fut choisi pour donner lecture de ses propres vers. La nature comique de l'ode et la manière théâtrale de la débiter firent éclater de rire

---

(1) Moore's poetical Works. Preface to the first volume.

l'assemblée, et la médaille fut décernée, à l'unanimité, au Docteur « Rustifustius. » (1).

A peine deux des chefs les plus habiles de l' « Union Irlandaise, » Thomas Addis Emmet et Arthur O'Connor, avaient-ils fondé le célèbre journal « *La Presse* » pour être l'organe de leur société, que Moore, poussé par l'ardeur de son patriotisme et la conscience de son habileté à manier la plume, jeta une lettre dans la boite de l'éditeur. La démarche n'était pas sans péril, car elle tendait à établir publiquement son attachement au parti. Thomas attendit le résultat avec une vive impatience. Le journal parut : quelle joie ! Sa lettre y était insérée, et, comme il lisait habituellement le journal à ses parents, il eut le plaisir de les entendre approuver chaleureusement, tout en les trouvant « très hardis », les sentiments qu'elle exprimait. Cette lettre était si violente, que plus tard le Comité secret de la Chambre des Communes, pour donner une idée des desseins formidables de l' « Union Irlandaise », en cita, parmi d'autres extraits de « *La Presse*, » deux ou trois paragraphes. Tout le monde ignorait qu'il en était l'auteur. Une personne seule le savait : c'était un jeune ami de collège, nommé Edward Hudson, qui vint à la maison le lendemain matin et dit à Thomas d'un air mystérieux : « Eh bien, vous savez.....? » Sa mère entendit par hasard ces mots et devina tout. Alors, avec cette seconde vue dont certaines mères sont douées, prévoyant les malheurs qui menaçaient son fils, s'il se lançait dans la politique militante du journalisme, elle le supplia de ne jamais plus s'aventurer sur un terrain aussi dangereux, et Thomas le lui promit (2).

(1) Moore's poetical Works. Preface to the fourth volume.
(2)   Id.   Id.

Il est à remarquer que Moore ne choisissait pas tous ses amis intimes parmi l'élite de ses condisciples : quelques-uns étaient seulement ce qu'on appelle de bons garçons. Il savait en effet, par expérience, que la plupart des élèves renommés pour leurs talents étaient d'ennuyeux pédants. Au nombre de ceux avec lesquels il s'était lié plus particulièrement à cause de leur gaieté et de leur bonne nature, se trouvaient Beresford Burston, fils d'un avocat éminent, et Bond Hall : ces deux jeunes gens avaient, à proprement parler, le dos tourné à la littérature, mais c'étaient de bons garçons fort plaisants. Le badinage de Bond Hall était même si charmant que Moore, de son propre aveu, le préférait, dans les rapports ordinaires, à la pure science. Thomas avait encore pour ami un autre étudiant très drôle, connu pour être un hâbleur : il se nommait Hugh George Macklin, mais, à cause de ce mérite, on l'appelait Hugo Grotius Braggadocio. Comme on lui demandait un jour, à l'approche d'un examen, s'il était bien préparé à ses Sections coniques, « préparé », dit-il, « mais je pourrais bien les démontrer en sifflant (1). » Ce mot peint le personnage et montre comme il devait être amusant.

Toutefois, si Moore se plaisait tant, à certains moments, en joyeuse compagnie, il savait être, en temps opportun, aussi sérieux que les plus graves de ses camarades, et jamais l'excitation au plaisir, quelque puissante qu'elle fût dans son entourage, ne ralentit même un instant l'ardeur de ses nobles inspirations, ni ses efforts pour les réaliser. Ne le voyons-nous pas se remettre à sa traduction d'Anacréon, dans l'unique espoir d'obtenir quelque honneur ou quelque récompense, comme il lui

---

(1) H. R. Montgomery. Thomas Moore, his life, writings etc. p. 18.

était arrivé déjà d'en obtenir, à l'examen trimestriel, pour une pièce de vers anglais (1)? Avant de présenter au Conseil un choix de ses odes, il s'ouvre de son projet à l'un des plus anciens agrégés du collège, le Docteur Kearney, en lui soumettant son manuscrit. Ce savant n'a pas de peine à lui faire entendre que le Conseil de l'Université ne pourrait approuver, par une récompense publique, la traduction de telles poésies. Cependant il loue son ouvrage, et l'engage à le publier, quand il l'aura achevé, ajoutant : « Les jeunes gens le trouveront à leur goût ». Pour faciliter son travail, il lui prête la curieuse publication de Spaletti qui donne un fac-simile de ces pages d'un manuscrit de la Bibliothèque du Vatican contenant les odes attribuées à Anacréon. La vieille bibliothèque attenante à la cathédrale de Saint-Patrick, appelée Bibliothèque Marsh, du nom de l'archevêque son fondateur, offre au jeune travailleur de précieuses ressources pour l'intelligence du texte grec. D'autre part, le bibliothécaire adjoint, le Révérend Mr. Cradock, pousse l'obligeance jusqu'à mettre à sa disposition, même à cette époque de l'année où la bibliothèque est toujours fermée au public, les ouvrages dont il a besoin. Il en tire les notes qu'il se propose d'ajouter à sa traduction. En furetant, il découvre une collection d'anciennes poésies irlandaises qui font ses délices et dont quelques-unes deviennent pour lui des thèmes d'inspiration. Les émotions les plus douces agitent en ce moment son âme. Au plaisir de la composition il en joint un plus grand, celui d'être approuvé par sa mère, à laquelle il communique ses premiers essais. « Quoique les efforts de mon talent plus mûr, dit-il, puissent aspirer à l'applaudisse-

(1) Moore's poetical Works. Préface to the first volume.

ment d'un juge moins partial, les louanges qu'elle m'accorde seront toujours plus chères, bien plus chères à mon esprit que toutes les autres. » Il nous dévoile ainsi le secret de son cœur dans la belle dédicace à sa mère, qui se trouve en tête du manuscrit in-8° contenant, avec un petit nombre de ses premières poésies de jeunesse transcrites pour elle, un curieux fragment de prose, « La Lampe de sainte Agathe » (1), parodie heureuse des romans mystérieux et surnaturels d'Anne Radcliffe. Mais il éprouve d'autres jouissances intellectuelles et morales qui n'ont pas moins de charme : la musique les lui procure. Ce n'est plus pour lui seulement un art, c'est une passion. Longtemps à l'état latent, cette passion a enfin éclaté avec force : il sent qu'elle est l'unique source de son enthousiasme poétique, que toute poésie vraiment digne du nom de poésie provient de son effort pour traduire dans le langage les sentiments que la musique lui semble exprimer (2). Bien plus, depuis l'heure où son ami Edward Hudson, en jouant sur la flûte quelques-uns des anciens airs irlandais publiés sans les paroles l'année précédente, en 1796, par Mr. Bunting, lui a révélé les beautés de la musique nationale (3), sa passion musicale a pris un caractère patriotique. En effet, les destinées de la patrie sont intimement unies à celles de la musique sur cette terre classique des bardes. Moore accepte comme un sacerdoce l'héritage des Carolan et des Arthur O'Neill : il sera barde comme eux ; c'est sa vocation, et il lui devra un jour la meilleure partie de sa gloire.

(1) Prose and Verse by Thomas Moore chiefly from the author's manuscript.
(2) Moore's poetical Works. Preface to the fifth volume.
(3) Moore's poetical Works. Preface to the fourth volume.

Cependant les inquiétudes, les angoisses, l'appréhension viennent subitement troubler son bonheur, interrompre ses charmantes occupations, détruire ses beaux projets. Peu de temps avant la formidable explosion du complot de 1798, le Gouvernement et les autorités du collège sont avertis que l' « Union » a des ramifications dans les murs de l'Université. Alors l'impérieux et fier Chancelier Fitzgibbon (Lord Clare), qui était aussi Vice-Chancelier de l'Université, procède à une instruction minutieuse, pour connaître la nature de ces ramifications, et en user sommairement avec les inculpés. La peine prononcée pour refus de répondre aux questions posées est le renvoi immédiat de l'Université et l'exclusion de toute profession libérale. Les étudiants le plus gravement compromis font défaut, bien que par ce moyen ils n'évitent pas la peine portée contre ceux qui refusent de répondre. Parmi les jeunes conspirateurs dont le silence, à l'appel de leurs noms, prouve la culpabilité, se trouve Robert Emmet. Quelques-uns avouent leur participation au complot et ont le même sort que ceux qui ne veulent rien dire, quand il s'agit d'incriminer leurs camarades. Mais ce qu'il y a de plus douloureux, surtout d'humiliant pour tous ces braves jeunes gens, c'est de voir que certains d'entre eux ont, pour se sauver, la lâcheté de dénoncer leurs compagnons. Moore s'attend à être appelé d'un instant à l'autre. Ses pauvres parents sont dans la consternation. Toutefois, n'écoutant que leur devoir, ils ont le courage de lui conseiller, au mépris de ses intérêts les plus chers, de garder le silence, si l'on cherche à le faire parler sur ses condisciples. Enfin, son tour vient. Il comparaît devant le redoutable tribunal, où siège le Vice-Chancelier au regard sévère, assisté du Docteur Duigenan, connu pour ses éternels pamphlets contre les catholiques (1). On lui demande de prêter serment ; il déclare qu'il a une objection à faire à cette demande. « Quelle est votre objection ? » lui dit durement le Vice-Chancelier. « Je n'ai aucune crainte, Milord, répond-il, que mes paroles, quelles qu'elles soient, tournent à ma charge ; mais elles pourraient contribuer à en compromettre d'autres, et j'ai du mépris pour le rôle de celui qui se laisserait entraîner, dans de telles circonstances, à faire une dénonciation contre ses camarades. » Il réprouve ainsi hautement les délations de la veille. — « Quel âge avez-vous ? » lui dit Fitzgibbon. « Entre dix-sept et dix-huit », repart Moore. — « Nous ne pouvons souffrir qu'une personne qui refuse de prêter ce serment, reste dans l'Université. » Alors, Moore s'y décide, mais à contre-cœur et se promettant bien de ne pas répondre aux questions qui auraient trait aux autres. Après quelques considérations sur l'existence incontestable de Sociétés Unies Irlandaises dans le collège, le Vice-Chanchelier lui parle ainsi : « Avez-vous jamais appartenu à l'une de ces Sociétés ? » — « Non, Milord. » — « Avez-vous jamais entendu parler d'une proposition faite à l'une de leurs réunions, pour l'achat d'armes et de munitions de guerre ? » — « Jamais, Milord. » — « Avez-vous jamais eu connaissance d'une proposition faite, dans une de ces Sociétés, relativement à l'utilité de l'assassinat ? » — « Oh ! non, Milord. » Fitzgibbon, après avoir échangé quelques mots avec le Docteur Duigenan, lui dit : « Puisque telles sont les réponses que vous êtes capable de donner, quelle était, je vous prie, la cause de votre grande répugnance à prêter le ser-

---

(1) Moore's poetical Works. Preface to the fourth volume.

ment ? » — « J'ai déjà dit à votre Seigneurie ma principale raison ; d'ailleurs, c'était le premier serment que j'eusse jamais prêté, et l'hésitation était, je crois, naturelle. » Là s'arrête l'interrogatoire. On le congédie : il est sauf. C'est à l'observation des sages conseils de ses parents qu'il le doit. Ses camarades le reçoivent à bras ouverts, lui témoignent toute leur admiration pour sa fermeté et sa présence d'esprit. Certes, ils ont raison de l'admirer ; car il leur a prouvé une « fidélité héroïque (1), » vraiment bien rare à son âge.

Peu de temps après, éclate l'insurrection dont nous connaissons le funeste dénouement, et dans laquelle coule à flots le sang le plus pur. Que de cœurs généreux sont victimes de leur amour pour la patrie et la liberté ! Moore a la douleur de voir périr Edward Fitzgerald, les frères John et Henry Sheares, et tant d'autres qu'il a accompagnés de ses vœux dans cette noble mais imprudente tentative d'affranchissement. Cependant, de tous ces héros, celui dont le sort excite le plus la commisération publique est Robert Emmet. Sa jeunesse, ses grandes qualités intellectuelles qui en auraient fait l'un des premiers ornements de sa patrie, son caractère chevaleresque, la noblesse et la pureté de ses sentiments sont autant de titres à la sympathie dont le cœur le plus insensible aurait peine à se défendre. Les dernières paroles qu'il prononce accusent une âme forte, simple et vertueuse, convaincue de la justice de sa cause : « Le flambeau de mon existence est presque usé, ma course est finie. Tout ce que je demande donc, en quittant le monde, est la charité de son silence. Que personne n'écrive mon épitaphe....., que ma tombe reste sans

---

(1) The Edinburgh Review. April 1854, p. 518.

inscription, jusqu'à ce que d'autres hommes et d'autres temps apprennent à rendre justice à ma mémoire (1). » Quel désespoir pour Moore de perdre un tel ami, protestant humain et charitable, champion désintéressé des catholiques, orgueil et gloire de ses condisciples ! Il le pleure, comme David pleura Jonathas, et, comme David aussi, il payera à sa mémoire, dans un chant incomparable, le tribut de son inaltérable affection.

L'année terrible de 1798 tire à sa fin ; Moore achéve ses études et se présente, non sans effroi, à l'examen du baccalauréat ès arts : en effet, le bruit court que le Lord Chancelier fait des difficultés pour recevoir quelques-uns de ceux qu'il a soumis précédemment à l'interrogatoire. Lord Clare le reconnaît, comme le montre une observation qu'il adresse au Proviseur, à mi-voix, mais d'un ton qui annonce des dispositions plutôt bienveillantes. Moore passe l'examen sans encombre et obtient le grade de bachelier. Bientôt après il rencontre Fitzgibbon à dîner chez Sir George Shee, puis une autre fois dans la rue, où le hautain personnage daigne tirer son chapeau à l'humble étudiant, marque de considération vraiment flatteuse pour lui (2).

L'année 1799 commence : le moment est venu pour Moore de choisir une carrière. Ses parents désirent qu'il entre dans le barreau. Il fait donc préalablement enregistrer son nom à Middle Temple par le père de son ami Beresford Burston. Le jour du départ arrive : il est profondément ému, comme tout le monde dans la famille; car il ne s'agit pas d'une séparation de quelques jours pour une partie de plaisir : il pressent que ce voyage va

---

(1) Moore's poetical Works. Preface to the fourth volume.
(2) H. R. Montgomery. Thomas Moore, his life, writings, etc., p. 26.

décider de son avenir. Toute sa petite fortune est en guinées ; sa mère a pris soin de les coudre, avec un scapulaire, dans la ceinture de son pantalon. Enfin, disant adieu aux siens et à sa ville natale, il part pour Londres, avec la double intention de prendre ses inscriptions et de publier par souscription sa traduction des Odes d'Anacréon.

CHAPITRE II

(1799-1802)

Traduction des « Odes d'Anacréon. » « Œuvres poétiques de feu Thomas Little. »

Premières relations de Moore à Londres. — Ses occupations. — Le Docteur Hume. — Quelques odes d'Anacréon jugées par le Docteur Lawrence. — Moore fait connaissance de Lord Moira. — Ses relations dans le grand monde. — Il y trouve des souscripteurs. — Publication de sa traduction d'Anacréon. — Examen de l'ouvrage. — Son caractère. — Sa valeur. — Sa vogue. — Grande réputation de Moore. — Il est fêté dans tous les salons. — Sa vie de plaisirs. — Ses affections de famille. — Sa pureté de cœur. — Son amour du travail ne perd rien de sa force. — Ses « Poèmes de Jeunesse. » — Raison pour laquelle il les publie. — Ses regrets à ce sujet. — Ce que montre sa poésie « My birthday. » — Thomas Little comparé à Horace et à Prior. — Genre de ses poésies. — Leur examen. — Véritable caractère de Little. — Jugement de Byron. — Little est-il un Catulle ? — Aspirait-il à être un Tibulle ? — Ses poésies sont-elles de même nature que celles d'Alfred de Musset ? — Leur mérite littéraire.

Arrivé à Londres, Moore loue un modeste logement au N° 44 de « George Street, » près de Portman Square. Il a d'abord à peine quelques amis et ne connaît aucun personnage d'importance dans le monde ; ensuite, grâce à des lettres qui lui servent d'introduction, il est reçu dans quelques familles, principalement irlandaises, où il peut, à son gré, passer toutes ses soirées. Aussi écrit-il à sa mère : « Si j'aimais à sortir, il n'y a pas de soir où je ne pourrais aller à une soirée de babil féminin, boire du thé, jouer aux bouts-rimés et manger un sandwich. » Il suit les cours de droit ; mais, à vrai dire, il s'occupe de sa traduction d'Anacréon plus que des œuvres de Justinien. Il fait part de ses odes à un vieil ami, le Docteur Hume, qui en communique quatre au Docteur Lawrence. Celui-ci, dans sa réponse datée du 20 Décembre 1799, dit qu'elles sont en général très élégantes et très poétiques, et que parfois Mr. Moore a donné à sa pensée un joli tour qu'on ne trouve pas dans l'original. Cependant il juge qu'il a trop amplifié plusieurs passages ; puis, par une inconséquence qui trahit son goût pour la paraphrase, l'éminent critique propose d'ajouter quatre vers (1) à un endroit déjà amplifié de cinq vers dans l'ode LV, pour établir soi-disant la distinction et la gradation d'un plaisir (2). Il ressort de là que les lettrés d'alors, en Angleterre, goûtaient fort l'amplification. Moore peut publier son livre sans nulle inquiétude : il a beau jeu avec de tels juges qui, certes, ne lui adresseront jamais de graves reproches au sujet de son penchant naturel pour la paraphrase. Par l'intermédiaire du Docteur Hume, il est à même de s'arranger avec Stockdale de Piccadily pour la publication de ses odes. Mais il n'en fait rien, car il vise à mettre son plan à exécution. Au moyen d'une lettre de recommandation de son ami Joseph Atkinson, le Secrétaire de l'Artillerie irlandaise, il entre dans les bonnes grâces du Comte de Moira, qui est à la tête de ce département. Reçu intimement dans

(1)
« 'Tis sweet the rich perfume to prove, »
» As by the dewy bush you rove ; »
» 'Tis sweet to dare the tangled fence, »
» To cull the timid beauty thence, »
» To wipe with tender hands away »
» The tears that on its blushes lay ; »
» Then, to the bosom of the fair, »
» The flower of love in triumph bear. »

(2) Moore's poetical Works. Preface to the first volume.

le cercle d'élite du noble Lord, à « Donington Park, » il lie connaissance avec Louis-Philippe, le Comte d'Artois, le Duc de Montpensier, le Comte de Beaujolais et son compatriote Curran. Lord Moira le présente au Prince de Galles, au Duc de Bedford, au Marquis de Lansdowne, qui lui promettent de souscrire pour la publication de son travail. En effet, bien qu'à son époque un écrivain puisse, sans la tutelle des grands, vivre honorablement du produit de son intelligence, Moore sait que le succès d'un ouvrage dépend souvent, à son début, des noms qui le patronnent ; aussi veut-il faire pour le sien, comme Dryden avait fait pour sa traduction de Virgile, et Pope pour son Iliade. Lord Moira comble ses vœux, en obtenant de son Altesse Royale, dont il est le conseiller intime, qu'elle lui permette de lui dédier ses Odes d'Anacréon. Elles paraissent à la fin de Mai 1800, avec une liste brillante de souscripteurs, parmi lesquels ne figurent pas les autorités du collège de la Trinité. Moore s'en venge en les appelant « une corporation de nigauds dépourvus même d'assez de sens pour remercier le ciel d'une production qui ressemble à un effort littéraire émané de leur masse alourdie (1) ».

Ce premier ouvrage eut trop d'influence sur l'avenir de Moore, pour ne pas nous y arrêter. Examinons donc dans quel esprit il fut composé et apprécions-le à sa juste valeur. On se demande quel était le dessein de Moore, quand, dans sa quatorzième année, avant d'entrer au collège, il se prit à traduire en vers anglais l'ode V d'Anacréon. Se proposait-il de faire mieux que ses prédécesseurs en ce genre ? Car il avait déjà paru en Angleterre plusieurs traductions d'Anacréon en

---

(1) Andrew Symington. Life sketch of Thomas Moore, p. 13.

vers (1), que Moore avait lues, sans aucun doute. Voulait-il montrer plus de précision que John Addison, plus d'élégance que Francis Fawkes ? Nous ne croyons pas qu'il en ait jamais eu l'intention. Sa traduction n'eut d'autre cause que son commerce intime avec le Chantre même de Téos. D'une nature ardente et gaie, il sympathisa d'abord beaucoup avec l'aimable vieillard dont les poésies furent pour lui « toute beauté, tout enchantement (2) ». Puis sa sympathie devint une inclination : « Si, en poésie, dit-il, un sentiment exprimé avec une élégante simplicité, et enrichi des créations les plus enjouées de l'imagination, est un charme qui invite à l'imitation ou la mérite, où trouverons-nous un guide tel qu'Anacréon ? En morale aussi, avec quelque petite réserve, nous n'avons pas à rougir, je crois, de suivre ses traces. Car, si son chant est le langage de son cœur, bien que voluptueux et dissolu, il était simple et bienveillant ; et qui ne pardonnerait quelques irrégularités, quand elles sont rachetées par des vertus si rares et si attachantes ? (3) ». C'est principalement au penchant de son cœur que Moore céda en traduisant les Odes en l'honneur d'Aphrodite et de Dionysos ; il avait pour elles un véritable culte : « Nous ne pouvons, dit-il, nous empêcher d'éprouver une sorte de vénération pour ces reliques classiques de la religion de l'antiquité. » (4). Aussi comme il lui répugne d'avouer (5) qu'il y a de

(1) The works of Anacreon Translated into English Verse
{ by several hands, 1713.
by John Addison, 1735.
by Francis Fawkes, 1760.
by Urquhart, 1787.

(2) Thomas Moore. Remarks on Anacreon.
(3) Ode LX of Anacreon. Note 4.
(4) Ode LVI of Anacreon. Note 6.
(5) Moore's poetical Works. Preface to the first volume.

fortes raisons pour croire qu'elles sont d'invention moderne ! Son respect pour elles démontre qu'il n'en a jamais été réellement convaincu. Il les trouve évidemment presque toutes dignes du poète ; disons plus, s'il les a en si haute estime, c'est qu'il les croit authentiques. Il ne met, du reste, positivement en doute que les odes XXII, LII, LXI. Nous présumons même que, s'il n'avait eu la persuasion que la plupart sont l'œuvre d'Anacréon, il eût renoncé à les traduire : il eût fait pour les odes comme pour les épigrammes, dont il ne traduisit qu'une seule, parce que les autres ne lui parurent point dignes d'être traduites (1).

Il y a peu d'odes que Moore n'ait plus ou moins amplifiées. Cette tendance à embellir, si forte dans sa jeunesse, s'accusait à un degré moindre dans son adolescence, si nous en jugeons par la paraphrase sur la Rose publiée dans l'« *Anthologia Hibernica.* » Cette première version, essai d'écolier, comme l'appelle le traducteur lui-même, se rapproche plus de l'original que la seconde par sa simplicité et sa brièveté. « Rose ! .... épanouie sous l'action vivifiante du Printemps (2). » « Rose, tu es l'enfant le plus cher du Printemps, aux joues à fossettes (3). » Comme le style de cette seconde traduction est moins naturel que celui de la première ! « Et l'enfant de la déesse de Chypre, couronné de roses, danse avec chacune des Grâces sa ronde capricieuse (4). » Cette manière de rendre les trois vers d'Anacréon est plus précise que cette autre : « Cupidon aussi, sous les ombrages de Paphos, tresse sa chevelure avec un bandeau de roses,

---

(1) Ode XLII of Anacreon. Note 5.
(2) Anthologia Hibernica. February 1794.
(3) Ode XLIV.
(4) Anthologia Hibernica.

quand il suit avec ses sœurs, les Grâces rougissantes, les méandres de la danse folâtre (1)..» Quelle différence entre le langage du poète irlandais et celui du poète grec ! « Rose, dont l'enfant de Cythère couronne ses beaux cheveux, dansant avec les Charites. » Enfin, de la pièce plus travaillée a disparu l'apostrophe à la Rose, soigneusement conservée dans la composition spontanée de l'adolescent : « Bind my brows.... » Il est fâcheux que Moore ait renoncé à cette manière plus sobre et plus précise de peindre, car une traduction, comme un portrait, doit être la reproduction fidèle de l'original. Mais Moore ne l'entend pas ainsi : il paraît préférer un portrait, où la personne qu'il admire et qu'il aime est flattée ; c'est pourquoi, dans son interprétation poétique, il modifie certaines parties, en supprime quelques-unes, en accentue d'autres, au gré de son imagination et de son cœur.

Anacréon peint à grands traits, et par conséquent il permet à l'esprit, si bon lui semble, de se représenter jusque dans les moindres détails, à l'aide des idées qu'un seul de ses traits éveille, la figure dont il trace les principales lignes. Moore croit qu'on ne saurait mieux interpréter un modèle qu'en indiquant complètement ce qu'il laisse supposer ; aussi ses efforts tendent à exprimer tout ce qu'Anacréon a pu penser sans le décrire, et, de cette façon, il lui arrive souvent de peindre non pas ce que le poète grec a pensé, mais ce que lui-même a imaginé : « Sous le menton velouté, dont la fossette recèle un Amour, dessine la courbe gracieuse de son cou qui va se perdre dans un ciel de beauté ; tandisque des charmes sans nombre, au-dessus, au-dessous, s'ébattent en folâtrant autour de

(1) Ode XLIV.

cette colonne blanche comme la neige (1). » Anacréon se contente de dire : « Au dedans d'un menton voluptueux, autour d'un cou blanc comme le marbre, toutes les Charites voltigent. » Ailleurs le poète irlandais développe d'une manière subtile et chimérique les plaisirs toujours simples et positifs du poète grec, même au milieu des libations : « Mais alors reparaît le vin enchanteur, avec une femme séduisante dans son cortége ; et, tandis qu'autour de moi s'élèvent des parfums délicieux qui semblent être le souffle des soupirs d'une femme, des êtres resplendissants, de toute couleur et de toute forme, viennent assaillir en foule mon imagination enflammée, au point que le monde entier de la beauté parait affluer dans l'éblouissement de mes rêves (2) »

Cependant, il faut reconnaître que Moore a parfois l'art d'embellir avec bonheur, tant il se pénètre de la pensée qu'exprime son auteur de prédilection : « Donnez-moi, dit Anacréon, la lyre d'Homère sans la corde sanglante. » « Donnez-moi la harpe du chant épique, qui résonnait sous les doigts d'Homère ; mais enlevez la corde ensanglantée, car la guerre n'est pas le sujet que je chante (3). » Un même souffle anime ce refrain. La grâce et l'enjouement, qui ornent les vers suivants, sont en parfaite harmonie avec les sentiments du Barde de Téos : « Que Bacchus, l'enfant suave de Jupiter, exprime du raisin des larmes de joie, et, pendant qu'il sourit à chaque larme, que Vénus, à l'œil ardent, dansant auprès, avec les esprits qui président à la couche

---

(1) Ode XVI.
(2) Ode L. Ce passage ne se trouve pas dans la première traduction qui se rapproche de l'original beaucoup plus que celle-ci. C'est une retouche malheureuse de Moore. Voyez l'édition de Longmans, London 1875.
(3) Ode II.

nuptiale, effleure légèrement sous ses pieds l'herbe chargée de rosée (1). » Moore est surtout fort habile à mettre en relief les émotions mêmes que fait naître dans son cœur la poésie anacréontique, et, tout en ne la traduisant point à la lettre, il en reproduit fidèlement l'esprit, chaque fois du moins qu'il use de modération dans ses embellissements. Témoin ce petit drame où Anacréon, d'abord aux prises avec l'Amour, finit par succomber : « Je combattis contre l'Amour ! (Je combattis contre l'Amour !) Et il épuisa (tous) ses traits, et (dans ma terreur) je venais de fuir — quand (il poussa un soupir) d'indignation (de me voir ainsi en déroute sans blessure), et, n'ayant plus aucun autre trait, il s'élança lui-même (dans son cœur !) Mon cœur (ô jour malheureux !) reçut le dieu et mourut (2). » De telles additions, tout-à-fait conformes à la situation, ne modifient aucunement le drame ni le caractère des deux adversaires. « A travers plus d'un torrent impétueux (et profond), à travers d'inextricables fourrés et des précipices escarpés, je volais (en haletant, d'un pied fatigué), au point que (mon front) dégouttait d'une sueur (froide). Alors mon âme (épuisée, mourante), s'envolait (lentement) sur mes lèvres (3). » Ces quelques traits, ajoutés avec mesure, ne font qu'accuser certaines particularités de la scène décrite par le poète grec.

Mais le poète irlandais ne se contente pas d'embellir, à l'occasion, ce qui le charme le plus, il introduit souvent des modifications regrettables. Ainsi l'expression d'Anacréon, « chère hirondelle, » révèle une tendresse

---

(1) Ode V.
(2) Ode XIII.
(3) Ode XXXI.

qu'on ne retrouve pas dans « gentil oiseau (1) ». Ailleurs, « les cristaux de l'air glacé (2) » remplacent « l'eau qui coule », de sorte que le climat n'est plus le même. Vénus elle même, type accompli de la félicité, dont Moore peint avec ravissement (3) la beauté séduisante, sans être mélancolique, a pourtant un air sérieux ; car, au milieu de son cortége fortuné, elle ne rit pas comme la Kypris du tableau grec. Cependant ces changements ont peu de valeur, si on les compare à d'autres. Par exemple, dans trois pièces (4), le traducteur substitue une jeune fille à Bathylle, et donne plus d'une fois un ton de tristesse à des chants joyeux d'un bout à l'autre. Tel le passage, où il fait déplorer les blessures de son cœur à Anacréon, qui n'en témoigne aucune peine : « Ta harpe peut chanter les alarmes de Troie ou dire l'histoire de la guerre de Thèbes ; d'autres guerres passionneront mes chants ; ma harpe pleurera d'autres blessures (5) ». D'autres fois, il prend un ton langoureux qui contraste singulièrement avec celui d'Anacréon : « Je suis destiné à soupirer pour toi, heureux si tu pouvais soupirer pour moi (6). » Il lui arrive même de s'éloigner de cette simplicité qu'il admire à juste titre dans toutes les pièces du poéte grec : « Que le dieu fougueux ne reste pas seul, mais qu'il s'unisse aux nymphes (7) ». C'est ainsi qu'il traduit l'expression si simple d'Anacréon : « Mêle dix cyathes d'eau à cinq de vin. » Il idéalise parfois l'image : « L'Amour

(1) Ode XXV.
(2) Ode XXXIII.
(3) Ode LVII.
(4) Odes X, XV, XIX.
(5) Ode XXVI.
(6) Ode LI.
(7) Ode LXII.

niche maintenant dans mon âme. Oh oui! mon âme est le nid de Cupidon, je sens dans mon cœur le battement de ses ailes (1). » « Maintenant, au dedans de mes membres, dit Anacréon, il me chatouille de ses ailes. » Quand il ne peut reproduire l'image, au moins avec une certaine réserve (2), il la retranche (3).

Moore, à son gré, néglige les détails, quels qu'ils soient. Or, s'il en est dont l'unique valeur consiste dans une grâce toute naïve, pour ainsi dire homérique, il en est d'autres qui expliquent une action, éclairent un côté du caractère resté dans l'ombre, complètent heureusement une scène. Non seulement il omet les épithètes si naturelles et si jolies « χλιδανόσφυρος » (au pied mignon), « χρυσοχαίτας » (4) (à la chevelure d'or), mais encore il supprime, dans l'ode sur un Amour de cire (5), le mot « παντορέκτᾳ » (qui désire tout), le plus important de la pièce, puisqu'il fait connaître la raison pour laquelle le jeune homme veut se défaire de son petit dieu et le donner au prix qu'on voudra. N'a-t-il pas aussi grand tort de ne pas traduire, dans l'ode sur un Trait (6), le verbe « ὑπεμειδίασε » qui dévoile le plaisir malicieux

---

(1) Ode VI.
(2)   « Mine be the nymph whose form reposes »
    » Seductive on that bed of roses. »
       « 'εν δ'ἀπαλαῖσι κοίταις
       » τελεῖν τὴν Ἀφροδίτην »

Il revint même plus tard sur cette traduction, trouvée sans doute trop hardie, et la remplaça par cette autre, encore plus réservée :
      « And mine, while yet I' ve life to live,
      » Those joys that love alone can give. »

(3) Ode XXXVII.
      « 'εθέλοντα δὴ φιλῆσαι
      » φύγον ἐξ ὕπνου με πάντες »
(4) Ode XLIII.
(5) Ode XI.
(6) Ode XXVIII.

que Vénus éprouve à vaincre le dieu des armes ? Il est tout naturel que l'Amour, venant d'atteindre Anacréon de son trait, « saute de joie » (ἅλλεται) (1), comme il convient à un espiègle qui a joué un mauvais tour. Cependant Moore ne reproduit pas ce mouvement. Nous ne trouvons également, dans sa pièce sur la Colombe (2), rien qui réponde à l'idée si gracieuse « ἀφαρπάσασα χειρῶν. » Pourtant le poète irlandais, selon qu'il y attache du prix, traduit les moindres détails, souvent avec une précision remarquable. Citons comme exemples :

« καλοῖς ποδίσκοις » (3)	« Beauteous feet »
» κισσοστεφής » (4)	» Ivy leaves my brow entwining »
» ξανθὴ παῖ Διός » (5)	» Goddess with the sun-bright hair »
» δαφνηφόροιο Φοίβου » (6)	» Laurelled king. »

Moore remarque avec beaucoup de pénétration tout ce qu'il y a de frappant dans ce seul mot « Ἴδε » par lequel commence l'ode sur le Printemps (7) ; aussi débute-t-il de même : « See. » Avec un soin scrupuleux, il rend, à trois reprises, absolument comme dans le modèle, une répétition qui accuse fortement le caractère du fervent adepte de Dionysos :

« I will, i will be mad to-night. » (8).
« Θέλω θέλω μανῆναι. »

Moore ne se borne pas à observer et à retracer certains détails : il traduit quelquefois avec assez d'exactitude des passages entiers : « Qui pourrait sympathiser

(1) Ode XXXIII.
(2) Ode XV.
(3) Ode XXX.
(4) Ode XLVIII.
(5) Ode LXIV.
(6) Ode XII.
(7) Ode XLVI.
(8) Ode IX.

avec son plus cruel ennemi ? Mais quand je sens que mon esprit est allégé, qu'il n'est plus retenu par l'or grossier, alors je me délivre de toutes ces préoccupations tenaces, et je les jette aux vents voyageurs (1). » Ne retrouvons-nous pas les tons chauds et simples du maître dans ce portrait du jeune Bathylle ? « Emprunte à Mars son air belliqueux, à Vénus son regard doux et enflammé ; composes-en ici une expression telle que tour à tour nous puissions espérer et craindre. Ensuite, demande à la pomme colorée par le soleil le duvet velouté qui couvre sa joue ; et alors, si l'art peut aller jusque-là, montre la rougeur naïve de l'enfance (2). » Comme le poète irlandais sait aussi conserver le langage ingénu d'Eros ! « O mère .... je meurs de douleur. — En vérité, je meurs ! piqué par quelque petit serpent aux ailes naissantes. — C'était une abeille .... j'entendis un paysan l'appeler ainsi (3). »

Quoi qu'il en soit, la reproduction d'un ouvrage où l'écrivain embellit le plus souvent ce qui lui plaît, change ou retranche ce qui lui déplaît, ne peut s'appeler une traduction ; c'est une imitation libre. En qualité de musicien, Moore interprète les chants anacréontiques, comme l'artiste qui aime à composer des variations sur le thème d'un maëstro. La plupart de ses Odes sont des variations sur celles du poète grec : en général elles les rappellent plutôt qu'elles ne les rendent. Du reste, comme le dit un critique éminent (4), « les nations du Nord réussissent encore bien moins que celles du Midi dans

---

(1) Ode LVIII.
(2) Ode XVII.
(3) Ode XXXV.
(4) A. Mézières. Shakespeare, ses œuvres et ses critiques. Paris, 1882. Chap. IX, p. 600.

l'imitation de l'antiquité. » Le grand mérite de Moore est d'avoir réussi mieux peut-être que tout autre poëte anglais à imiter quelquefois fort heureusement un ancien.

Cette composition, où l'éclat du coloris s'unit aux agréments de tous genres, a un succès prodigieux : Moore est fêté dans tous les cercles fashionables, où il figure déjà avec l'aisance d'un parfait gentleman ; au reste, il a tout pour plaire : il est beau et spirituel, il joue fort bien du piano et chante avec âme, d'une manière qui ressemble au récitatif. C'est le « Chéri de la Société (1) », le « Lion (2) » du moment, pour tout dire, « Anacréon Moore. » Byron lui-même le saluera de ce nom glorieux dans ses vers immortels (3). Il n'a pas moins de trois parties de plaisir par nuit ; dîners, soirées, soupers sont les réjouissances données journellement en son honneur. Les dames le comblent de prévenances (4). Ainsi Lady Harrington a l'attention délicate de lui envoyer un billet qu'elle tient d'une des Princesses, pour qu'il puisse assister, s'il le désire, au concert du Roi, où l'on ne peut être admis avant d'être allé à la Cour. A un bal, le Prince de Galles, qu'il rencontre, lui demande avec affabilité des nouvelles de sa santé, et lui dit qu'il est heureux de le voir (5). Dans le tourbillon des plaisirs et l'ivresse du premier triomphe, si jeune il garde intact le culte de la famille. Il traite son père, qu'il estime « un des gentlemen de la nature », avec

---

(1) Thomas Shaw. A history of english literature, p. 444, London 1878.
(2) The Edinburgh Review. April 1854, p. 496.
(3) Don Juan. Canto I. CIV
(4) William Rossetti dit avec malice : « Dans le salon, c'est un bichon d'un plus beau poil. » Maxon's popular poets. — Moore's poetical Works. 1882. Prefatory notice, p. XXI.
(5) Voyez les lettres de Moore adressées à sa mère au commencement de 1801.

les mêmes égards, le même respect que si ce bon vieillard s'enorgueillissait des plus nobles ancêtres et du plus beau patrimoine. Il a pour sa mère une religieuse tendresse. Jamais il ne manque de lui écrire deux fois par semaine ; avec l'expansion d'un enfant, il raconte tout à « sa mère chérie, » les grandes comme les petites choses, son introduction chez le Prince de Galles, aussi bien que l'achat d'un porte-crayon ou d'un mouchoir de poche. Il a toujours un extrême attachement pour ses sœurs, surtout pour Hélène, dont la santé maladive n'aigrit pas l'aimable caractère, et qui chante très agréablement. Aussi se promet-il, dès qu'il en aura le moyen, de lui faire cadeau d'un piano. Moore conserve de la sorte, à l'âge de vingt et un ans, dans un tel milieu, toutes ses affections de famille et de foyer aussi pures et aussi vraies qu'il les avait en partant. C'est un trait de son caractère, et ce n'est pas le moins beau ni le moins louable. Un autre trait de son caractère, c'est, malgré l'entraînement de sa nature et les séductions de ce grand monde où l'on exalte ses qualités, de passer seul trois ou quatre semaines à Donington, profitant de la gracieuse hospitalité de Lord Moira pour enrichir son esprit des trésors que renferme la magnifique bibliothèque de son protecteur. Il n'y a, du reste, pas une page de son Journal qui ne montre avec quelle ardeur il se livrait aux travaux intellectuels, quand ses amis voulaient bien le lui permettre.

L'accueil sans pareil fait à son premier ouvrage lui donne l'idée de mettre au jour ses « Poèmes de jeunesse, » sous le pseudonyme de feu Thomas Little, Esq. La nécessité l'y décide. Il a dépassé de 60 *l.* le montant du crédit ouvert par son éditeur. C'est pour lui une dette énorme qu'il a peur de ne pouvoir jamais payer. Il manifeste franchement ses craintes à son éditeur, qui lui demande, pour acquitter sa dette, de lui céder la propriété de ses « Poèmes de jeunesse. » Moore y consent bien volontiers, et fait ainsi une excellente affaire pour l'éditeur, qui réalisa chaque année, pendant longtemps, grâce à son droit de propriété, plusieurs centaines de livres sterling. Ce nouvel ouvrage, composé en grande partie de poésies érotiques, avait pour beaucoup de gens l'attrait du fruit défendu. Même ceux qui le condamnaient, l'achetaient et le lisaient en secret.

Moore regretta amèrement plus tard de l'avoir publié, quand il eut un fils en état de le lire, et il essaya, mais en vain, de le retirer de la circulation. Son ami Samuel Rogers dit qu'il s'en repentait au point de verser des larmes de contrition, quand il en parlait avec lui. Il fit du reste allusion, dans sa poésie « My birth-day, » à ces écarts de jeunesse en termes qui montrent combien il en était repentant (1). Moore se jugeait alors avec trop de sévérité ; car, en somme, il n'avait rien fait de pire qu'Horace ou Prior, et cependant les Odes de l'un charment les plus sévères critiques du clergé anglican, tandis que les Contes de l'autre sont loués sur un monument dans l'abbaye de Westminster et défendus par le grand moraliste Johnson. Or, Little est plus excusable qu'Horace et Prior, par la raison qu'il est naïvement léger. Ses Odes sont d' « inoffensives folies (2) » : la pureté

(1) « Ah ! 'tis not thus the voice that dwells »
» In sober birth-days; speaks to me ; »
» Far otherwise — of time it tells »
» Lavished unwisely, carelessly — »
» Of counsel mocked — of talents, made »
» Haply for high and pure designs, »
» But oft, like Israel's incense, laid »
» Upon unholy, earthly shrines. »

(2) « Juvenile Poems. » To J. Atkinson, Esq.

de ses sentiments le prouve. Rappelons-nous le mot de son amie, Miss Godfrey : « Je crois que vous finirez, après tout, par devenir un saint ou un ange. » Atkinson le peint fort bien d'un trait, quand il le compare, dans ses saillies, à un « enfant qui joue sur le sein de Vénus. » Rien n'est plus vrai. Little est un enfant folâtre. En toute justice, nous devons le considérer comme tel. Ne le voyons-nous pas courir étourdiment à la recherche du bonheur ? Il se présente d'abord à ses yeux sous les traits de Patty, dont les charmes variés le captivent (1) ; puis Little porte à une autre son encens et ses vœux. A qui s'adresse son « Souviens-toi (2). » Est-ce à Patty ? On ne saurait l'affirmer. En tout cas, il conserve religieusement en lui-même l'image de celle que de durs liens attachent à un autre, et il exprime avec émotion la jouissance infinie qu'il trouve dans sa douleur même : « Oh ! crois-moi, quand je te le jure, ma bien-aimée ! La douleur de t'aimer, la douleur même est un bonheur plus doux que le transport le plus fougueux de la passion. » Mais sa douleur se calme, et un sourire rend à son âme toute sa sérénité. Dans son long pèlerinage d'amour, il ne manque pas de s'arrêter, en passant, au pied de chaque autel et d'y faire ses dévotions. Cependant, comme la réalité est rarement à la hauteur de l'idéal, il continue sa route, à la poursuite d'un bonheur qui lui échappe sans cesse au moment où il croit le tenir. Enfin, il trouve « La Châsse (3), » qu'il ne pense plus quitter, car il a devant lui une divine créature, à l'adoration de laquelle il se consacre tout entier, jusqu'au jour où il en rencontre une autre qui lui ressemble et qui, pour cette

---

(1) Variety.
(2) « Remember him thou leav'st behind. »
(3) The Shrine.

raison, égare son cœur. C'est peu : des sentiments tout opposés agitent tour à tour l'âme du jeune amant. Tantôt il montre une sensibilité exquise : témoin ce chant (1) où il a comme une intuition de l'amour pur et vrai, qui ne craint pas la mort, parce qu'il espère la vaincre et garder au-delà du tombeau une éternelle puissance ; tantôt il fait preuve d'une dureté qui révolterait, si elle n'était le dépit amoureux d'un enfant : « Oui ! si j'avais le loisir de soupirer et de pleurer, Fanny, ma très chère, dit-il, je soupirerais pour toi (2). » N'est-ce pas aussi le propre d'un enfant de tomber de la joie la plus vive (3) dans le chagrin le plus profond (4), d'élever bien haut (5) ce qu'un instant après on foule aux pieds (6), et qu'on relève (7) pour le porter aux nues de nouveau, sans autre motif que la mauvaise ou bonne humeur du moment ? Certes, nous pouvons dire de lui :

« .... Il pleure, il saute d'aise,
» Sans raison, d'heure en heure, il s'émeut et s'apaise. »

Little s'abandonne à ses mouvements naturels sans s'en rendre compte, et c'est à son insu, sans aucune mauvaise intention, qu'il manque à la bienséance ; car, s'il a trop de vanité pour ne pas faire montre de ses qualités, il n'a pas assez d'artifice pour cacher ses défauts.

En 1809, un jeune homme de vingt et un ans, plus ardent et plus passionné que Little, George Byron,

---

(1) To Rosa.
(2) Fanny, dearest.
(3) The Kiss.
(4) « Mary, I believed..... »
(5) To Julia. On her birth day.
(6) Inconstancy.
(7) Sympathy. To Julia.

eut la mauvaise grâce de faire son procès : « Qui, dans un mol abandon, fait résonner sa lyre émue, au milieu d'un chœur de jeunes filles enflammées d'un feu qui n'est pas celui de Vesta, aux yeux brillants et à la joue animée par la passion, pendant que les dames écoutent en silence ? C'est Little ! Le jeune Catulle de son temps, aussi doux, mais aussi immoral dans ses chants ! La muse affligée de condamner, doit pourtant être juste et ne point épargner les défenseurs mélodieux de l'impudicité (1). » Il est évident que l'indignation de voir critiquer ses « Heures de Loisir » poussa Byron à frapper indistinctement de ses traits acérés, sans grâce ni merci, tous les écrivains de son temps, quels qu'ils fussent. L'auteur de la poésie imitée de Catulle (2) aurait dû s'abstenir au moins de faire cause commune avec ses propres détracteurs, les Faiseurs de Bévues, contre un jeune poète qu'ils n'avaient pas épargné plus que lui, et dont lui-même avait, du reste, déjà parlé avec sympathie dans sa poésie « Au Comte de Clare (3). » Car Little est loin d'être « aussi immoral » que Catulle ; sa muse même semble modeste auprès de celle du poète latin : si elle ne trouve pas peut-être d'accents aussi chastes que ceux d'Acme et de Septimius (4), elle n'en fait jamais entendre d'impurs comme ceux de Catulle dans l'ode à Aurelius (5). Ce que Little aimait

---

(1) English Bards and Scotch Reviewers.
(2) Hours of Idleness. — To Ellen.
(3) « Poor Little ! sweet, melodious bard »
   » Of late esteem'd it monstrous hard, »
   » That he, who sang before all — »
   » He who the lore of love expanded, — »
   » By dire reviewers should be branded, »
     » As void of wit and moral. »
(4) Carmen, XLV.
(5) Carmen, XV.

surtout dans Catulle, c'était « une sensibilité native (1), » et, s'il lui ressemble, c'est seulement par cette faculté.

On a dit que Moore, « au titre d'Anacréon, voulait ajouter celui de Tibulle (2). » Il aurait donc demandé quelques-unes de ses inspirations à ce poète et se serait appliqué à l'imiter. Cependant, nous avons beau lire et relire chaque poème avec la meilleure volonté possible, pour y découvrir quelques traces de Tibulle, aucun ne nous offre une imitation, même libre, d'une de ses élégies ; disons plus, aucun n'en éveille l'idée, à l'exception de ce chant anacréontique (3) qui n'a nul rapport avec son épigraphe (4). « Amour, comme dit Boileau, dictait les vers que soupirait Tibulle. » L'imagination plus que la passion dictait ceux de Little, de sorte que la sensibilité du poète irlandais n'a jamais le caractère de celle du poète latin. Pas une de ses poésies élégiaques ne trahit quelque chose de cette affection vive, intime, constante, qui était toute l'âme de Tibulle. Forcade prétend que les poésies de Little ont « quelque chose presque de la chaude hardiesse des premières poésies d'Alfred de Musset (5) ; » sans aller jusque-là, nous dirons qu'elles sont « pleines de santé et franchement amoureuses, » mais qu'il y entre plus d'imagination que de passion. Ajoutons qu'elles révèlent déjà, avec une grâce charmante, « cette invention ingénieuse et toujours soigneuse » qui, suivant l'expression d'un critique anglais (6), « forme un trait éminemment caractéristique du génie de Moore. »

(1) « Juvenile Poems. » Preface by the editor.
(2) O'Sullivan. Notice sur la vie et les œuvres de Thomas Moore.
(3) « Press the grape, and let it pour. »
(4) « In lacrymas verterat omne merum. »
(5) Thomas Moore, sa vie et ses mémoires.
(6) Thomas Shaw. A history of english literature, p. 445.

CHAPITRE III

(1803-1807)

« Odes, Epîtres et autres Poèmes. » Les « Mélodies Irlandaises. »

Moore obtient une charge aux Bermudes. — Ses sentiments à ce sujet. — Son voyage à bord du « *Phaëton.* » — Il relâche à Norfolk. — Lettre à sa sœur Catherine. — Sa ballade « le Lac du fatal Marais. » — Son arrivée aux îles Bermudes. — Description du pays dans une lettre à sa mère. — « L'Esprit de Neige. » — Epîtres à la Marquise Douairière de Donegal, à George Morgan, à Joseph Atkinson. — Les descriptions poétique de Moore jugées par le Capitaine Hall. — Ses Odes à Néa. — Raison pour laquelle il quitte les Bermudes. — Sa grave négligence en prenant un mandataire. — Voyage en Amérique. — Fragments d'un Journal. — Epîtres à Lord Vicomte Forbes, à Thomas Hume, à l'Honorable W. R. Spencer. — Influence passagère des anti-démocrates sur l'esprit de Moore. — Il visite la cataracte du Niagara. — Son sentiment en présence de ce spectacle. — Epître à Lady Charlotte Rawdon. — Il descend le Saint-Laurent. — La Chanson du bateau canadien. — Son véritable caractère d'après la lettre de Mr. Wyld. — Moore rentre en Angleterre. — Publication de ses « Odes, Epîtres et autres Poèmes. » — Il obtient une place en Irlande pour son père et en attend une pour lui. — Critique virulente de Jeffrey. — Véritable motif de sa critique. — Moore est indigné, mais il n'a pas encore l'intention bien arrêtée de provoquer Jeffrey en duel. — Un incident l'y détermine. — La police empêche les deux adversaires de se battre. — Leur mésaventure. — Communication de Moore au « *Morning Chronicle.* » — Entrevue de Moore avec Jeffrey. — Conséquence heureuse de cette entrevue. — Origine de l'amitié de Samuel Rogers. — Engagement contracté par Moore avec Mr. Power pour adapter des paroles aux Mélodies Irlandaises. — Sa lettre à sir John Stevenson. — Publication des « Mélodies. » — Opinion de Moore sur la musique irlandaise. — Caractère général des poésies de Moore. — Examen de quelques-unes. — Leur esprit patriotique. — Leur caractère musical. — Comment il faut les lire. — Intention de Moore en composant les « Mélodies Irlandaises. » — Sa popularité et sa gloire. — Jugement de Lord Byron. — Admirable beauté des « Mélodies ». — Leur puissance actuelle en Angleterre et en Irlande.

Moore ne songeait pas alors à tirer sa subsistance de la littérature, puisqu'il sollicita un emploi dans le Gouvernement et obtint, par l'influence de Lord Moira, la charge de Secrétaire de l'Amirauté aux Bermudes. Ces fonctions, qu'il accepta à la légère, étaient évidemment incompatibles avec ses goûts de poète. Il était loin de s'en douter ; car la lettre qu'il écrivit à sa mère, le 12 Septembre 1803, quelques jours avant son départ, respire un bonheur sans mélange : il est dans l'enchantement, le ciel sourit à son projet et il ne voit dans son accomplissement qu'espoir et félicité. Il estime qu'une telle position, à supposer qu'elle ne lui rapporte pas un shilling, lui offre l'avantage inappréciable d'un titre officiel et d'un changement de milieu. Bref, c'est la joie dans l'âme que le 25 Septembre il quitte la rade de Spithead sur la frégate « le *Phaëton*. » Toutefois, il pense toujours aux siens, et il profite de la rencontre d'un navire qui revient en Angleterre, pour les en assurer : « Je suis maintenant à deux mille milles environ de vous, mais mon cœur est resté à la maison. » Cette préoccupation, plus vive que jamais dans les circonstances présentes, ne lui fait pourtant rien perdre de son amabilité : il est la vie et l'âme de la société à bord, et le voyage n'est qu'un plaisir pour tout le monde. Aussi, quand à Norfolk, en Virginie, il laisse « le

Phaëton, » chacun en éprouve le plus sincère regret, comme nous l'apprennent les « *Souvenirs de Mer* » du Capitaine Scott, alors Enseigne. Norfolk produit sur son esprit une fâcheuse impression, que dans des vers partis du cœur (1) il communique à sa sœur Catherine : il laisse déjà voir que la réalité ne répond pas à la grande idée qu'il s'était faite du Nouveau-Monde, à en juger par cette ville. Cependant, il pense avec raison qu'il ne faut pas se fier à l'extérieur d'une chose pour se prononcer sur sa valeur intrinsèque. C'est à ce moment qu'inspiré par une légende du pays, il compose sa belle ballade, « le Lac du fatal Marais, » où il dépeint, avec un sentiment délicat, la touchante folie d'un jeune homme dont la fiancée est morte et qui croit la revoir voguant sur les eaux du Lac dans un blanc canot. Après un séjour ennuyeux de dix jours dans ce pays encore ravagé par la fièvre jaune, Moore prend le sloop « *Driver* », et arrive aux îles Bermudes. « Elles forment certainement, dit-il dans une lettre à sa mère, en date du 19 Janvier 1804, un des lieux les plus jolis et les plus romantiques que j'aurais jamais pu imaginer, et les descriptions, qui le représentent comme un lieu d'enchantement féerique, sont à peine au-delà de la vérité. De ma fenêtre, où maintenant j'écris, je puis voir cinq ou six îles différentes, dont les plus écartées sont à moins d'un mille des autres, et séparées par la mer la plus claire, la plus agréablement colorée que vous puissiez concevoir ; car l'eau ici est d'une transparence si

---

(1) To Miss Moore. November 1803.
Les ennuis du moment lui font retracer, au début de sa lettre, les charmes de leur enfance sous l'aile maternelle, avec une sensibilité aussi exquise que celle de William Cowper dans sa poésie écrite à la réception du portrait de sa mère.

remarquable, qu'à notre entrée nous pouvions voir très distinctement les rochers sous le vaisseau. » Shakspeare, Waller et Andrew Marvell ont déjà chanté ces îles charmantes ; Moore les chante à son tour : « Non, jamais la vague n'a baigné une île d'une beauté plus ravissante ; elle fleurit dans l'embrassement gigantesque de la mer, comme Hébé dans les bras d'Hercule (1). » C'est avec un enthousiasme d'artiste qu'il peint tout ce qui le frappe et l'émeut : lorsqu'il passe en barque le long des îles (2), les demeures pittoresques, entrevues de loin à travers le feuillage, lui paraissent, par un effet de perspective, auquel sa « myopie poétique (3) » et sa puissante imagination contribuent beaucoup, des temples grecs avec leurs portiques. Ce sont en réalité de jolies maisons blanches au milieu de petits bois de cèdres. Une autre fois, en plein midi, de son cottage, il assiste à un spectacle magnifique (4). Le soleil resplendissant illumine tous les rivages ombragés et le ciel se reflète si bien dans les ondes que chaque petite barque en passant semble flotter sur un ciel en feu. Le soir, le rendez-vous favori du poète et de ses amis est, près de Walsingham, un beau Calebassier dont il parle dans son Épître à Joseph Atkinson (5). La fiction paraîtrait tenir la plus large place dans ses descriptions, si un témoin oculaire, très digne de foi, le Capitaine Hall, n'en affirmait ainsi la scrupuleuse fidélité : « Dans le récit de Moore, nulle exagération ; mais, au contraire, un admirable degré de modération au milieu d'une fête qui a dû offrir des sé-

---

(1) Poems relating to America. « The Snow Spirit. »
(2) To the Marchioness Dowager of Donegal. January, 1804.
(3) To his mother. January 1804.
(4) To George Morgan, Esq. January 1804.
(5) To Joseph Atkinson, Esq. From Bermuda.

ductions particulières à sa féconde imagination. Grâce à quelque don magique qui lui est propre, sans pourtant s'écarter de la vérité, il a réussi à esquisser ce qu'il avait sous les yeux avec une chaleur que ceux qui n'ont jamais été sur les lieux, seraient bien excusables d'attribuer à un jeu de l'imagination du poète (1). »

Mais Moore ne chante pas seulement cette merveilleuse nature, il chante encore les grâces séduisantes d'une jeune beauté à qui, sous le nom grec de Néa (2), il adresse des Odes pleines de fraîcheur et d'enjouement. Cependant, il n'a pas qu'à donner libre carrière aux inspirations de sa muse ; il faut qu'il remplisse ses devoirs professionnels, par exemple, qu'il vérifie les témoignages relatifs à la capture des vaisseaux, travail dépourvu de toute poésie. Il comprend seulement alors combien ses fonctions lui conviennent peu, et, bien que cette admirable contrée le transporte, il songe à la quitter. Il projette de suivre l'exemple de Thomson, le poète des « Saisons, » jadis Inspecteur en Chef des îles Leeward, et de se faire remplacer comme lui par un mandataire. Malheureusement, il n'exige de son représentant aucune espèce de garantie, et il subira plus tard les conséquences de cette négligence. Pour visiter quelques parties de l'Amérique, il part vers le milieu d'Avril, sur la frégate « le *Boston* » commandée par le Capitaine Douglas, qui se prend d'amitié pour lui. Il reste une semaine à New-York, où il éprouve une légère secousse provenant d'un tremblement de terre ; puis il se rend pour la seconde fois à Norfolk, qu'il ne tarde pas à quitter, et se dirige

(1) Fragments of Voyages and Travels. Vol. II, chap. VI.

(2) C'est l'expression « νέα, » dont Euripide se sert, dans sa Médée, vers 967, pour désigner *la jeune épouse* de Jason, qui donna à Moore l'idée de ce nom.

vers le nord par Williamsburgh, Richmond, Frédéricksburgh, voyageant, en compagnie d'un gros et grave quaker, de sa nièce pareille à un livre relié à neuf et d'un docte étudiant de collège, dans une espèce de coche qui le cahote par des chemins impossibles, à travers des ornières, sur des hauteurs et des ponts formés de planches séparées les unes des autres et jetées négligemment sur des rivières boueuses appelées du nom barbare de Rappahannock, Occoquan. C'est un bien beau voyage (1) qu'il raconte avec sa gaieté habituelle. A Washington, il est présenté par Mr. Merry, le Ministre anglais, au célèbre Président Jefferson, qui rédigea, en 1776, la Déclaration de l'indépendance américaine.

Pendant son séjour dans cette ville, il écrit (2) à Lord Vicomte Forbes une lettre où, après avoir exposé avec éloquence les rêves philosophiques de ceux qui méditaient sur la perfectibilité humaine et en espéraient la réalisation dans la grande République de l'Ouest, il impute à la philosophie française une influence corruptrice sur le moral des colonies anglaises. Or, il est évident qu'il vise les matérialistes : leur responsabilité nous semble pourtant bien dégagée de ce côté; car les Anglais du Nouveau-Monde, absorbés par les travaux de l'agriculture et de l'industrie ou par les opérations commerciales, ne durent prêter qu'une très médiocre attention à l'écho des opinions d'un Helvétius ou d'un d'Holbach. « Je pense, dit M. de Tocqueville, qu'il n'y a pas, dans le monde civilisé, de pays où l'on s'occupe moins de philosophie qu'aux États-Unis. Les Américains n'ont point d'école philosophique qui leur soit propre, et ils

---

(1) Fragments of a Journal. To G. M. Esq.
(2) To the Lord Viscount Forbes. From the city of Washington.

s'inquiètent fort peu de toutes celles qui divisent l'Europe ; ils en savent à peine les noms (1). » Puisque les Anglo-Américains étaient si indifférents à la philosophie, à l'époque du voyage de M. de Tocqueville en Amérique, il n'est pas vraisemblable d'admettre qu'ils y prenaient plus d'intérêt, au siècle dernier. D'autre part, si ce que Moore dit était exact, M. de Tocqueville, même trente ans plus tard, eût tout au moins découvert les traces de principes qui auraient jadis si profondément agi sur l'esprit et les mœurs d'un peuple, et il n'aurait pas formellement déclaré qu' « il n'y a pas, dans le monde civilisé, de pays où l'on s'occupe moins de philosophie qu'aux États-Unis. » Mais le poète ne reproche pas seulement aux Américains une basse cupidité, il leur reproche encore leur perfidie et leur improbité : « Ils ne rompent, dit-il, leur engagement de fidélité que pour se libérer de leur dette. » Personne pourtant n'ignore qu'ils voulurent seulement se soustraire à un pouvoir arbitraire et injuste. La mère-patrie ne s'oublia-t-elle pas jusqu'à frapper d'impôts non consentis les produits de ses colonies ? N'est-ce pas elle qui alluma le brandon de la discorde et de la guerre ? Qui donc fit réellement preuve de mauvaise foi et d'improbité ? On ne peut même pas dire que ce qui fut une affaire d'argent pour l'Angleterre en fut une aussi pour ses colons : un mobile plus noble, l'amour de la légalité, souleva et arma l'Amérique. Moore souffrait de voir l'esclavage en vigueur à son époque dans un État démocratique, et à bon droit il lance des sarcasmes contre les indignes partisans de cette grande iniquité, pratique honteuse renouvelée du paganisme, que des chrétiens auraient

---

(1) *De la Démocratie en Amérique*, tome III, p. 1 et 2.

dû tenir à honneur de réprouver comme un crime, non pas seulement de lèse-humanité, mais encore de lèse-divinité. Toutefois, bon gré, mal gré, le fléau est aujourd'hui conjuré dans les colonies anglaises, ce qui prouve que les Américains sont, contrairement à l'opinion du poète, susceptibles de perfectionnement moral. Il termine son Epître par un blâme injustement jeté sur Louis XVI et les Français : il est faux de dire que la « royauté fortifia le bras de la trahison. » En effet, Louis XVI ne considérait point les colons anglais comme des traîtres ; autrement, il ne leur eût jamais prêté l'appui de ses armes ; c'étaient pour lui d'honnêtes gens qu'il était juste de protéger contre les prétentions exorbitantes de redoutables ennemis. Il est également faux de prétendre qu'en Amérique « les Français apprirent à détruire le trône qu'ils servaient. » Car si Louis XVI tomba, c'est parce qu' « il avait appelé les étrangers à envahir la France et à nous imposer par la force le changement de nos institutions (1). » Tel est en ce moment l'esprit critique de Moore ; quoi qu'on puisse penser de sa justesse, on ne peut douter de son honnêteté. Le langage du poète est l'expression fidèle de ses sentiments et ne provient pas, comme il pourrait paraître, du désir de soutenir sa thèse.

Habile à censurer les travers et les extravagances du démocrate esclavagiste, il le montre à son ami Thomas Hume (2) revenant chez lui des Conseils de la liberté pour fustiger ses esclaves et rêvant de liberté dans les bras de quelque noire Aspasie. C'est de son orgueil démesuré qu'il se moque, quand il tourne en dérision la

---

(1) Henri Martin. *Histoire de France.*
(2) Letter to Thomas Hume, Esq. M. D. From the city of Washington.

Cité fédérale, capitale à l'état d'embryon, « seconde Rome » où, grâce au prestige de l'imagination, on prend « le ruisseau de l'Oie » pour le Tibre, les marécages pour des squares, les arbres pour des obélisques. Sa verve railleuse n'épargne rien : partout où il va, il y a pour lui matière à rire. Mais il s'arrête avec respect devant la statue du général Washington, le héros de l'indépendance américaine, et, d'un trait, il accuse ce qui le rend si grand : « Tout ce que tu fus réfléchit sur toi moins de gloire, bien moins que tout ce que tu t'abstins d'être. »

A Philadelphie, il rencontre une société tout-à-fait sympathique dans Mr. Dennie et ses amis, dont il parle de la manière la plus flatteuse (1). C'est la seule compagnie où il passe quelques moments agréables pendant tout son voyage à travers les Etats-Unis. En effet, bien que sa naissance, sa religion et le milieu où il avait primitivement vécu, l'eussent rendu très libéral, et qu'en conséquence il fût naturellement porté à aimer le pays où les institutions les plus libérales sont en vigueur, cependant ses sentiments étaient raffinés, peut-être à l'excès, de telle sorte qu'il avait instinctivement horreur de la grossièreté, du mauvais ton et de l'esprit mercantile de la plupart des Américains.

De Philadelphie Moore retourne à New-York, d'où il part pour visiter les Chutes du Niagara. Un léger accident l'oblige à passer quelques jours à Buffalo, sur le lac Erié. Il profite de ce contre-temps pour faire part de ses impressions du moment à l'Honorable W. R. Spencer. La nature lui offre ici un de ses plus beaux spectacles : il voit les montagnes dresser audacieusement leurs sommets vers le ciel, les jardins déployer

---

(1) To the Honourable W. R. Spencer. Note 3.

leurs riantes richesses, des lacs brillants s'étendre en chapelet et des rivières au cours rapide entrer comme des conquérants dans d'autres rivières. Mais, aux yeux de Moore, comme à ceux d'un ancien, cette splendide nature n'est qu'un cadre, et le cadre, quelque magnifique qu'il soit, est incomplet, s'il y manque la noble figure de l'homme, son plus bel ornement. Il l'y cherche donc et s'afflige de ne l'y point trouver ; car le sauvage et l'Américain civilisé qui, à son avis, vaut moins que le sauvage, ne lui en paraissent pas dignes. Cependant ses plaintes ne sont pas justifiées, puisque, de son propre aveu, il avait rencontré en Amérique des hommes (1) qui joignaient la culture de l'esprit à l'urbanité des manières. Il aurait dû penser qu'ils n'étaient pas les seuls de ce genre, qu'il y en avait assurément bien d'autres semblables à eux et même plus distingués, comme Messrs. Wickham et Marshall, qu'il avait vus à Richmond, et dont il s'était plu à reconnaître la belle intelligence et le noble caractère (2). Au reste, n'y avait-il pas eu déjà des Américains encore plus grands par l'esprit et par le cœur, un Franklin, un Washington qui, toujours vivants dans leur œuvre sublime et glorieuse, ne faisaient pas disparate avec les scènes du Nouveau-Monde ? Mais Moore subissait l'influence regrettable des anti-démocrates avec lesquels il s'était lié, et ne voyait que les défauts des républicains. Ce fut le seul temps de son existence où il mit en doute la force de ce credo libéral de la politique, dans la déclaration et la défense duquel il avait commencé et termina sa vie (3).

(1) Mr. Dennie et ses amis.
(2) Voyez la note qui accompagne les « Fragments d'un Journal. »
(3) Moore's poetical Works. Preface to the second volume.

En état de continuer son voyage, il se remet en route et atteint Chippawa, à trois milles de la Cataracte du Niagara. Comme il est trop tard, il est dans la nécessité d'attendre au lendemain pour la visiter ; mais son imagination est tellement excitée qu'il ne peut fermer l'œil de toute la nuit. Enfin, le lendemain arrive ; il le considère comme une sorte d'époque dans sa vie (1). La première vue de ces chutes merveilleuses éveille en lui un sentiment que rien dans le monde ne put jamais éveiller de nouveau. « Tout mon cœur et toute mon âme, dit-il, s'élevaient vers la Divinité dans un élan de pieuse admiration que je n'avais jamais éprouvée jusque-là. Oh ! conduisez ici l'athée, et il ne pourra pas en revenir athée. J'ai pitié de l'homme, qui peut s'asseoir de sang-froid, pour écrire une description de ces merveilles ineffables. Ma pitié est encore plus grande pour celui qui peut les soumettre à la mesure des gallons et des yards. Il est impossible, par la plume ou le pinceau, de donner même une faible idée de leur magnificence. La peinture est inanimée, et les expressions les plus enflammées de la poésie ont été prodiguées sur des sujets inférieurs et ordinaires. Il nous faudrait de nouvelles combinaisons de langage pour décrire les Chutes du Niagara (2). » Cependant le poète entreprend de les décrire dans son Epître à Lady Charlotte Rawdon, et cette scène féerique, qu'il fait reproduire par l'Esprit d'un Indien voyageant, à travers les airs, de compagnie avec le bruant de neige, ne manque ni d'originalité ni d'éclat. Ensuite, il passe par le lac Ontario, « l'océan d'eau douce », suivant son expression, et descend le Saint-Laurent. Pen-

---

(1) Moore's poetical Works. Preface to the second volume.
(2) Letter to his mother. July 1804.

dant une traversée de cinq jours entre Kingston et Montréal, les bateliers, qui étaient forcés à ramer continuellement, à cause du vent contraire, égayèrent la monotonie de leur travail en chantant dans leur barbare français canadien une longue chanson dont les paroles étaient incohérentes. Mais l'air était si doux que Moore en prit note sur un carnet dont il fit cadeau à un compagnon de route irlandais. C'est donc de souvenir qu'il composa la simple et gracieuse « Chanson du bateau canadien » sur le même air ; du moins, il le crut jusqu'au jour où son concitoyen, dans une visite à Dublin, lui montra le précieux carnet ; il constata, à sa grande stupéfaction, qu'en mettant en musique son chant de bateau, il s'était éloigné de l'original pour la musique presque autant que pour les paroles (1).

En octobre 1804, Moore reprit la frégate « le *Boston*, » et rentra en Angleterre, après quatorze mois d'absence. Il songea seulement alors à écrire pour gagner de l'argent et donna au public, en 1806, dans ses « Odes, Épîtres et autres Poèmes, » œuvres que nous pouvons compter au nombre des meilleures parmi ses productions de second ordre, le résultat de ses observations, de ses pensées et de ses sentiments pendant cette période de quatorze mois. L'ouvrage était dédié à Lord Moira. Il contenait quelques fragments (2) d'un volume, intitulé « la Philosophie du Plaisir, » annoncé par voie de la presse peu de temps avant son départ pour les îles Bermudes, mais qui ne fut jamais publié. Il contenait aussi la critique du

---

(1) Voyez la lettre que Mr. Wyld écrivit au « *Times* » presque immédiatement après la mort du poète.
(2) A Dream of Antiquity. — Fragment of a Mythological Hymn to Love. — The Philosopher Aristippus to a Lamp which had been given him by Laïs.

caractère américain. Cette critique eut un triste retentissement dans le Nouveau-Monde, où elle suscita une vive et juste protestation (1). Sur ces entrefaites, William Pitt étant mort, une nouvelle combinaison politique semblait promettre quelque avantage à Moore : en effet, Lord Moira obtint pour son père la place d'Intendant de caserne à Dublin. Il était lui-même en expectative d'un commissariat en Irlande (2), quand parut la Revue d'Edimbourg, où la licence de sa muse était l'objet d'une furieuse attaque. Jeffrey, l'auteur de l'article, ne tenait guère compte du mérite poétique de l'ouvrage ; il s'appliquait à dénoncer l'auteur comme « le plus licencieux des versificateurs modernes, et le plus poétique des propagateurs d'immoralité, » et il l'accusait de chercher, de propos délibéré, à corrompre l'esprit de ses lecteurs. Mais ce qui était le plus blessant pour Moore, c'était l'insinuation humiliante de céder à un motif vénal en publiant de telles poésies. Il y avait dans cette critique tant de fiel, qu'on se demande si réellement quelques poésies légères en étaient seules la cause. La question de morale n'était, nous le croyons, qu'un prétexte. Jeffrey ne faisait pas connaître le véritable motif de son animosité. Ses opinions politiques, comme celles de la Revue d'Edimbourg, permettent de le découvrir facilement. Jeffrey et le puissant organe qu'il dirigeait, défendaient la politique libérale tendant à la démocratie. Or, les Épîtres de Moore étaient presque exclusivement adressées à des personnes de la noblesse ou titrées ; d'un bout à l'autre, elles affectaient un dédain de cour-

---

(1) An attempt to vindicate the American character being principally a reply to the animadversions of T. M. Philadelphia, 1806.

(2) Letter to Miss Godfrey. July, 1806.

tisan, et, qui plus est, les institutions américaines, la philosophie française et la démocratie y étaient battues en brèche. Voilà ce qui avait profondément blessé Jeffrey ; car c'était à ses yeux un coup porté au grand mouvement populaire dont la Revue d'Edimbourg se faisait le champion. Moore ne lut pas une telle critique sans que tout son sang se soulevât, mais il n'avait pas encore l'intention bien arrêtée de demander à Jeffrey réparation par les armes. Un incident allait l'y décider. Jeffrey venait d'arriver à Londres : Lord Fincastle, en causant, lui parle de la grande aménité qui distingue Moore ; Jeffrey répond en riant qu'il ne doit pas être porté à lui en témoigner beaucoup. Quelqu'un rapporte ce propos à Moore qui y trouve une sorte de moquerie triomphante. Dès lors sa résolution est prise : il provoque l'insolent en duel. Une rencontre au pistolet a lieu, à « Chalk Farm, » le 12 août (1). Au moment où les deux adversaires sont sur le point de tirer, la police, prévenue secrètement, survient et les en empêche. A leur arrivée en ville, on constate qu'il n'y a plus de balle dans le pistolet de Jeffrey et qu'elle a dû tomber, soit sur le terrain, quand les policemen ont fait sauter le pistolet, soit sur la route pendant le retour. Mais le bruit court qu'il n'y avait pas non plus de balle dans le pistolet de Moore. Les journaux commentent l'aventure, et les brocards pleuvent sur les belligérants. Moore en est tout confus et profondément affligé ; car on semble croire à un arrangement pris d'avance entre eux pour qu'il n'y ait pas de balles dans les pistolets. Il adresse donc au « *Morning Post* » (2) une lettre dans laquelle il déclare

---

(1) Memoirs of Thomas Moore. Vol. I, p. 196, to 214.
(2) *Morning Post*, August 18, 1806.

qu'il suffit de prendre la peine de s'informer à « Bow Street, » pour savoir qu'il fut reconnu que son pistolet était « régulièrement chargé. » Peu de jours après cette rencontre, les amis du poète et ceux du critique s'arrangèrent pour que les deux antagonistes eussent une entrevue. Il y eut une explication : Jeffrey avoua qu'il avait été trop sévère, Moore trop emporté. Aussi l'un répara ses torts en retranchant, dans une nouvelle édition, ce que sa critique avait d'excessif, et l'autre, profitant de la leçon, corrigea sa muse de sa légèreté. Tous les deux enfin s'apprécièrent réciproquement de plus en plus et devinrent des amis dévoués. C'est encore à l'occasion de ce duel que Moore se lia avec un poète de talent, l'auteur des « Plaisirs de la Mémoire (1), » qui offrit caution pour sa comparution, s'il était cité en justice. Nous avons nommé Samuel Rogers, dont la bonté constante, l'affection inaltérable, le conseil et l'appui doivent être comptés parmi les biens les plus précieux de Moore, pendant sa vie entière.

En 1806 (2), Moore, caressant l'idée de Burns (3), s'était engagé, au prix de 500 *l.* par an, avec James Power, éditeur de musique à Londres, à adapter des paroles aux « Mélodies Irlandaises » publiées en 1796 par Mr. Bunting, tandis que Sir John Stevenson, Professeur de musique, fournirait les accompagnements (4). Depuis longtemps, il avait conçu, « peut-être, dit le Professeur

---

(1) « Pleasures of Memory, » 1792.
(2) Austin Allibone. Critical Dictionary of english literature. Vol. II.
(3)   « That I, for puir auld scotland's sake,
    » Some usefu' plan or beuk could make,
    » Or sing a sang at least. »
(4) Il fallait que Stevenson fit subir aux « Mélodies » les légères modifications nécessitées par les lois actuelles de la musique.

Kühnel (1), sous l'influence de Lady Morgan (2), » dès l'année 1797, croyons-nous, sous l'effet de la flûte de son ami Edward Hudson, le dessein (3) de trouver à ces Mélodies des paroles correspondantes (4) ; mais il rencontrait de sérieuses difficultés : il fallait, pour rendre les sentiments variés que les airs expriment, sentir et comprendre les fluctuations rapides du caractère irlandais, et même parfois inventer un mètre qui convînt à la nature irrégulière de certains airs (5). Un projet vraiment national le pousse à essayer de vaincre ces difficultés, et, en 1807, il met au jour les deux premières livraisons (6). Il publie les suivantes par intervalles, jusqu'en 1834, où paraît la dixième et dernière. Chacune contient douze mélodies, et à la dixième livraison s'ajoute un supplément de quatre autres mélodies.

Dans cette grande composition, la poésie est si intimement unie à la musique que, pour bien saisir l'esprit de l'une, il nous semble préalablement indispensable de

---

(1) Thomas Moore's « Irish Melodies » (Programm-Abhandlung). Gumbinnen, 1876, p. 2.

(2) On sait que Miss Sydney Owenson, plus tard Lady Morgan, publia en 1798 « The Lay of the Irish Harp, » et un choix de douze Mélodies Irlandaises avec la musique.

(3) Allibone va plus loin : il prétend que Moore « avait pris l'habitude par occasion, depuis l'année 1797, d'écrire des paroles pour les Mélodies Irlandaises de Bunting. » — Critical Dictionary of english literature. Vol. II.

(4) En effet, les textes que Mr. Bunting n'avait pas publiés, mais qui continuaient de vivre parmi le peuple irlandais, avaient vieilli ou ne répondaient qu'imparfaitement à l'esprit de l'air dont le texte primitif avait été perdu.

(5) Letter to Sir John Stevenson.

(6) Quoique nous nous soyons fait une loi d'examiner seulement en son temps chacun des ouvrages de Moore, la question d'unité nous oblige d'étudier maintenant, sans interruption, toutes ses Mélodies, depuis la première livraison jusqu'à la dernière, abstraction faite de ses autres productions.

rechercher quelle idée Moore se faisait de l'autre. Suivant son opinion, la musique irlandaise reflète le caractère irlandais, singulier mélange de tristesse et de légèreté. Dans les accords les plus ravissants, il y a une note mélancolique, quelque Tierce mineure ou Septième grave qui jette son ombre en passant et rend même la gaieté touchante (1). C'est peu : à son dire, la musique irlandaise est le plus fidèle de tous les commentaires sur l'histoire de l'Irlande (2). Il y a plusieurs airs, qu'il est difficile d'écouter, sans se rappeler le temps ou l'événement auquel leur expression semble applicable. Ainsi, quand le chant est clair et animé, bien que de temps à autre assombri par un triste souvenir, on peut se figurer qu'on voit les braves alliés de Montrose marcher à la défense de la cause royale, malgré toute la perfidie de Charles et de ses ministres, en ne gardant que ce qu'il faut du souvenir de leurs souffrances passées pour rehausser la générosité de leur sacrifice d'aujourd'hui. Les plaintives mélodies du barde Carolan nous transportent en imagination à l'époque où il vivait, quand ses pauvres compatriotes étaient forcés d'adorer leur Dieu dans les caves, ou de quitter pour toujours le lieu de leur naissance. Telle est la théorie de Moore sur l'importance de la musique irlandaise. Cette théorie, malgré ce qu'elle a peut-être d'exagéré, est digne de considération et doit faire jusqu'à un certain point autorité. En effet, dans ce poëte, il y a un historien et un musicien : l'un recherche, au milieu des événements dont sa patrie a été le théâtre, le rôle de l'âme ; l'autre en saisit l'état dans une expression musicale. La tâche du musicien est d'autant

(1) Letter to Sir John Stevenson.
(2) Letter to the Marchioness Dowager of Donegal, prefixed to the third number of the « Irish Melodies. »

plus facile qu'il a pour lui la certitude des phénomènes psychologiques : jamais la tristesse ne s'est dissimulée sous une note gaie, jamais la gaieté ne s'est traduite en une note triste ; l'expression musicale est toujours la reproduction exacte de l'état moral. On ne peut en dire autant du langage qui est à la fois l'instrument de la vérité et du mensonge. C'est pourquoi Moore juge que la musique de son pays est le plus fidèle de tous les commentaires sur son histoire.

Mais puisqu'en adaptant des paroles à un air expressif, Moore a toujours senti qu'il lui accordait le don d'articulation (1) et le rendait ainsi capable de dire aux autres tout ce qu'il exprimait pour lui-même dans sa muette éloquence, il en résulte que cette articulation, si conforme à l'esprit de l'air, n'est pas un commentaire moins fidèle sur l'histoire de l'Irlande. Les poésies de Moore offrent en effet par elles-mêmes un tableau d'histoire plein de vie et de vérité, avec ses tons clairs qui conviennent aux joies du triomphe ou ses couleurs sombres répondant aux tristesses de la défaite. Le Professeur Kühnel les désigne d'un mot heureux : il les appelle des « rhapsodies (2). » On peut les considérer comme des morceaux détachés dont l'ensemble forme un vaste et intéressant sujet. Le « Chant de Guerre (3) » nous reporte au jour glorieux où, près de Dublin, à Clontarf, en 1014, dans une bataille à jamais mémorable, après plus de deux siècles de servitude, les Irlandais, commandés par leur intrépide roi Brien Borombe, écrasèrent les Danois et les chassèrent de leur pays. Le

---

(1) Moore's poetical Works. Preface to the fifth volume.
(2) Thomas Moore's « Irish Melodies. » (Programm-Abhandlung), p. 3.
(3) « Remember the glories of Brien the brave. »
(First volume 1807. — First number. 2d melody).

souffle lyrique anime cette belle poésie, où l'on croit entendre Brien le Brave prononcer lui-même, dans son héroïque patriotisme, ces fières paroles : « Non, Liberté, jamais nous ne renoncerons à ton sourire ; va, dis à nos envahisseurs, les Danois, qu'il est plus doux de perdre notre sang un siècle sur ton autel, que de dormir un seul instant dans les fers. » Jadis les nobles et vaillants défenseurs de la Verte Erin mouraient avec joie pour assurer la victoire ou pour ne pas devenir esclaves. Leurs chants « Avant la Bataille (1) » et « Après la Bataille (2) » sont l'expression la plus énergique du dévouement pour la patrie et de l'amour de la liberté. Quel type admirable que ce « Jeune Ménestrel (3) » qui prend l'épée de son père pour frapper les ennemis ! Le chantre belliqueux tombe dans le combat en arrachant les cordes de sa harpe, afin que l'instrument fait pour les cœurs purs et libres ne résonne plus sous les doigts des tyrans. « Le Chant d'O'Ruark, Prince de Breffni (4), » rappelle l'enlèvement de son épouse par le roi de Leinster, Marc Murchard, qui, pour se soustraire à une juste vengeance, se réfugia en Angleterre et réussit à obtenir du secours du roi Henry II. Telle est l'origine de l'intervention de l'Angleterre dans les affaires de l'Irlande. La dernière stance a, par son accent de noble indignation et de farouche patriotisme, quelque chose de notre incomparable Chant de Guerre,

---

(1) « By the hope within us springing. »
(Second volume, 1810. — First number. 6th melody).
(2) « Night closed around the conqueror's way. »
(Second volume, 1810. — First number. 7th melody).
(3) « The Minstrel Boy to the war is gone. »
(Third volume, December 1813. — First number. 6th melody).
(4) « The valley lay smiling before me. »
(Third volume. — First number. 7th melody).

la Marseillaise : « Déjà des étrangers profanent ses vallées ; ils viennent nous désunir, nous déshonorer et ils exerceront longtemps sur nous leur tyrannie. Marchons ! relevant la verte bannière, marchons ! Plongeons chacun de nos glaives dans le sang jusqu'à la poignée. » L' « Amour, » la « Valeur, » l' « Esprit (1) » étaient les attributs inséparables de ces grandes familles irlandaises qui, au jour de la persécution, cherchèrent dans d'autres pays un refuge à leur honneur. « N'oubliez pas le champ où périrent les plus fidèles, les derniers des braves. Tous ont succombé, et la brillante espérance que nous chérissions a disparu avec eux et s'est éteinte dans leur tombeau (2). » Le poëte semble désigner par là ces héroïques paysans qui, pendant la courte mais terrible insurrection de 1798, furent les derniers à lutter avec acharnement contre les oppresseurs, et leur disputèrent pied à pied jusqu'à la mort le sol sacré de la patrie.

La harpe, qui autrefois versait l'harmonie dans les salles de Tara et qui maintenant est muette (3), représente, au commencement de notre siècle, l'âme de l'Irlande : l'abattement et la torpeur ont remplacé l'énergie et l'ardeur des anciens jours ; épuisée, divisée, vendue, elle languit silencieuse dans l'oppression. Voilà, après les atrocités de Castlereagh, l'œuvre de Pitt. Mais il faut dire que cet implacable ennemi de l'Irlande a trouvé, pour l'aider à détruire sa nationalité, des traîtres sur cette noble terre où jadis « Malachi portait le

---

(1) « Through Erin's Isle. »
(Third volume. — First number. 1th melody).
(2) « Forget not the field where they perished. »
(Fourth volume. October 1818. — First number. 10th melody).
(3) « The harp that once through Tara's halls. »
(First volume. — First number. 6th melody).

collier d'or qu'il arracha à l'orgueilleux envahisseur de son pays, où ses rois conduisaient au danger les Chevaliers de la Branche-Rouge (1). » Aussi sur les ruines de l'Irlande « ses enfants doivent soupirer en secret ; car l'aimer est une trahison et la défendre un cas de mort. Méprisés sont ses fils, jusqu'à ce qu'ils aient appris à trahir ; dans l'obscurité, ils vivent, s'ils ne sont la honte de leurs pères ; et la torche, qui éclairerait leurs pas dans la voie des honneurs, doit être prise au bûcher où leur patrie expire (2). » Moore ne cache pas la vérité à ses compatriotes ; il les considère comme les propres artisans de leur malheur et leur déclare que la tyrannie a triomphé de la liberté chez eux, parce que la haine unissait les oppresseurs, tandis que l'amour n'unissait pas les opprimés : « Les cœurs, qui devaient s'unir, se séparèrent violemment, et l'homme profana les dons de Dieu ; on entendit même quelques-uns maudire l'autel, où d'autres à genoux imploraient le ciel (3). » Faut-il s'étonner à présent que l'âme fidèle et aimante ne veuille plus habiter un monde où la fidélité et l'amour n'existent plus (4) ? »

C'est avec cette vigueur et cette noblesse que le poète décrit l'état moral de la nation irlandaise dans les temps anciens et modernes. Plusieurs autres de ses chants, par quelque point particulier, ont indirectement trait à l'histoire politique de l'Irlande. Ainsi la touchante

(1) « Let Erin remember the days of old. »
(First volume. — Second number. 8th melody).
(2) « Oh ! blame not the bard, if he fly to the bowers. »
(Second volume. — First number. 3d melody).
(3) « Weep on, weep on, your hour is past. »
(Second volume. — Second number. 1811. 3d melody).
(4) « 'Tis the last rose of summer. »
(Third volume. — First number. 4th melody).

poésie « Oh ! breathe not his name... (1) » lui fut inspirée par les dernières paroles de son jeune ami Emmet avant d'aller au supplice. Celle où il est question de la vierge pleurant « loin de la terre où dort son jeune héros (2), » fut écrite pour Mlle Curran, la fiancée d'Emmet, qui eut le triste bonheur de partager avec l'Irlande sa dernière bénédiction et sa dernière prière. L'origine mythologique de la Harpe irlandaise, tracée au crayon sur les murs de sa cellule par Edward Hudson, donna à son ami l'idée de composer cette charmante fable (3), où la tendresse se mêle à la douleur, comme l'amour de sa chère Irlande se mêlait au deuil dans l'âme du prisonnier. Une des meilleures pièces de Moore, d'après Lord Byron, est celle (4) qu'il écrivit, le cœur déchiré par la perfidie du Prince à la bonne foi duquel il croyait encore en 1810 (5) et qui, en abandonnant ses amis politiques, ruina les espérances légitimes de l'Irlande. On y sent d'un bout à l'autre l'indignation d'une âme loyale : chaque pensée est un fer chaud qui imprime sa flétrissure sur le front du renégat. Rien, quand il s'agit de dévouement, ne coûte à ce grand cœur ; aussi n'hésite-t-il pas à s'adreser à l'ennemi même des idées libérales. Il sait que Wellington est tout-puissant, et il le prie de plaider près de son Souverain la cause du pays

---

(1) (First volume. — First number. 4th melody).

(2) « She is far from the land where her young hero sleeps. »
(Second volume. — Second number 7th melody).

(3) « 'Tis believed that this Harp, which I wake now for thee. »
(Second volume. — First number. 12th melody).

(4) « When first I met thee, warm and young. »
(Third volume. — Second number. March 1815. 4th melody).

(5) The Prince's Day. — « Though dark are our sorrows, to-day we'll
[forget them. »
(Second volume. — Second number. 2d melody).

qui a été le berceau de sa gloire (1), espérant que, malgré son antipathie naturelle pour toute innovation, il se décidera à provoquer une concession que la raison et la justice réclament. Moore eut le bonheur de voir sa prière exaucée ; car, quatorze ans après la publication de cette ode, « le Duc de Fer, » plus humain qu'on ne le pensait, recommandait au trône la grande mesure de l'émancipation des catholiques d'Irlande (2). Le poète croyait sans doute sa tâche accomplie, puisqu'en 1815 il terminait la seconde série de ses « Mélodies » par ses adieux à la « chère Harpe de sa Patrie (3) ». Mais il ne peut se résoudre à la laisser de nouveau silencieuse, comme au temps où « la froide chaîne du silence » pesait sur elle, et il la fait vibrer encore (4). Avec quelle piété il rend hommage à la mémoire de l'illustre patriote et orateur Grattan, qui réussit à conserver un moment l'indépendance du Parlement irlandais ! Quelles larmes il verse « sur la tombe où une telle gloire est renfermée, sur un monument que la Renommée conservera parmi les urnes des plus sages, des plus braves et des meilleurs des hommes (5) ! »

Il nous reste à déterminer le caractère des chansons érotiques et bachiques dans les « Mélodies Irlandaises. »

---

(1) « While History's Muse the memorial was keeping. »
(Third volume. — Second number. 5th melody).
(2) Moore's poetical works. Preface to the fourth volume.
(3) « Dear Harp of my Country ! in darkness I found thee. »
(Third volume. — Second number. 12th melody).
On peut rapprocher ce chant de celui de Walter Scott, à la fin de « La Dame du Lac » : « Harp of the North, Farewell. » L'un est un écho du doux instrument irlandais, l'autre, du pibroch écossais.
(4) « My gentle Harp ! once more I waken. »
(Fourth volume. — First number. 1th melody).
(5) « Shall the Harp then be silent when he, who first gave. »
(Fourth volume. — Second number. May 1820. 11th melody).

Remarquons d'abord que Moore n'a composé ces sortes de poésies que quand la musique des anciennes chansons ne se prêtait point au chant patriotique. Mais elles ont en général une portée tout autre que celle qu'on croirait. Ainsi presque toutes les chansons érotiques sont allégoriques et n'expriment en réalité que l'amour de la patrie. Sous la figure de l'Amante, qui ne voit la Patrie se recommander au souvenir de son enfant bien-aimé ? Quelles que soient la gloire et les joies qu'il puisse avoir sur la terre étrangère, elle le supplie de garder sa mémoire (1). Certes, il la gardera, car son cœur n'a jamais battu que pour elle, et, dans sa dernière prière, il n'oubliera pas de prononcer son nom. Si c'est un bonheur de vivre pour la voir un jour glorieuse, c'en est un autre bien doux de mourir par amour pour elle (2). Dans son exil, il songe, comme gage de son grand attachement, à lui léguer son cœur (3), et veut qu'on le lui porte, quand il ne sera plus. Quelle est cette maitresse qui change la crainte du paysan (4) en audace, sa honte en gloire, qui lui donne l'amour de la liberté et l'ardeur du sacrifice, cette maitresse qu'il chérit d'autant plus qu'il souffre pour elle, aux pieds de laquelle il voudrait mourir plutôt que de s'unir à son orgueilleuse rivale, sinon l'Irlande ? Ce chant, qui exprime dans son énergique simplicité le patriotisme indomptable du paysan irlandais, en rappelle un autre dont Moore a dû

---

(1) « Go where glory waits thee. »
(First volume. — First number. 1th melody).
(2) « When he who adores thee has left but the name. »
(First volume. — First number. 5th melody).
(3) « When in death I shall calm recline. »
(First volume. — Second number. 4th melody).
(4) « Through grief and through danger thy smile hath cheer'd my way »
(Second volume. — First number. 9th melody).

tirer l'idée du sien ; c'est la poésie intitulée « Roisin Dubh » ou la petite Rose Noire, en apparence chanson d'amour, en réalité ballade allégorique, écrite, sous le règne d'Elisabeth, par le barde Conway, en l'honneur du héros irlandais O'Donnell de Tyrconnell : l'amant qui raconte ses souffrances est le soldat patriote, son amante est l'Irlande ; la ballade se termine en annonçant la lutte acharnée que l'Irlande soutiendrait avant de se livrer à l'ennemi implacable de ce héros. Les chansons bachiques sont en très petit nombre. Elles inspirent l'union, l'amitié, l'amour qui font la force et le bonheur des âmes ; telle autre (1) est un appel à la tolérance religieuse.

Mais le poète, dans un enthousiasme prophétique, déchire lui-même le voile de l'allégorie et chante sa chère patrie, avec une foi profonde, malgré l'appauvrissement actuel de ses forces physiques et morales, dans sa vitalité et son glorieux avenir : « Erin, ô Erin, ton esprit apparaît ainsi brillant à travers les larmes d'une longue nuit d'esclavage. Les nations sont tombées, et toi, tu es toujours jeune ; ton soleil se lève seulement, tandis que les autres se couchent, et, bien que le nuage de l'esclavage ait obscurci ton aurore, le plein midi de la Liberté rayonnera encore autour de toi (2). » Comme l'Irlande lui tient au cœur ! C'est avec la tendresse d'un fils qu'il en parle. Il souffre de ses souffrances, ses blessures sont les siennes, son malheur est le sien. Quelle affection il témoigne à cette mère infortunée ! « Si tu

---

(1) « Come, send round the wine..., etc. »
(First volume. — Second number. 10th melody).

(2) « Like the bright lamp that shone in Kildare's holy fane. »
(Second volume. — First number. 1th melody).

Observons que Boieldieu a inséré dans sa « Dame Blanche » cette Mélodie, une des plus belles.

étais tout ce que je souhaite, grande, glorieuse et libre, première fleur de la terre et première perle de la mer, je pourrais te saluer avec plus d'orgueil et de bonheur ; mais, oh ! pourrais-je t'aimer plus profondément qu'à présent ? (1) » Cet amour de la patrie est une sorte de culte à l'antique, avec quelque chose de plus doux et de plus tendre. Quatorze ans s'écoulent, et, avec le même transport, l' « Enchanteur d'Erin » fait vibrer encore les cordes de sa Harpe : il se reporte en imagination à l'époque où ses ancêtres primitifs abordèrent à « Innisfail, » et semble saluer avec eux « cette patrie des hommes courageux et libres (2), » ou bien, rêvant à son « Arranmore, » son « Arranmore aimée (3), » il chante la félicité qu'il éprouvait jadis à errer sur ses rivages.

Telles sont ces poésies si fortes, si expressives par elles-mêmes, et qui, cependant, au dire de Moore (4), séparées de leur mélodie, perdent plus que « animae dimidium. » Il y a peut-être de sa part une exagération ; car, puisqu'il les a adaptées aux airs d'une manière toute musicale, elles renferment en elles-mêmes une véritable mélodie qui, pour les plus délicats, peut, jusqu'à un certain point, tenir lieu de musique. Ainsi tous ceux qui ont entendu O'Connell débiter quelques-uns des plus beaux vers du barde irlandais, n'ont jamais oublié l'effet magique avec lequel ils frappaient leurs oreilles (5). « La

---

(1) « Remember thee ! Yes, while there's life in this heart. »
    (Fourth volume. — First number. 5th melody).
(2) « They came from a land beyond the sea. »
    (Fifth volume. — Second number. May 1834. 7th melody).
(3) « Oh ! Arranmore, loved Arranmore. »
    (Second number 1834. 10th melody).
(4) « Irish Melodies. » Preface.
(5) Voyez James Burke. A biographical and literary introduction to « Travels of an Irish Gentleman, etc. »

versification de ces chants n'a jamais été surpassée, dit Thomas Shaw (1), pour la mélodie et la délicatesse ; par la simple récitation de plusieurs d'entre eux, on devine aisément l'air sur lequel ils étaient destinés à être chantés. » Mais bien souvent, comme le remarque Samuel Lover, « on s'expose à lire Moore à faux, quand on donne à la lecture l'accent ordinaire ; » et il cite, à l'appui de son jugement, le chant du « Jeune Ménestrel. » En lisant ces vers, on les accentue de la manière suivante :

> « The Minstrel Boy to the war is gone, »
> » In the ranks of death you 'll find him ; »
> » His father's sword he has girded on, »
> » And his wild harp slung behind him. »

Ils sont accentués différemment par la musique :

> « The Minstrel Boy to the war is gone, »
> » In the ranks of death you 'll find him ; »
> » His father's sword he has girded on, »
> » And his wild harp slung behind him. »

Cette succession de sons longs dans cet air noble donne à la poésie une grandeur d'effet qu'elle n'a pas autrement. C'est donc avec le rhythme musical qu'il faut la lire. D'après ce principe, les violations des lois de la métrique, auxquelles Moore a été parfois contraint pour adapter les paroles aux airs, ne deviennent pas des taches, comme il le croit (2), parce que le vers est séparé de la mélodie, et ne nécessitent pas, pour être justifiées, l'accompagnement de la musique, à la force ou à la douceur de laquelle la mesure ordinaire a été sacrifiée. Tels sont les vers :

---

(1) A history of english literature, p. 446.
(2) Moore's poetical Works. Preface to the fifth volume.

« Through grief and through danger thy smile hath cheer'd my
« Oh ! the days are gone, when Beauty bright »   [way (1). »
« My heart's chain wove (2). »
« At the mid hour of night, when stars are weeping, I fly »
« To the lone vale we loved, when life shone warm in thine eye(3). »

Certes, leur mètre est anormal ; mais il faut se rappeler que le poète a parfaitement compris les exigences de la vocalisation et qu'il a composé ses vers avec une rare perfection pour être chantés. Par conséquent, il ne s'agit pas même ici, conformément aux règles nouvelles de la métrique anglaise, de ne compter que les mots accentués ; ce qu'il faut, c'est sentir la succession harmonieuse de sons forts ou faibles ; car ce n'est pas selon la prosodie, mais avec le sentiment musical, que nous devons les juger.

On a prétendu que Moore avait profité de l'esprit entraînant des anciens airs nationaux pour donner cours à une politique dangereuse, qui consistait à pousser le peuple irlandais à la révolte. Moore se défend avec énergie d'avoir jamais eu l'intention d'exciter les passions d'une multitude ignorante et irritée (4). Ce n'est pas pour elle qu'il a composé ses « Mélodies, » et en cela il ne peut être comparé ni à ces bardes guerriers qui jadis soutinrent par leurs chants l'ardeur des combattants, ni à ceux qui, pendant le règne cruel d'Elisabeth, cherchèrent par leur génie, comme Maolin O'Gnive, auteur de l'ardent poème sur la Chute du Gaël, à armer la nation contre les envahisseurs. Moore ne faisait pas appel

---

(1) Second volume. — First number. 9th melody.
(2) Second volume. — Second number. 1th melody.
(3) Third volume. — First number. 2d melody.
(4) Letter to the Marchioness Dowager of Donegal, prefixed to the third number of the « Irish Melodies. »

à la force contre la force, il s'adressait aux classes élevées et éclairées (1), dans lesquelles il y avait des gens dont le zèle patriotique avait besoin d'être stimulé, sans qu'on eût à en craindre les excès, et beaucoup d'autres qu'il était bon d'inquiéter, puisqu'on pouvait attendre plus de leurs craintes que de leur justice. C'est donc pour mieux combattre l'indifférence chez les uns et l'oubli du devoir chez les autres, qu'il a adapté ses chants patriotiques à des airs populaires. Il voulait, en excitant le patriotisme des grands, arriver sans secousse, sans insurrection, à arracher, par un vote, au Parlement anglais, la reconnaissance des droits de la malheureuse et noble Irlande. Voilà la portée de ses « Mélodies. » Elles sont l'œuvre d'un grand esprit et d'un grand cœur. En écrivant, comme le dit très bien Lover, « pour la plus belle musique nationale du monde la plus belle poésie, » il a fait revivre ainsi pour une seule fin, avec plus d'éclat et de pathétique, l'art du célèbre chansonnier écossais Robert Burns. Son âme y est tout entière.

La fortune des « Mélodies Irlandaises » a été immense : traduites dans toutes les langues, elles ont captivé tous les cœurs ; mais ce qui est le plus glorieux pour leur auteur, c'est d'avoir obtenu une popularité aussi grande en Angleterre qu'en Irlande. Il n'y a pas de plus beau triomphe ; car, si jadis « la Grèce conquise a conquis son vainqueur, » c'était grâce à tous ses génies réunis, tandis que, par le prestige d'un seul, l'Irlande opprimée a conquis l'oppresseur. L'Angleterre s'est plu à célébrer la gloire de Moore par la bouche de l'un de ses plus

---

(1) On observera que Moore a dédié à la noblesse et à la « gentry » d'Irlande chacune des livraisons de ses « Mélodies, » à l'exception de la dixième et du Supplément qu'il a dédiés à la Marquise de Headfort.

grands génies. Lord Byron, dans sa lettre du 2 janvier 1814, où il lui dédie son *Corsaire*, s'exprime en ces termes : « Vous êtes seul, dans l'opinion de l'Irlande, le premier de ses bardes, et la Bretagne répète et ratifie ce jugement. » « Aucun poète moderne anglais, dit le Professeur Kühnel, ne peut lui être comparé pour la facilité de l'invention, la sûreté de l'exécution, la grâce lyrique, la richesse et l'éclat de l'imagination, la netteté et la perfection de l'expression (1). » Les « Mélodies » sont en effet des chants nationaux d'une admirable beauté : musicales dans les mots au-delà presque de toute comparaison, gracieuses dans la pensée et le sentiment, souvent tendres, pathétiques, héroïques, elles mêlent les sentiments poétiques et romantiques aux objets et aux sympathies de la vie ordinaire, dans un langage châtié et poli, cependant en apparence si simple que toute trace de l'art a disparu. En Angleterre, tout le monde les lit et les chante : elles font également les délices de la chaumière et du salon. Dans la patrie du poète, elles sont chantées avec un enthousiasme (2) qui sera longtemps senti, aux heures de joie aussi bien que dans les jours de deuil et de solennité publique, par ce peuple à l'imagination vive et au cœur chaud.

---

(1) Thomas Moore's « Irish Melodies. » (Programm-Abhandlung), p. 3.
(2) Moore n'aurait jamais électrisé les âmes de ses compatriotes, si en composant ses « Mélodies » il avait transformé, comme l'a dit un jour Hazlitt, en veine de plaisanterie, « la Harpe sauvage d'Erin en une tabatière à musique. »

CHAPITRE IV

(1808-1816)

Chefs-d'œuvre satiriques.

Les satires graves de Moore. — La « Corruption. » — L' « Intolérance. » — « Le Sceptique. » — Examen de ces satires. — Leur insuccès. — Moore offensé par Byron. — Provocation en duel sans résultat. — Lettre de Moore aux Catholiques romains de Dublin. — Examen de cette lettre. — Penchant de Moore pour la scène. — Le théâtre de Kilkenny. — Actrices en renom. — Miss Elisabeth Dyke. — Son portrait par Mistress Hall. — Mariage de Moore. — Son opéra-comique « le Bas-Bleu. » — Insuccès de la pièce. — Jugement de Byron. — En quoi consiste le mérite de cet opéra. — Le « Times » accuse l'auteur de courtisanerie. — Comment il s'en défend. — Il se réconcilie avec Byron. — Leur amitié. — Séjour de Moore à « Kegworth cottage. » — « Les Lettres Interceptées. » — Caractère et analyse de ces nouvelles satires. — Leur vogue. — Lord Moira, gouverneur des Indes. — Misère du poète. — Il trouve un asile chez Lord Holland. — Son attachement aux Whigs. — Il continue ses satires. — Leur publication dans le « Morning Chronicle. » — Analyse de quelques-unes. — Caractère de la raillerie dans Moore. — Objet principal de son attaque. — Ce qui rend ses satires durables. — Leur valeur. — Jeffrey sollicite la collaboration de Moore. — Le poète dans son cottage à Mayfield. — Description de ce cottage. — Son bonheur domestique. — Les « Airs Nationaux. » — Un dialogue inédit. — « Le Monde à Westminster. » — Examen de cette publication. — Les « Chants Sacrés. » — Leurs qualités et leurs défauts. — Beauté parfaite du « Chant de Miriam. » — Les vers de Moore sur « la Mort de Sheridan. » — Leur caractère.

L'année qui suivit la publication des deux premières livraisons des « Mélodies Irlandaises, » Moore, sans doute pour montrer qu'il avait des principes plus austères que ne le laissaient supposer ses poésies légères, passant d'un extrême à l'autre, fit paraître une Epître sur la « Corruption, » écrite à la manière de Juvénal. Il voulait établir que la Prérogative royale, loin d'avoir été détruite par la Révolution de 1688, subsistait toujours, mais qu'au lieu de s'imposer comme autrefois ouvertement par la force, elle s'exerçait par une politique astucieuse et corruptrice. Elle avait seulement pris une autre forme : comme la foudre entre les mains de Jupiter, elle s'était changée en une pluie d'or. C'est donc avec beaucoup d'à-propos que Moore choisit pour épigraphe de son Epître quelques lignes de la troisième Philippique de Démosthène ; car il y avait une grande analogie entre les procédés employés à Athènes et le système suivi à Londres. Le poëte publia encore en 1808 une Epître sur l' « Intolérance ». Si le fanatisme excitait le plus souvent sa verve railleuse et son dédain, il lui arrachait quelquefois des larmes. Témoin du martyre de l'Irlande et ne pouvant comprimer sa douleur, il s'adressait, comme dans l'Epître précédente, à un ami, un Anglais, peut-être même à un protestant, mais juste et humain, capable de le comprendre et de compatir à sa souffrance : « Oui, mon cher ami, si tu étais seulement près de moi maintenant, à voir comme le Printemps anime sur le front d'Erin des sourires éclairés d'une beauté invincible, même à travers les marques de sang que Cambden y a laissées, si tu pouvais seulement voir quelle verdure embellit le sol que seuls les tyrans et leurs esclaves ont foulé aux pieds, et si tu connaissais le sentiment à la fois bon et courageux qui échauffe l'âme de chacun de ces esclaves outragés, fatigués de la lutte, écrasés sous leur destinée et oubliés en apparence de toutes les nations, si ce n'est de la France attentive, ton cœur s'enflammerait, oui, même ton cœur dévoué à Pitt s'enflammerait, en pensant qu'une partie si fleurie du jardin du monde, riche des charmes de la nature et peuplée d'âmes sociables et de bras robustes, soit la victime de cette bande d'hypocrites, si mielleux, si dévots, mais si diaboliques aussi, qui, armés à la fois de livres et de fouets, le sang sur les mains et l'Ecriture sur les lèvres, tyrans par leurs dogmes et bourreaux par leurs textes, font de cette vie un enfer, en l'honneur de la vie future. » Il n'y a rien d'exagéré dans cette peinture, dont les tons chauds et vigoureux ne font que mieux accuser le caractère de la domination anglaise en Irlande. On sait en effet ce que coûta leur révolte aux infortunés Irlandais, et avec quelle violence agirent le Vice-Roi Lord Cambden et son Lieutenant général Castlereagh. On ne s'étonne pas d'entendre dire au poète qu'il eût mieux aimé vivre au temps du paganisme et chercher la félicité dans la doctrine de Socrate que d'appartenir à une religion qui, pour assurer son empire, emploie la corruption et la torture. « Une foi bien différente, dit-il, des rayons bien plus doux de la justice céleste échauffent les rêves du Chrétien ; sa croyance est écrite là-haut sur la page de la Miséricorde par les mains pures de la Charité, qui couvre tout ; il pleure de voir la religion trompée enrouler sa guirlande divine autour du front vil de la tyrannie, et, tandis que les sectes et les nations élèvent autour de lui, vers un Dieu unique, leurs hymnes si diversement modulées, il bénit toutes les voix qui servent, quel que soit leur accent, à compléter l'harmonie générale. » Moore rappelait de la sorte aux fanatiques oppresseurs de l'Irlande que la tolérance est le propre du Chrétien.

Après ces deux satires politiques, il publia en 1809 une satire philosophique, « Le Sceptique. » A son avis, les préceptes de l'école Pyrrhonienne, comme Sextus Empiricus les a expliqués, conviennent plus aux besoins et aux faiblesses de la raison humaine et contribuent plus au développement des douces vertus, l'humilité et la patience, que tous les systèmes de philosophie qui ont précédé la naissance du christianisme (1), et il n'hésite pas à accorder la supériorité au scepticisme, sans doute pour le besoin de sa cause ; car c'est un sytème bien imparfait que celui qui consiste à suspendre tout jugement. Mais le Pyrrhonisme est pour lui un excellent moyen d'humilier les orgueilleux ennemis de son pays ; aussi en use-t-il avec autant d'ardeur que d'adresse. Le principe sur lequel il s'appuie est fort simple : les sens trompent l'esprit et réciproquement l'esprit trompe les sens, d'où il résulte que ce qui est beau, sage, bon pour l'un, est laid, insensé, mauvais pour l'autre. Les nations elles-mêmes, comme les individus, s'abusent sur le caractère véritable des choses. Nous pouvons donc dire que pour Moore, comme pour Pascal, il n'y a point de morale mais des mœurs, point de droit naturel mais des coutumes, point de science mais des opinions. Comment l'Angleterre se conduit-elle ? Elle attache en Irlande la même chaîne qu'elle voudrait briser en Espagne, et ceux qu'elle traite de rebelles à Cork, elle les appelle des patriotes à Madrid. Si l'on cherche de quel côté est la liberté, on ne la trouve ni avec les Whigs ni avec les Tories. Au sujet de la prise de la Corogne, les historiens ne s'accordent que pour honorer Sir J. Moore. Descartes soutient la théorie des idées innées,

---

(1) Voir la préface de cette satire.

Locke l'attaque et la détruit. En présence de tant de contradictions, le poëte fait une invocation à l'Ignorance modeste, la meilleure science des simples sages, à l'humble Doute, port assuré contre l'erreur, où la Charité, la Foi et la Patience sont les alliées bénies du Chrétien sceptique qui n'a confiance qu'en Dieu. Cette satire n'obtint, comme les deux autres, qu'un succès médiocre : leur genre déplaisait. Le satirique eut dès lors le bon esprit de renoncer à forcer de la sorte son talent ; aussi le verra-t-on désormais, pour faire passer ses mordantes vérités, adopter une forme plus plaisante, en parfaite conformité avec son caractère, et sous laquelle il excellera à ridiculiser les travers et les défauts des hommes.

En 1809 parut également la grande satire « Les Poètes anglais et les Critiques écossais, » que Lord Byron avait mis deux ans à composer, pour se venger plus sûrement de l'article impitoyable publié en 1807, dans la *Revue d'Edimbourg*, au sujet de son premier recueil de poésies, les « Heures de Loisir. » Byron, qui cherchait par tous les moyens possibles à tourner en dérision le Directeur de la *Revue d'Edimbourg*, bien que l'auteur de l'article ne fût pas Jeffrey mais Brougham, n'avait pas manqué de raconter l'issue drolatique de son duel « à jamais glorieux » avec Little (1). Le trait lancé contre Jeffrey atteignait aussi Moore. Celui-ci envoya un cartel à Byron, le 1er Janvier 1810 ; mais comme le jeune Lord venait de quitter Londres, il ne reçut pas de réponse et renonça pour le moment à une nouvelle provocation.

---

(1)   « Can none remember that eventful day, »
       » That ever-glorious, almost fatal, fray, »
       » When Little's leadless pistol met his eye, »
       » And Bow-Street myrmidons stood laughing by ? »

Dans un comité tenu à Dublin, le 2 Mars 1810, les Catholiques romains exaltés avaient pris la résolution inébranlable de s'opposer à tout contrôle du gouvernement anglais sur la nomination de leurs évêques. Tel était l'état des choses, quand, le 21 Avril, Moore leur écrivit une longue lettre pour les amener à résipiscence. Il leur rappelait que, pendant l'année 1799, quatre métropolitains et six prélats déclarèrent vouloir bien, pour prix de l'émancipation des Catholiques, concéder ce contrôle au gouvernement, et qu'ils signèrent un engagement formel à cet effet. C'était donc sur la foi de cet acte, corroborée par l'information du Docteur Milner, que les amis des Catholiques d'Irlande au Parlement firent, en 1808, une nouvelle déclaration dans le même sens. Cette déclaration produisit le meilleur effet sur l'esprit du Parlement et du peuple anglais. Alors les laïques irlandais, donnant l'alarme, crièrent que l'Eglise était en danger, accusèrent les amis, non moins que les ennemis, de vouloir renverser la religion catholique en Irlande, traitèrent l'honorable Docteur Milner comme un homme vénal, et, la menace à la bouche, sommèrent les évêques de se rétracter. Cependant, que firent les prélats ? Ils décidèrent simplement qu' « il était *inopportun* de changer le mode actuel de nomination. » Ainsi les évêques, sous la pression même des laïques, s'étaient retranchés derrière le seul obstacle de l' « inopportunité. » Moore, par une puissante argumentation, démontrait aux Catholiques romains qu'il était uniquement de leur intérêt de revenir à la convention première de leurs évêques, et qu'en s'y ralliant, ils ne s'exposaient à aucun danger. Il terminait en les suppliant de reprendre, pendant qu'il en était encore temps, le terrain qu'ils avaient perdu et de regagner la confiance qu'ils n'inspiraient plus. « Les Protestants, disait-il, craignent de vous confier leur constitution tant que vous restez sous l'influence du Pape ; et votre raison pour rester sous l'influence du Pape est que vous craignez de confier votre Eglise aux Protestants.... Leur alarme est naturelle, juste et bien fondée, tandis que la vôtre est insignifiante, mal fondée et peu généreuse..... Les bigots des deux sectes sont également détestables ; mais si j'étais forcé de choisir entre eux, je préférerais certainement ceux qui ont la constitution de leur côté. » Cette lettre nous a paru d'autant plus digne d'intérêt qu'elle montre que Moore était capable de traiter une question de cette gravité, où l'avenir de son pays était en jeu, avec une grande sûreté de jugement, beaucoup d'habileté, de prudence et de fermeté.

Nous savons que tout enfant il aimait à paraître sur la scène. Or, il eut toujours beaucoup de goût pour ce genre de divertissement. Aussi n'est-on pas surpris de le voir, l'année même où il écrivait cette lettre, pendant un voyage en Irlande, jouer, dans l'opéra « The Padlock, » le personnage de Mungo, au fameux théâtre de Kilkenny, où brillait la célèbre O'Neil, l' « étoile » du jour. Au nombre des actrices se trouvaient deux sœurs d'une grande beauté et d'une conduite irréprochable (1). Moore devint éperdument amoureux de l'une : c'était Miss Elisabeth Dyke. Le portrait qu'en a tracé Mistress Hall, montre ce que devait être alors cette toute jeune fille, que Rogers nomma « la Psyché » : « Sa tournure et son maintien étaient parfaits ; elle avait de la grâce dans tous ses mouvements. Sa tête et sa gorge étaient moulées d'une manière exquise ; et sa voix, quand elle par-

---

(1) The Edinburgh Review. April 1854, p. 500.

lait, était douce et claire. Elle avait les yeux brun-clair..., les traits réellement beaux ; le nez finement dessiné, la bouche charmante et expressive ; des fossettes mobiles ; le menton moelleux et arrondi ; sa figure était d'un ovale parfait. » Elle avait d'autres charmes plus puissants : au caractère le plus aimable et à la meilleure éducation elle joignait un véritable talent d'artiste. Moore ne tarda pas à l'épouser. La cérémonie fut célébrée à Londres dans l'église St-Martin, le 25 Mars 1811. Personne de la famille du poète n'y assistait, comme le prouve l'acte de mariage que nous reproduisons textuellement(1). Peu de temps après, Moore se mit à composer un opéra-comique en trois actes, « le Bas-Bleu, » qui fut joué avec fort peu de succès, le 9 Septembre 1811, au « Lyceum Theatre. » Moore prévoyait ce résultat en écrivant, comme il le dit dans sa lettre à Leigh Hunt (2), « de mauvaises plaisanteries » pour faire rire les galeries du « Lyceum. » Il avait uniquement rempli un engagement qu'il avait eu la faiblesse de contracter avec Arnold, et il l'avait rempli « à contre-cœur. » C'est en effet une pièce de peu de valeur, une « farce », au dire de

---

(1) St. MARTIN IN THE FIELDS, MIDDLESEX.
Fol. 158.
        Married in March 1811
Thomas Moore of the Parish of St. James
Westminster Bachelor
and Betsey Dyke of this Parish Spinster
were Married in this Church by Licence
this twenty fifth Day of March 1811
by me John Tillotson Minister.
This Marriage was then solemnized between us } Thomas Moore
In the presence of us } Betsey Dyke
        James Power
        Ann Jane Dyke

(2) Prose and Verse by Thomas Moore, chiefly from the author's manuscript.

Byron (1). Cependant, elle n'est pas dépourvue de tout mérite : elle contient de beaux chants, devenus même très populaires (2), et principalement celui où le poète exprime, d'une manière ravissante, son amour de la liberté, non pas simplement de la liberté irlandaise, mais de la liberté anglaise (3). Le « Times » du mardi 10 Septembre, tout en rendant un compte fort exact de cette folle pièce, accusait l'auteur de « royalisme et de courtisanerie. » L'accusation était fondée sur le « coup de théâtre » ridicule (II, 1.) qui concerne le Régent. Moore écrivit (4), le lendemain même, à son ami Leigh Hunt pour le mettre en garde contre cette fausse interprétation de ses sentiments, dont il était d'autant plus étonné que l'Opéra avait subi, de la part du Censeur, une très forte coupure, « pour une qualité toute différente de la courtisanerie. » Rien certes ne répugnait tant à son caractère que la servilité ; mais, comme il le déclarait dans

(1) « Good plays are scarce, »
» So Moore writes farce : »
» The poet's fame grows brittle — »
» We knew before »
» That Little's Moore, »
» But now 'tis Moore that's Little. »
(Sept. 14 1811).

Cette épigramme fut publiée pour la première fois en 1830 par Moore lui-même, qui l'avait trouvée sur une feuille d'un carnet de Byron.

(2) « Young Love lived once is an humble shed. »
« Spirit of Joy, thy altar lies. »

(3) « Farewell to the land where in childhood I've wandered ! »
» In vain is she mighty, in vain is she brave ! »
» Unblessed is the blood that for tyrants is squandered, »
» And fame has no wreaths for the brow of the slave. »
» But hail to thee, Albion ! who meet'st the commotion »
» Of Europe as calm as thy cliffs meet the foam ! »
» With no bonds but the law, and no slave but the ocean, »
» Hail, Temple of Liberty ! thou art my home. »

(4) Prose and verse by Thomas Moore, chiefly from the author's manuscript.

une note de sa préface (1), si c'était de la servilité d'espérer que l'ami d'un Fox et d'un Moira serait aussi l'ami de la liberté et de l'Irlande, en commun avec une grande majorité de ses concitoyens, il était fier de dire qu'il s'en reconnaissait coupable.

Byron, après une absence de deux ans, était revenu au mois de Juillet. Moore, dont la colère était depuis longtemps passée, retira son cartel, et, au lieu de lui demander une rencontre au pistolet, lui en offrit une sans armes, la main amicalement tendue. Elle eut lieu à table chez Rogers, en présence de Thomas Campbell, l'auteur des « Plaisirs de l'Espérance (2), » qui voyait aussi pour la première fois Lord Byron. Tel fut le commencement de l'étroite liaison que Moore forma avec Byron.

Jusqu'au printemps de l'année 1812, Moore avait le plus souvent habité avec sa jeune femme chez son ami Lord Moira; mais à cette époque, cédant à son désir d'indépendance, il se décida à prendre un cottage à Kegworth, à quelques milles de la résidence du Comte. Cette année-là, il fit paraître « les Lettres Interceptées » ou « la Petite Poste. » Ces lettres commençaient la série de ses satires personnelles sur les sujets du jour. Quoiqu'elles aient perdu de leur intérêt, depuis que les personnages qui y étaient attaqués ont disparu, cependant elles conservent encore leur piquante originalité, et, pour la grâce, la légéreté, l'esprit pétillant, elles resteront peut-être toujours uniques en leur genre. On n'y sent ni colère, ni amertume, mais une gaieté fine et railleuse ; en effet, les pointes du satirique n'ont jamais de fiel : ce sont des plaisanteries de bon goût et inoffen-

---

(1) M. P. or the Blue-Stocking. Preface. Note 1.
(2) « Pleasures of Hope » 1799.

sives, « innocui sales (1), » où n'entre rien de l'invective grossière et méchante qui caractérisait en général, avant ce temps, les satires ou lampoons (2).

Quelle richesse d'invention déploie Moore sous le nom de guerre de Thomas Brown le Jeune ! Il prend toutes les figures que sa féconde imagination lui suggère de prendre, mais le plus souvent la figure du personnage dont il se moque. Voyez comme il joue habilement le rôle de la Princesse Charlotte de Galles (3), pour montrer à quelles extravagances les grands en viennent par bigoterie. La Princesse a reçu deux magnifiques poneys d'une Catholique, son amie Lady Barbara Ashley, et elle lui raconte plaisamment dans quel émoi son présent a mis la Cour. Il paraît entaché de papisme à Lord Eldon, qui tout en pleurs court exposer ses craintes au Roi George : « C'est un projet des Catholiques romains, que Dieu me soit en aide ! de passer sur le corps à votre Altesse très royale ». On réunit sur-le-champ un conseil, et les archevêques déclarent que, si ces poneys papistes mangent au râtelier de la Princesse, l'Eglise anglicane est en danger. C'est du reste prédit au chapitre VI des Révélations ; le Docteur Addington (4), d'accord avec le fervent Vansittart, l'affirme. Pour qu'on n'accuse pas la Cour de persécuter les bêtes, Lord Harrowby prétend que, si ces animaux étaient des ânes, ils seraient toujours sûrs de la protection de la Cour. « Si la Princesse veut les

---

(1) Moore's poetical Works. Preface to the third volume.
(2) Thomas Shaw. A history of english literature, p. 447. — Alexandre Beljame. *Le public et les hommes de lettres en Angleterre au XVIIIe siècle* p. 12, 13, 200.
(3) Two penny Post-Bag. — Letter 1.
(4) Sobriquet de Lord Sidmouth.

garder, dit Lord Castlereagh, pour les rendre tout à fait inoffensifs, le seul vrai moyen est (celui que certains premiers présidents emploient avec leurs femmes) de les fouetter jusqu'à ce qu'ils soient tout près d'expirer. Ce procédé, s'ils recèlent du mauvais sang irlandais, les en débarrasserait bientôt. Au cas où l'on trouverait ce traitement cruel, sa Seigneurie propose le nouveau bridon du Veto pour leur lier le museau, jolie invention, composée de vieilles chaînes, qui paraît céder, tandis qu'elle retient doublement ; qui, quelque fougueux qu'ils soient, réprime leur humeur folâtre (ajoute humainement sa Seigneurie), ou autrement leur casse le cou. » A cette mesure si douce se rallie tout le conseil, Lord Eldon le premier.

Sous la figure du Colonel Mac Mahon, le satirique persifle (1) Mr. Leckie, auteur d'un ouvrage aussi étrange pour le fond que pour la forme (2). Mr. Leckie cherchait à établir que l'Angleterre ne pourra jamais se fortifier contre la France, tant que la royauté n'y sera pas beaucoup plus indépendante. Comme il avait vécu très longtemps à l'étranger, il en était venu à penser et à écrire comme un étranger. Le Colonel, avec un air de bonhomie, se moque de son système et de son anglais « à moitié grec moderne. » « Tout ce qui peut bien être compris, dit-il, dans ce Livre en question, est extrêmement bon ; et, quant à ce qui est incompréhensible, je jurerais qu'il a tout autant de sens. » Le Prince, enchanté d'un tel ouvrage, l'a chargé de demander à l'auteur de lui composer un plan de réforme radicale, en prenant ce qu'il y a de mieux en Turquie ou en Perse.

---

(1) Two penny Post-Bag. — Letter II.
(2) Edinburgh Review. Vol. XX.

Ecoutons maintenant le Régent faire le récit (1) d'un dîner exquis auquel il a assisté avec ses compagnons de plaisir, chez le Marquis de Headfort. Il nous semble le voir admirer les soupes savantes, les poissons recherchés, les pâtés superbes, les côtelettes sublimes de son hôte, manger plus de bonnes choses qu'il ne le dit, boire outre mesure le Tokai, et l'entendre porter un toast à ces maris débonnaires, bourgeois ou pairs, qu'il honore en faisant la cour à leurs très chères Ladies.

Après le Régent, nous voyons paraître le très Honorable Docteur Patrick Duigenan, qui prend les inepties qu'il débite (2) pour des arguments irréfutables contre les Papistes d'Irlande.

La lettre écrite par la Comtesse Douairière de Cork à une Lady de ses amies (3) dévoile le goût de certaines dames du grand monde pour la médisance et les soirées à sensation. Ainsi la Comtesse ne manque pas de dire que ses portes sont trop étroites pour le Régent. En effet, le passage est obstrué, quand son Altesse et la « Marchesa », qui n'est pas d'un moindre volume, causent bas ensemble à l'entrée des portes. Pour donner plus de relief à ses soirées, elle tiendrait à avoir dans ses salons quelque personnage nouveau, par exemple, un Kamchatkien ou un Pacha à trois queues et à dix femmes, un Russe encore dont le nom comprendrait, s'il était possible, toutes les lettres de l'alphabet, et, s'il voulait avaler son huile de poisson et ses chandelles, il la placerait bien haut dans l'estime des gens de qualité.

(1) Two penny Post-Bag. Letter III.
(2) Letter IV.
(3) Letter V.

Abdallah (1), pendant son séjour à Londres, ne remarque pas seulement comme il est singulier que « cette nation boutonnée, » si fière de ses libertés, s'emprisonne les membres dans des vêtements étroits. Sa critique ne se borne pas à une question de mode ; elle a une plus haute portée : elle touche à la tolérance religieuse. Le sage Persan observe qu'en Angleterre les Protestants n'ont pas plus d'indulgence pour les Catholiques qu'en Perse les Shiites pour les Sunnites, et il montre, par sa spirituelle allusion, la folie des persécuteurs qui, en somme, adorent le même Dieu et croient au même ciel que leurs victimes. Ces lettres, dès leur apparition, furent si goûtées, qu'en un peu plus d'une année elles n'eurent pas moins de quatorze éditions.

Vers la fin de 1812, Lord Moira, dont les affaires étaient devenues tout à fait embarrassées, accepta du Gouvernement les fonctions de Gouverneur général des Indes. A cette nouvelle, les amis de Moore crurent un moment qu'il aurait sa part de cette bonne fortune, et que le nouveau Gouverneur lui procurerait aux Indes une brillante position. Cependant, ils auraient dû comprendre que Lord Moira, l'obligé du Prince de Galles, ne pouvait prendre ouvertement sous son patronage le satirique qui venait d'amuser la ville aux dépens du Régent. Moore le comprenait bien ; aussi ne fut-il pas surpris, quand Lord Moira lui dit qu'il n'avait rien d'assez avantageux pour lui aux Indes, et on ne peut prétendre qu'il eut le moindre regret de manquer une si belle occasion ; car, comme le prouve la lettre (2)

---

(1) Two Penny Post-Bag. Letter VI.
(2) Prose and Verse by Thomas Moore, chiefly from the author's manuscript.

qu'il écrivit au mois de Février 1813 à son ami Leigh Hunt, emprisonné pour ses personnalités contre le Régent, il refusa l'offre que le nouveau Gouverneur des Indes lui faisait de lui rendre service dans son pays « par échange de patronage avec les Ministres, » ne voulant rien accepter « sous un tel régime. » En quittant l'Angleterre, Lord Moira lui envoya, comme témoignage de sa considération, quinze douzaines de bouteilles de son meilleur vin. C'était du luxe pour le pauvre poëte qui avait plus besoin de garnir sa bourse que sa cave. Assurément il ne pouvait oublier les bontés de Lord Moira, mais il s'en souvenait comme on se souvient des bontés d' « une maîtresse infidèle (1) ; » dans son for intérieur il le tenait pour un transfuge, et, tout en « fermant ses lèvres (2) » à la plainte, il n'avait plus pour un tel ami cette haute estime qui était l'âme de ses relations avec lui. Toutefois, les amis dévoués ne lui firent jamais défaut. Lord Holland fut heureux de lui offrir sa maison pour asile. Admis intimement dans la société distinguée qui fréquentait le salon de ce personnage, il s'attacha de plus en plus au parti Whig et mit son talent à le servir avec une nouvelle vigueur, continuant de publier par intervalles, comme il avait déjà fait en 1812, dans les colonnes du « Morning Chronicle » quelques-unes des satires à la fois les plus piquantes et les plus enjouées que la lutte politique ait jamais produites. L'analyse de quelques pièces permettra d'en juger. Brown rêve que le Prince succombe sous une Insurrection de Papiers (3), auxquels importants ou non il ne touche pas plus qu'au système poli-

---

(1) Letter to Leigh Hunt. February 1813.
(2) Memoirs of Thomas Moore. Vol. 1. p. 323.
(3) « The Insurrection of the Papers. »

tique de son père (1). Il craindrait probablement de porter un coup au vieux roi, lorsqu'il reviendrait à la raison, s'il ne conservait pas dans leur ancien état les instruments du pouvoir. En bon fils il ne croit pas pouvoir agir autrement que son père. Ce sentiment n'est nullement exagéré par le satirique : il ressort de la lettre que le Prince Régent écrivit le 13 Février 1812 au Duc d'York, et dans laquelle il déclare qu' « il s'est refusé toute satisfaction personnelle pour que sa Majesté, de retour à la santé, reprit tous les pouvoirs et toutes les prérogatives (2). » N'avoue-t-il pas aussi dans cette même lettre n'avoir « aucune prédilection ? » Brown peut donc lui faire dire avec vraisemblance : « Mon cœur est un vrai crible où s'agitent, pendant une minute ou deux à peine, quelques affections éparpillées, qui passent plus sûrement à travers en raison de leur petitesse (3). » Cet Adonis de cinquante ans se montre avec la plus entière franchise, dans toute sa frivolité, d'autant plus avide de plaisirs qu'il sent l'approche de la vieillesse : « Réjouissons-nous vivement, dit-il, tandis que nous pouvons nous réjouir ; car la gaie fleur de la cinquantaine passe bientôt, et alors on gagne de l'embonpoint et des infirmités, et en surplus une perruque (je l'avoue) va si gauchement qu'elle fait une peur du diable aux petits Amours (4). »

Après le Régent vient le tour des Ministres. Brown commande à un Plumassier (5) de prendre un hibou, oiseau ennemi de toute lumière, de tout ce qui est beau

---

(1) « Parody of a Celebrated Letter. »
(2) Prince's letter.
(3) « Parody of a Celebrated Letter. »
(4) Horace, Ode XI freely translated by the Pr — ce R — g — t.
(5) « To a Plumassier. »

et brillant ; de le dépouiller de ses plumes et de les placer, entre celles d'une paonne et d'un vieux coucou, sur la couronne du Prince, avec cette inscription au-dessous : « Je sers. » On reconnaît aisément dans cet emblème les attributs de Perceval, le serviteur docile aux volontés de son maître. C'est peu. De plus grands honneurs sont réservés aux Ministres, les dieux Lares de L'Angleterre (1). Flore, la Reine des fleurs, plantera un lis orange dans la perruque du vieux Lord Eldon ; elle ceindra la tête de Liverpool d'une lourde et froide couronne de pavots, emblème de ses harangues lourdes et somnifères ; ensuite elle couronnera Castlereagh de trèfles flétris liés ensemble par de menus fils de toutes couleurs, et pour charmer sa Seigneurie qui aime bien de temps en temps une petite torture, elle en frisera les feuilles avec des fers à friser. Le satirique use aussi de l'apologue. Le « Roi Crack et ses Idoles (2) » deviennent sous sa plume un thème fort piquant : le Roi Crack c'est le Régent, les gens qui le supplient de renoncer à ses Idoles, ce sont les Whigs, jadis ses amis de l'opposition qu'il n'écoute pas, et ses Idoles, à l'adoration desquelles il revient avec plus de ferveur, ne sont autres que les Tories, Castlereagh, Vansittart, Harrowby.

Comme on le voit, c'est contre le Prince Régent que Moore revenait le plus souvent à la charge (3) ; car il

---

(1) « Wreaths for the Ministers. »

(2) « King Crack and his Idols. »

(3) Il ne manquait jamais l'occasion de l'attaquer ; ainsi dans les beaux vers qu'il adressa à Leigh Hunt et à son frère, lors de leur emprisonnement, il s'exprimait de la sorte : « Allez dans vos prisons — car des sentiments aussi charmants que l'air du Printemps ou les fleurs de l'Eté vous y attendent ; des sentiments tels que Celui, qui traite avec magnificence, dans des serres somptueuses, sa troupe de courtisans, n'en connut jamais. »

l'avait vu de près, et il avait reconnu que sous des dehors avenants et aimables, il cachait un manque de cœur complet. Il le raillait donc tout à son aise, sans qu'il eût à craindre de passer pour un ingrat, à moins qu'on ne considérât comme des bienfaits deux invitations à dîner et une invitation au bal. Mais ses railleries avaient un caractère d'enjouement tel que le Prince et tous ceux qui en étaient l'objet, n'en conservaient aucun ressentiment. En effet, avec une grâce folâtre, il engageait son plaisant combat, au fond bien moins contre la personne que contre ses défauts et ses folies. Sur le ton du plus léger badinage, il ridiculisait la bigoterie dans Lord Eldon, la tyrannie dans Castlereagh, l'intolérance dans le Docteur Duigenan, la servilité dans le Ministre Perceval, l'apostasie dans le Prince Régent. Or la bigoterie, la tyrannie, l'intolérance. la servilité et l'apostasie, sous quelque forme qu'elles se présentent, sont de tous les temps et de tous les pays. A ce point de vue, tous ces petits poèmes satiriques offrent toujours un certain intérêt, et cet intérêt est soutenu par le charme irrésistible d'un esprit joyeux, délié et mordant qui se manifeste sans cesse, même dans les moindres occasions, par des images plaisantes, des traits délicats, des mots piquants. « Moore a, dit Hazlitt, de l'esprit à son gré, et du meilleur. » Nul ne sait, pour se jouer de quelqu'un, jouer sur un mot avec plus de finesse et d'agrément. Témoin l'épigramme contre le Colonel Mac Mahon : « Quelle nouvelle aujourd'hui ? — Oh ! de plus en plus fort. — Mac est la Bourse Privée du Prince ! — La Bourse du Prince ! non, non, imbécile que vous êtes, vous voulez dire le Ridicule du Prince. » En somme, les poèmes satiriques et humoristiques de Moore doivent être considérés comme les « chefs-d'œuvre de leur genre (1), » et nous pouvons dire de plus d'un ce que Voltaire a dit du livre de La Bruyère : « Il est à croire qu'il ne sera jamais oublié. » Ils lui firent une telle réputation, qu'en 1814 Jeffrey chargea par lettre Rogers de demander à Moore de vouloir bien collaborer à la *Revue d'Edimbourg,* disant que la rétribution ordinaire était de vingt guinées par feuille imprimée de seize pages, mais qu'en pareil cas il ne songerait pas à lui en offrir moins de trente, qu'il songerait même à lui en offrir davantage. Moore, flatté de cette proposition, devint le collaborateur de son ami Jeffrey et écrivit dans cette Revue, à des intervalles plus ou moins longs, quelques articles (2) dignes de figurer à côté de ceux de Sydney Smith, Brougham, Hallam, Macaulay, Carlyle.

Depuis l'été de 1813 le poète habitait avec sa bien-aimée compagne une chaumière à Mayfield, près d'Ashbourne, dans le Derbyshire. « C'était une pauvre demeure, dit-il à William Howitt, un peu mieux qu'une grange, mais nous la prîmes sur-le-champ et nous prîmes nos mesures pour la rendre habitable. » A côté de son petit salon était sa petite bibliothèque, d'où il avait vue sur un charmant parterre ; toutefois, ses lieux de prédilection étaient le verger, où il se livrait à ses méditations, et un petit berceau de verdure sous lequel il avait l'habi-

---

(1) Edinburgh Review. April 1854, p. 502.
(2) Lord Thurlow's Poems. (September 1814).
    The Fathers. (November 1814).
    French Novels. (November 1820).
    French Official Life. (June 1826).
    Anne Boleyn. (March 1827).
    Private Theatricals. (October 1827).
    German Rationalism. (September 1831).
    The Round Towers of Ireland. (April 1834).

tude de s'asseoir et d'écrire. Il vivait là tranquille et heureux, envisageant l'avenir sous les plus belles couleurs ; il en avait du reste toujours bien auguré, même dans les moments difficiles (1). Les enfants commençaient à venir, et avec eux les fatigues de la pauvre Bessy, malheureusement faible et délicate, s'augmentaient de jour en jour ; mais elle les supportait vaillamment, grâce aux soins et à la tendresse de son mari, qui eût été l'homme le plus fortuné du monde, sans le souci constant d'une santé si chère.

Dans ce délicieux cottage, Moore composa ses « Airs Nationaux. » « Un joli air sans les paroles, dit-il, ressemble à une de ces demi-créatures que Platon représente errant à la recherche du reste d'elles-mêmes à travers le monde (2). » C'est une imperfection qu'il s'appliqua à corriger en adaptant des paroles convenables à des mélodies étrangères qui n'en avaient pas ou n'en avaient que d'inintelligibles. Il voulait réagir contre la tendance signalée très spirituellement par Figaro, « ce qui ne vaut pas la peine d'être dit, on le chante, » en montrant que l'on ne doit chanter que ce qui vaut la peine d'être dit. Et il avait raison, car il n'est pas d'air qui ne dise rien ; autrement ce ne serait pas un air : « D'une musique qui n'exprimerait rien, dit un savant philosophe (3) de nos jours, nous n'aurions que faire. Il faut donc qu'elle exprime quelque chose. » Ce quelque chose est un mouvement de l'âme qui a toujours un sens pour le musicien. Ce sens, Moore le rend intelligible à tout le monde, en publiant, en 1815,

---

(1) Voyez sa lettre écrite à sa mère en 1812. Memoirs of Moore. Vol. 1, p. 274.
(2) National Airs. Advertisement.
(3) Charles Lévêque. *La Science du Beau.* Tome II, p. 160.

un petit volume contenant de gracieuses et délicates poésies (1).

Il est à supposer que Moore écrivit en 1815 son dialogue bouffon « les Deux Vétérans (2). » Il représente le Régent et Blücher, ces deux sobres vétérans, en belle humeur après souper, vantant réciproquement leurs exploits en prenant un punch exquis. Il y avait entre eux seulement cette différence, que Blücher avait combattu contre des hommes et le Régent contre une femme! Ils entrent à tour de rôle dans les détails de leur engagement. Blücher parle des balles qui sifflaient autour de lui. « Oh! s'écrie le Régent, que ces bals, où il y a un bon souper et où il n'y a pas la Princesse, soient mon lot. Et quant au sifflement — Eh bien, ma foi! j'en ai tant chaque jour, que mon nom, je l'espère, passera, de la vraie manière royale, à la postérité, « George le Sifflé! » — « Nous conquîmes, nous conquîmes, interrompt Blücher, — heureux jour de ma vie! » « Et heureux moment de la mienne, réplique le Régent, où j'ai conquis mon épouse! » Nous comprenons que le poète ait gardé ce dialogue en porte-feuille : « George le Sifflé » était une joyeuseté trop ouvertement piquante pour la publicité.

Le 20 Mai 1816 parut la trentième et dernière livraison du *Monde à l'École de Westminster* (3), publication périodique dont la première livraison avait paru le 28 Novembre 1815. L'auteur nous fait connaître dans la pre-

---

(1) « Flow on, thou shining river. »
» All that's bright must fade. »
» Those evening bells! those evening bells! »
» Oft in the stilly night. »

(2) Prose and Verse by Thomas Moore, chiefly from the author's manuscript.

(3) The World at Westminster by T. Brown the Younger.

miére livraison le caractère et le but de cette publication. Elle offrira « une série de pièces qui pourront, dit-il, être à la fois le miroir et la satire de notre petit monde, montrer en même temps son système et ses défauts, et être une source d'amusement, sinon de perfectionnement. » Chaque livraison contient un court essai de critique plein de finesse et d'agrément. Les pages sur « l'Avantage des demi-congés » (N° 18), « la Vanité » (N° 27), « l'Amitié » (N° 28), « les Subterfuges » (N° 29), sont vraiment charmantes. Nous pouvons donc dire que Thomas Brown atteignit son but ; car, s'il ne corrigeait pas toujours son lecteur, il était sûr au moins de l'amuser :

« Chacun peint avec art dans ce nouveau miroir »
» S'y vit avec plaisir, ou crut ne s'y point voir. »

Au mois de Mai 1816 parurent aussi les « Chants Sacrés. » Quelques-uns ont un caractère vraiment hébraïque. Ainsi le poëte prend, en s'adressant à Israël, l'accent des prophètes et trouve, à leur exemple, des images hardies et terribles :

« 'Go' said the Lord — 'ye conquerors ! »
» Steep in her blood your swords, »
» And raze to earth her battlements, »
» For they are not the Lord's. »
» Till Zion's mournful daughter »
» O'er kindred bones shall tread, »
» And Hinnom's vale of slaughter »
» Shall hide but half her dead ! (1) »

Voyez encore avec quelle imposante majesté et quelle puissance mystérieuse il représente Jéhovah, tel que les Hébreux se le figuraient :

(1) « Fall'n is thy throne, O Israël. »

« Come not, O Lord ! in the dread robe of splendour »
» Thou wor'st on the Mount, in the day of thine ire ; »
» Come veil'd in those shadows, deep, awful, but tender, »
» Which Mercy flings over thy features of fire ! »

Cependant ces Chants mettent en évidence à la fois les qualités et les défauts du génie lyrique de Moore : on ne peut les lire sans rencontrer des exemples fréquents d'un bonheur consommé dans la conception et l'exécution de chacun d'eux, mais aussi sans remarquer que l'élégance recherchée du style détruit parfois le ton sublime du sujet. Que ne sont-ils tous d'une beauté parfaite comme le « Chant de Miriam (1), » où l'enthousiasme religieux de la prophétesse célébrant le triomphe de Jéhovah et l'affranchissement de son peuple éclate dans une expression forte et simple ?

Aussitôt après la mort de Sheridan, le 7 Juillet 1816, Moore paya à sa mémoire un juste tribut de respect, en composant quelques beaux vers imprimés alors dans le « Morning Chronicle : » avec l'accent d'un noble cœur il voue à l'exécration les Puissants qui abandonnèrent leur ami dans la pauvreté de ses derniers jours, et à leur tête le Prince oublieux de l'éclat jeté sur sa « nullité » par l'amitié de l'illustre écrivain, au point de songer seulement, quand il n'était plus temps, à lui offrir un secours. L'ingratitude de ces grands révolte le poète qui, pour caractériser leur bassesse, se sert d'une image saisissante : « Dans les bois du Nord il y a des insectes qui rongent le cerveau de l'élan jusqu'à son dernier soupir ; oh, Génie ! tes protecteurs, plus cruels que ces insectes, se nourrisssent d'abord de ton esprit et te laissent ensuite mourir ! »

---

(1) « Sound the loud timbrel o'er Egypt's dark sea ! »

CHAPITRE V

(1817)

« Lalla Rookh. »

Moore se dispose, sur le conseil de quelques amis, à composer un poème oriental. — Négociations avec les éditeurs Longman. — Heureuse intervention de Mr. Perry. — Conventions écrites de l'auteur et des éditeurs. — Raisons pour lesquelles Moore n'avance que très lentement dans son travail. — Preuve de confiance de ses éditeurs. — Délicatesse excessive de l'auteur. — Conduite honorable de Messrs. Longman. — Moore va habiter à Hornsey. — Publication de « Lalla Rookh. » — Comment l'ouvrage est accueilli. — Lettre de Lord Strangford à ce sujet. — Il est fort goûté dans toute l'Europe et particulièrement en Prusse et en France. — Considérations générales sur cette composition. — Ses beautés. — Mélange de la fiction et de la vérité. — Opinions d'Hazlitt et de Symington. — Divisions de l'ouvrage. — Exposé de l'histoire de Lalla Rookh. — Le barde Feramorz. — Le grand Chambellan Fadladeen. — Sa critique. — Examen du « Prophète Voilé. » — Caractère de Mokanna. — Episode d'Azim et de Zélica. — Défauts du poème. — Jugement de Byron. — Mérite de l'œuvre. — Opinion de Lord Russell. — Le « Paradis et la Péri. » — Caractère et analyse du poème. — Ce qu'il faut penser du jugement de Fadladeen. — « Les Adorateurs du Feu. » — Supériorité de ce poème. — Son origine. — Exposition du sujet. — Hafed et Hinda. — Caractère de ces deux personnages. — Quelques traits de ressemblance entre le héros parsi et les héros irlandais. — Génie dramatique de Moore. — Jugement de Byron. — Procédé de Moore pour faire mieux ressortir le caractère de ses personnages historiques. — « La Lumière du Harem. » — Beauté de ses chants. — Signification du poème. — A quelle famille de poètes appartient Moore. — Ce que c'est que « Lalla Rookh. » — Génie de la poésie orientale dans Moore. — Genre de sa versification. — Ce qui la caractérise. — Etude de son mécanisme. — Conclusion.

Tandis qu'en 1812 Moore forgeait pour la lutte politique ses armes fines et brillantes, ses amis, rêvant pour lui la gloire d'un poème épique, le pressaient d'entreprendre quelque travail considérable (1). C'est alors qu'il se mit à composer (2) sur un sujet oriental un poème de la dimension in-quarto devenue, par les derniers triomphes de Walter Scott, le modèle du format en ce genre. Rogers lui suggéra le sujet (3), et c'est la principale raison pour laquelle Moore lui dédia sa composition. Il y eut alors des pourparlers, à propos du futur ouvrage, avec les éditeurs Longman. Mais, pour des motifs dont Moore n'a pas gardé le souvenir, rien ne fut conclu, et c'est seulement un an ou deux après que l'affaire fut reprise et menée à bonne fin par son ami Mr. Perry du « Morning Chronicle. » Le 17 Décembre 1814, Moore écrivit à Messrs. Longman : « En remettant entre vos mains un poème de la longueur de Rokeby, je dois recevoir de vous la somme de

---

(1) Moore's poetical Works. Preface to the sixth volume.
(2) Il y songeait déjà au moins depuis un an, comme le prouve sa lettre écrite à Miss Godfrey, le 11 Septembre 1811, le surlendemain de l'échec de son opéra-comique. D'ailleurs il devait être d'autant plus porté à faire un poème oriental, que tous les Irlandais considèrent l'Orient comme une mère-patrie. En effet. il paraît suffisamment établi que l'Irlande reçut dans l'antiquité la plus reculée une colonie phénicienne : au dire d'un savant anglais du siècle dernier, le Général Vallancy, qui consacra la moitié de sa vie à de grands travaux pour prouver l'origine orientale du peuple irlandais d'après son langage et ses antiquités, les « tours cylindriques, » constructions remarquables qu'on trouve en Irlande, étaient destinées au culte du feu.
(3) Voyez la lettre que Moore écrivit en 1814 à son ami Dalton.

3,000 *l*. Si vous acceptez cette offre, je suis tout disposé à m'arranger définitivement avec vous. » Ces éditeurs lui répondirent : « En remettant entre nos mains un poème de vous aussi long que Rokeby, vous recevrez de nous la somme de 3000 *l*. » C'est une convention unique en son genre et bien honorable pour les deux parties contractantes ; car les éditeurs n'avaient pas vu un seul vers du poème, et il n'était nullement stipulé qu'ils en verraient ; ils témoignaient ainsi une pleine confiance dans le génie du poète.

Moore mit longtemps à composer son poème ; car, outre le grand travail auquel il se livra préalablement pour acquérir une connaissance profonde de l'Orient, il eut constamment à lutter contre les difficultés de son goût, et fit plusieurs essais, comme « the Tale of Cambuscan, » qu'il laissa de côté, avant d'écrire quelque chose qui le contentât. Il dut en effet à son goût délicat de ne point tomber dans l'excentricité de Southey, en se gardant de produire un ouvrage du genre de « Thalaba (1), » où il entre jusqu'à des dragons et des hippogriffes. Au printemps de l'année de 1815, son poème étant bien avancé, il annonça à ses éditeurs qu'il était en mesure de leur donner à lire quelques parties de son manuscrit. Ils refusèrent disant que, bien qu'ils eussent le plus vif désir de connaître le poème pour leur propre satisfaction, ils n'éprouvaient nulle envie de le lire pour d'autres motifs, car ils avaient, sous tous les rapports, une confiance absolue en lui. L'année suivante le poème était prêt à être publié ; mais c'était dans un temps de grande misère, et, par conséquent, très défavorable à toute entreprise littéraire ; alors, dans les pre-

---

(1) « Thalaba, the Destroyer » 1801.

miers jours de Novembre, avec ce sentiment chevaleresque qui le caractérisa toujours, il informa ses éditeurs que, vu les circonstances, il leur laissait la liberté de modifier ou même de rompre le traité. C'était de sa part une extrême délicatesse à laquelle sa position de fortune donnait encore plus de prix. Mais Messrs. Longman étaient trop nobles pour profiter d'une telle générosité ; ils n'avaient du reste aucune raison pour agir différemment ; en effet, comme le résultat le prouva, ce n'était pas inconsidérément qu'ils avaient pris leur engagement ; toutefois, ils remirent la publication de l'ouvrage à l'année suivante. Moore quitta Mayfield et alla habiter à Hornsey, près de Londres, afin de pouvoir mieux veiller à l'impression de « Lalla Rookh. » Enfin ce magnifique poème, fruit d'un travail immense, parut au mois de Mai 1817, et fut accueilli avec un transport d'admiration dont personne ne put se garder. La lettre écrite le 20 Juin par Lord Strangford à Moore en est le témoignage : « Ma mère a un certain degré de sainteté ; elle est occupée à lire votre livre à l'autre bout de la chambre. Le dialogue suivant vient d'avoir lieu entre nous : « Le Pécheur — J'écris à Moore. » « La Sainte — Je lis Moore. » « Le Pécheur — Que dirai-je à Moore ? » « La Sainte — Que je suis frappée d'horreur de ma propre perversité à admirer quelque chose en ce monde autant que j'admire son poème ! » Tout à fait conforme au goût prédominant de l'époque, il eut la même année sept éditions, depuis environ vingt-trois, et fut traduit, comme les « Mélodies irlandaises, » dans presque toutes les langues de l'Europe (1) ; on en fit

---

(1) Symington, sans doute sur la foi du propos de Luttrell (*), avance, dans son Esquisse de la Vie de Thomas Moore, p. 59, que « des parties

même une pièce mêlée de chants et de danses qu'on représenta, en 1822, à une fête mémorable de la Cour de Prusse, où la Grande Duchesse de Russie joua le rôle de Lalla Rookh et le Grand Duc Nicolas celui d'Aliris. C'est à la fin du divertissement que le Baron de La Motte Fouqué promit solennellement, pour être agréable à la Grande Duchesse, de donner au monde une traduction du poème en allemand. Enfin, en 1862, il inspira très heureusement, dans un charmant Opéra-comique, pour les paroles Michel Carré et Hippolyte Lucas, et pour la musique notre célèbre maëstro Félicien David.

Avant même la publication de « Lalla Rookh, » les critiques n'avaient pas manqué : cherchant à déprécier le génie de Moore, ils déclaraient douter que la pointe épigrammatique et le fini exquis de ses productions lyriques fussent compatibles avec la puissance d'esprit indispensable à un champ plus large et à un vol de

---

de l'ouvrage ont été rendues en Persan. » Il peut se faire que dans l'Inde anglaise, sous les auspices du Gouvernement, on ait traduit en Persan l'œuvre de Moore, comme on a traduit d'autres œuvres anglaises, notamment celles de Byron. Mais il faut observer que le Persan, devenu dans ce pays, depuis la conquête mongole, la langue des lettrés musulmans qui le cultivent, comme nous cultivons le latin, tout en formant avec l'Arabe la base de l'instruction classique, est de fait traité en langue morte. Il diffère sensiblement du Persan que l'on parle en Perse et a développé une littérature artificielle et pseudo-archaïque qu'on ignore à peu près complètement dans sa patrie d'origine. Aussi, après avoir remonté aux sources mêmes, et consulté Mirza Habib, savant Persan de nos jours qui connaît le mieux sa littérature nationale, nous sommes en mesure d'affirmer qu'il n'a jamais paru une traduction persane de « Lalla Rookh » ou de quelques parties de ce poème à Téhéran, ni à Ispahan, ni à Tauris, les trois seuls centres de production intellectuelle de la Perse.

(*) « I'm told, dear Moore, your lays are sung, »
» (Can it be true, you lucky man ?) »
» By moonlight, in the Persian tongue, »
» Along the streets of Ispahan. »

plus longue durée (1). De tels ergoteurs furent pour toujours réduits au silence. En effet, dans « Lalla Rookh, » comme dans quelque beau temple gothique, tandis que l'édifice entier offre des proportions imposantes, chaque point, sur lequel l'œil tombe, montre le même réseau délicat et le même fini qui caractérisent les moindres perles sorties de la main de Moore. Son génie se meut avec grâce et liberté sous sa charge de richesses orientales, et son style a la splendeur qui convient aux descriptions de scènes éclairées par le soleil d'Orient. Les comparaisons et les images resplendissantes frappent vivement l'imagination, pendant que l'harmonie musicale des vers flatte délicieusement l'oreille. « Lalla Rookh » est comme une œuvre magique, où l'esprit du lecteur, flottant sur une mer de musique céleste, est porté à travers des séjours remplis de parfums plus suaves que ceux de la terre, et des demeures plus somptueuses que celles des Princes, au milieu de beautés éblouissantes de toutes formes et de tous genres, jusqu'au moment où il s'affaisse, épuisé par l'excès même du ravissement. Est-ce là véritablement un défaut ? En vérité, l'ouvrage brille d'une façon continue. Mais quel voyageur, sous le ciel éclatant des tropiques, souhaiterait raisonnablement qu'il se changeât en un ciel pareil au nôtre ? De même, en lisant ces pages d'un éclat sans cesse éblouissant, serait-il sage de désirer des descriptions moins étincelantes, des tableaux peints avec des couleurs plus simples ? Non, le poète n'a pas été trop prodigue de ses trésors : ses beautés, toujours exquises en elles-mêmes, ne sont pas plus surabondantes que celles de l'Orient. L'abus même de la splendeur et d'une

---

(1) Voyez Montgomery. Thomas Moore, his life, writings, etc., p. 74.

langueur voluptueuse, qui dans un autre genre de composition serait à juste titre regardé comme faux, nous semble ici naturel.

Ce poëme, tout en ayant le charme d'une féerie, n'est pourtant pas une pure fiction ; il a encore l'attrait de la vérité. « C'est, dit Hazlitt, une œuvre d'art merveilleuse contenant les peintures de paysages et de mœurs locales qui n'ont pas été surpassées pour la fidélité. » Sous ce rapport, il n'y a qu'un seul conte oriental, celui de William Beckford, « Vathek, » primitivement publié en français en 1784, qui puisse lui être comparé. Rappelons encore à ce sujet le propos du Colonel Wilks, l'historien de l'Inde anglaise : « Est-il vrai, disait-il à Sir James Mackintosh, que Moore ne soit jamais allé en Orient ? » — « Jamais, » répondit celui-ci. — « Eh bien, répliqua le Colonel, cela me montre qu'il vaut autant lire d'Herbelot que voyager à dos de chameau (1). » Certes ce jugement fait autant d'honneur à Moore qu'au savant Orientaliste français. Mais Moore n'a pas seulement peint dans son poème, avec une rare fidélité, « les paysages et les mœurs locales, » il y a encore introduit, comme nous le verrons, certains personnages historiques, et de la sorte, suivant l'expression de Sir John Malcolm (2), qui fait autorité en cette matière, il a su combiner « la vérité de l'historien » avec les qualités du poète. Hazlitt prétend qu'il n'a ni force ni grandeur, et Symington, que ses personnages sont dépourvus de caractère, que son œuvre entière dénote un défaut de pouvoir dramatique,

---

(1) Moore's poetical Works. Preface to the sixth volume.
(2) C'est l'auteur d'ouvrages considérables sur l'Orient : « A History of Persia, » « Sketches of Persia, » « a general political History of the Empire in India, » « a Memoir of Central India. »

qu'enfin elle manque de passion et de pathétique (1). L'examen minutieux de « Lalla Rookh » nous apprendra ce que valent ces assertions.

L'ouvrage consiste en quatre poèmes, « le Prophète Voilé du Khorassan, » « le Paradis et le Péri, » « les Adorateurs du Feu, » et « la Lumière du Harem. » Ils sont reliés entre eux, comme les ballades écossaises (2) dans l'ouvrage de Hogg, par une narration légère. C'est l'histoire en prose de Lalla Rookh. Cette prose est « inimitablement belle (3), » et, si Byron dit qu'il ne l'aime pas du tout, c'est qu'il n'aurait sans doute voulu que de la poésie. « Ce serait folie, disait David Herbert en 1871, de donner un exposé quelconque des détails de ce poème, après qu'il a été lu, depuis 1817 jusqu'à ce moment, par des millions de lecteurs intelligents (4). » Comme il est loin d'être aussi connu dans notre pays, nous croyons qu'il convient même d'exposer, dans ses détails, l'histoire de l'héroïne de l'ouvrage. Lalla Rookh (5), renommée pour sa beauté, était la plus jeune fille de l'Empereur indien Aurungzebe qui régnait à Delhi. Pendant un séjour à la Cour de ce Souverain, Abdalla, ancien Roi de la Petite Bucharie, descendant du fameux Gengis-Khan, avait arrangé avec Aurungzebe un mariage entre cette

---

(1) Andrew Symington. Thomas Moore, his life and works. pp. 60, 61.
(2) « The Queen's Wake, » 1813.
(3) Shaw. A history of english literature, p. 449.
(4) Poetical Works of T. M. with Memoir, p. 37. Edinburgh, 1872.
(5) Le nom de Lalla Rookh appartient au Persan, où il se prononce Lalè-rookh. La prononciation adoptée par Moore est celle de l'Inde. Toutefois ce nom, pour être bien orthographié, devrait s'écrire Lala Rookh. Il signifie « joue de tulipe » ou « visage de tulipe. » C'est donc une expression heureuse pour désigner l'héroïne d'un poème oriental ; car la tulipe partage avec la rose, le jasmin, l'églantine et même la fleur du grenadier le privilège de fournir des comparaisons galantes aux poètes de la Perse et de l'Indoustan.

Princesse et le Prince Aliris, son fils, en faveur duquel il avait abdiqué. Ce mariage devait se célébrer à Cachemire. Lalla Rookh part avec une escorte d'honneur. Parmi les gens de sa suite, se trouve, sous le costume de l'humble barde Feramorz, connu pour son habileté à réciter les contes orientaux, le Prince Aliris qui veut avoir d'autres titres à l'amour de Lalla-Rookh que les attraits accidentels de la royauté. Il s'efforce de tromper l'ennui de la route en récitant de temps à autre les poëmes variés dont l'ouvrage se compose. Dans ce rôle, il intéresse vivement la Princesse et ses dames qui s'ennuient fort, quand il n'est pas là ; ses manières et son esprit augmentent la sympathie qu'il leur a tout d'abord inspirée. Cependant le plaisir et le triomphe de Feramorz ne sont pas tout à fait sans mélange : il lui arrive d'être critiqué ; c'est en général le sort de tous les poëtes. Il faut qu'il se résigne à entendre dénigrer sa poésie par le Grand Chambellan Fadladeen, qui conduit l'escorte de la Princesse. Ce Zoïle indien ne vise qu'à rabaisser le mérite du barde. Dans un langage pompeusement comique, il condamne l'une après l'autre toutes ses productions, les jugeant ridicules, puériles ou absurdes ; enfin il trouve détestable la versification du « Prophète Voilé, » et sans harmonie celle de « la Lumière du Harem. » Mais Feramorz est amplement récompensé par les sourires de la Princesse et de ses dames, sensibles aux beautés de sa poésie. On touche au terme du voyage, le barde s'en va ; Lalla Rookh se sent envahir par une tristesse qu'elle ne peut surmonter. Enfin la félicité de la Princesse, au milieu de la magnificence de sa réception, est à peine plus grande que la consternation du superbe Chambellan, quand elle reconnaît dans Aliris le ménestrel Feramorz. D'autre part, le sentiment d'avoir gagné l'estime et l'amour de sa fiancée par ses seuls mérites personnels double le bonheur du jeune Roi. Rien ne manque aux réjouissances, pas même une comédie impromptue dont le grand Chambellan fait seul tous les frais. Fadladeen, en effet, n'est plus maintenant un pédant hautain ; c'est un vil flatteur : il rétracte tout ce qu'il a dit et se déclare l'admirateur sans réserve des vers du Roi.

Le sujet du « Prophète Voilé, » le plus long des quatre poèmes, est tout à fait répulsif. Il a pour fondement un passage de d'Herbelot relatif au fameux imposteur du Khorassan, Hakem, surnommé Mokanna, qui vécut sous le règne du calife Mohammed-Al-Mahdi. « Ce surnom, dit d'Herbelot (1), lui fut donné à cause d'un voile ou d'un masque qu'il portait sur le visage pour s'attirer un plus grand respect d'une foule de gens abusés qui le suivaient et qui ont formé une secte d'impies. » Le poète a fort habilement tiré parti de cette singularité : il suppose que, s'il se couvrait le visage d'un voile d'argent, c'était pour cacher non le rayonnement ineffable de sa figure, mais une laideur épouvantable, image de celle de son âme. Tandis que Mokanna hait intérieurement le genre humain et travaille à sa ruine, il se déclare l'envoyé de Dieu, à un plus haut degré que le Prophète Mahomet, pour détruire la tyrannie, établir le règne de la justice et introduire une ère de paix, de félicité et de perfectibilité humaine. Il rassemble autour de lui tous les opprimés, les mécontents et les enthousiastes qui ont le courage de se ranger sous sa bannière où est inscrite cette devise trompeuse : « Liberté au monde. » A la

---

(1) Bibliothèque orientale, p. 589.

fin, défait par les troupes du Calife, il boit à une coupe empoisonnée qu'il présente au reste de ses sectateurs, puis, pendant que ces malheureux agonisent, il se moque d'eux avec une méchanceté satanique, et, après leur avoir montré son affreux visage si longtemps caché, il saute dans un réservoir de liquide brûlant, pour faire croire à ses sectateurs dispersés, en ne laissant aucune trace de lui, qu'il a disparu d'une façon miraculeuse, et continuer ses dupes même après sa mort. L'épisode de cette histoire, quoique invraisemblable, est fort intéressant : parmi les esprits ardents qui embrassent la doctrine de l'imposteur, se trouve un jeune guerrier nommé Azim (1). Cependant le doute commence à se glisser dans son âme foncièrement honnête, à la vue des molles jouissances qui éveillent en lui de viriles pensées : « Est-ce là, se dit-il, le moyen d'affranchir l'âme de l'homme du joug énervant de l'indolence mondaine? Est-ce ainsi que l'homme apprendra, pendant sa vie, à ne connaitre d'autres biens que ceux de la vertu, et, quand il mourra, à laisser un nom sublime, comme un phare, un point de repère sur les falaises escarpées de la renommée ? (2) » Azim avait été jadis fiancé à Zélica, maintenant une des principales victimes du faux Prophète. Bien qu'elle soit devenue la Grande Prêtresse de Mokanna, elle ne s'est jamais consolée de la perte de son amant passé pour mort, quand il n'était que prisonnier de guerre en Grèce. Azim et Zélica, depuis longtemps séparés, se rencontrent, mais leur joie dure peu. Zélica révèle à Azim la perfidie par laquelle ce démon de

---

(1) Cette partie du poème, où Azim a un avant-goût des joies du Paradis, est empruntée des récits à moitié fabuleux que les historiens donnent de l'initiation aux mystères de la fameuse secte des Assassins.

(2) « The Veiled Prophet of Khorassan. » II.

Mokanna l'a conduite à sa ruine. Elle le conjure de partir, il la supplie de fuir avec lui, et, tandisqu'elle se laisse aller à un rêve de bonheur, une voix formidable lui rappelle son serment. Elle sent l'impossibilité de s'y soustraire, et, dans le désespoir, elle s'arrache à l'étreinte de son amant. Azim disparait, et on n'entend plus parler de lui jusqu'au jour de ce combat terrible, où nous le trouvons le premier sur la brèche, à la prise du palais de Mokanna. A ce moment, Zélica, couverte du voile d'argent de l'imposteur, se rue sur la lance du jeune guerrier, et, rejetant son voile, lui rend grâce de mourir de sa main.

Azim et Zélica sont des personnages sympathiques; mais ils n'ont qu'un rôle secondaire, tandisque Mokanna, dont le caractère est odieux, joue le rôle principal. C'est le héros du drame, et sa puissance fatale s'y fait partout sentir. Sans doute la répulsion inspirée par un tel personnage, l'invraisemblance de l'histoire d'Azim et de Zélica, le peu d'intérêt qu'offre, dans le dernier chant, le long récit de guerres et de combats, ont fait dire à Byron que le « Prophète Voilé est le pire du volume. » Cependant Crabbe le préférait aux « Adorateurs du Feu ; » c'est qu'il montre une grande puissance, une puissance plus grande même que ce poème, comme l'a fort bien observé Lord Russell. En effet, avec une vigueur peu commune, le poète fait ressortir, dans toute sa monstruosité, le caractère de Mokanna, sorte d'Antechrist musulman, vrai génie du mal aux prises avec l'humanité qu'il cherche à asservir et à perdre par des moyens dignes de lui, l'imposture et l'attrait d'inimaginables délices. « Le Prophète Voilé, » tel que Moore le représente, c'est Satan s'acharnant encore sur l'homme pour se venger de Dieu.

Le poème le « Paradis et la Péri » est un très gracieux apologue écrit avec autant d'art que de sentiment pour montrer la puissance incomparable d'une larme. En suivant la Péri dans son vol à la recherche de l'offrande la plus propre à lui ouvrir le Ciel, nous assistons à des scènes d'une rare beauté, où le pittoresque se mêle agréablement au pathétique. Mahmoud de Gazna, afin d'assouvir sa soif de conquêtes, a ravagé les riches plaines de l'Inde, versant sur son passage des flots de sang. Un jeune guerrier indien, le dernier survivant de sa race, s'arrête sur le bord de la rivière où il a vu le jour ; il tient à la main son glaive brisé et rouge de sang ; il n'a plus dans son carquois qu'une seule flèche. Le conquérant le trouve sur ses pas, et, faisant le magnanime : « Vis, lui dit-il, vis pour partager les trophées et les couronnes que je porte. » Quel mépris insultant pour le vaincu ! L'Indien, sans dire un mot, montre au ravageur la rivière rouge du sang de sa patrie, et, bandant son arc, lance contre lui sa dernière flèche : le tyran est sauf, mais le héros tombe. Que de grandeur et de simplicité dans cet acte d'indépendance et de patriotisme en réponse à l'outrage d'un cruel despote ! La Péri recueille religieusement la dernière goutte de ce noble sang, en disant : « Oh, s'il est, sur cette sphère terrestre, un don, une offrande agréable au Ciel, c'est la dernière libation que la Liberté tire du cœur qui saigne et se brise en défendant ses droits. » La Péri est déçue dans son espérance ; elle continue donc ses recherches.

La peste dépeuple l'Egypte : des monceaux de cadavres gisent sans sépulture ; la mort règne dans cette riche et luxuriante vallée, véritable jardin au milieu des déserts. A la clarté de la lune, près d'un lac, sous des orangers dont les fruits s'agitent doucement au souffle de la brise, un jeune prince se meurt. Il s'est dérobé aux affections les plus chères pour ne causer involontairement la mort de personne. Mais sa fiancée, pleine de vie et de santé, n'écoutant que son cœur, quitte furtivement le palais de son père et vole vers ce lieu pestilentiel, donner au pauvre abandonné ses soins et ses consolations. Elle l'entoure de ses bras, presse ses joues livides contre les siennes, plonge, pour rafraîchir son front brûlant, ses tresses de cheveux dans les eaux du lac et approche de la bouche du pestiféré ses lèvres « devenues alors si hardies, ses lèvres qui jusqu'à cet instant n'approchèrent jamais des siennes sans invitation ou sans honte. » Le moribond rassemble toutes ses forces pour repousser son imprudente fiancée et se soustraire à ses embrassements. Mais rivalisant de dévouement avec lui, elle s'écrie : « Oh, laisse-moi seulement respirer l'air, l'air suave de ton souffle, et, qu'il apporte la vie ou la mort, il me sera toujours cher. Bois mes larmes, tandis qu'elles coulent encore. — Je voudrais que le sang de mon cœur fût un baume, et je le répandrais tout entier pour donner à ton front un instant de repos. Non, ne détourne pas de moi ce cher visage ; ne suis-je pas à toi, ta fiancée bien-aimée, la seule de ton choix, dont la place dans la vie ou dans la mort est à tes côtés ? » Quand son fiancé n'est plus, la vierge défaillante lui donne un baiser, un dernier, un long baiser pendant lequel elle expire. Ce souffle si pur, la Péri l'offre en vain à la divinité.

Dans la délicieuse vallée de Balbec, en Syrie, un petit enfant, las de jouer, se repose sur un lit de verdure et de fleurs. A quelque distance, un homme, harassé de fatigue, s'est jeté à bas de son coursier pour s'étendre sur le sol. Son visage flétri, hideux trahit les flétrissures et les noircœurs de son âme. Quel contraste ! Le crime à côté de l'innocence. A l'approche du soir, au moment où la cloche sonne dans les minarets pour appeler les fidèles à la prière, l'enfant tout joyeux s'agenouille, et, les mains et les yeux levés au ciel, avec la candeur de son âge bégaie le nom du Très-Haut. Le misérable le contemple avec émotion ; de touchants et chers souvenirs obsèdent son esprit : « Il y eut un temps, dit-il avec l'accent doux d'un cœur humilié, où, heureux enfant ! jeune et peut-être pur comme toi, je regardais le ciel et priais aussi. — Mais maintenant. — Il pencha la tête, » et, sous l'effet de cette attendrissante vision du passé, « il pleura, il pleura. » Une larme de repentir, voilà l'offrande qui ouvre le Ciel à la Péri.

Le Grand Chambellan avoue qu'il est en peine pour découvrir comment « le premier de ces articles » fut remis dans la « main rayonnante » de l'ange ; quant au transport du souffle et de la larme, il déclare que de telles Péris et de tels poètes, capables de deviner le moyen de manier de telles choses, sont des êtres par trop incompréhensibles pour lui. En ne remarquant que de telles vétilles dans cette œuvre charmante, d'un caractère si élevé, d'une si haute portée, d'une exécution si artistique et si parfaite, Fadladeen montre seulement son peu d'esprit : il est bien de la famille de ces prétendus Aristarques dont la critique mesquine n'a d'égale que la sotte vanité.

Le poème des « Adorateurs du Feu » est de beaucoup supérieur aux trois autres : il offre plus d'intérêt humain et gagne nos cœurs par la peinture des passions les plus naturelles et les plus nobles. Il fut inspiré à Moore principalement par ses sentiments patriotiques et la ressemblance qu'il trouvait entre la destinée de l'Iran et celle de l'Irlande. C'est donc sans effort qu'il fit passer toute son âme dans son œuvre : « La même âme, dit-il (1), qui parlait dans les Mélodies de l'Irlande, trouva une patrie en Orient ; » et, avec la même chaleur que s'il se fût agi de décrire le sort de patriotes irlandais, il décrivit celui d'une troupe héroïque de Guèbres ou Persans de l'ancienne race et de l'ancienne religion, qui au VIIe siècle, lors de la conquête de leur pays par les Arabes, se refugièrent au milieu de rochers inaccessibles, surplombant la mer d'Oman, où, sans la trahison, ils auraient pu vivre longtemps en sécurité. Hafed est le chef de cette troupe. Son nom seul glace d'épouvante les plus audacieux des Arabes. Il passe à leurs yeux pour un être surnaturel pétri de fange et de flammes, un descendant des vieux rois magiciens, une sorte de démon doué de charmes contre lesquels la lutte est impossible, et qui, par ses maléfices, doit arriver un jour à éteindre dans le sang la lumière du Prophète. Hafed est tout simplement un jeune Persan, à l'âme forte et indépendante, fidèle au devoir, à sa patrie, à son dieu, et nourrissant une haine implacable contre les oppresseurs. La nuit, monté sur une barque, il rame avec ardeur et glisse sur les eaux du golfe Persique à la recherche de l'Émir Al-Hassan, le plus fanatique et le plus sanguinaire des Satrapes arabes. Il arrive sous les murs d'Harmozia (2), et, en grimpant à une tour de la forteresse bâtie sur des rochers à pic, il découvre la fille du tyran, « légère comme les formes angéliques qui réjouissent le rêve d'un enfant, et pourtant riche de toutes les

---

(1) Moore's poetical Works. Preface to the sixth volume.
(2) Aujourd'hui Gombaroun, sur les bords du golfe Persique.

grâces de la femme, avec des yeux si purs que le sombre Vice n'en saurait supporter l'éclat et s'en détourne confus ; brillant cependant des désirs les plus doux de la jeunesse, et mêlant les feux calmes et chastes d'autres mondes à toute la félicité, l'ardeur, la faiblesse et la passion de celui-ci ; douée aussi d'une âme plus d'à moitié divine, où, à travers quelques ombres de sentiments terrestres, brillent les gloires adoucies de la religion (1). » La vue d'une si belle créature produit sur l'âme du jeune homme une impression non moins profonde que celle de l'inconnu sur l'âme de la jeune fille. La haine mortelle qu'il a pour son père ne peut l'empêcher de se prendre d'amour pour elle, et souvent, comme Zal, le héros persan, escalade la terrasse de sa bien-aimée Rodahver (2), il escalade les rochers, non plus pour venir épier les secrets d'Al-Hassan, mais pour jouir de la société de sa fille. Ces deux cœurs purs et nobles, faits pour se comprendre et s'aimer, malgré l'abîme qui les sépare, sont à jamais l'un à l'autre. Toutefois, bien que l'amour ait envahi le cœur du Guèbre, la vengeance y vit toujours. L'heure de lui donner libre cours arrive. Aucune puissance humaine ne changerait la détermination d'Hafed. Pour la dernière fois il voit Hinda, et, comme elle le presse de faire sentir sa valeur à ces « Esclaves du Feu, » pour que son père consente à leur union, il lui apprend qu'il est Guèbre : « Pleure, rougis de voir en moi tout ce que ton père abhorre ! Oui — je suis de cette race impie, de ces Esclaves du Feu qui, matin et soir, saluent la demeure de leur Créateur au milieu des vivantes lumières du ciel. Oui

---

(1) « The Fire-Worshippers, » I.
(2) Voyez le Châh-Namêh, poème historique de Firdaucy, célèbre poète persan du Xe siècle.

— je suis de ce petit nombre de proscrits, fidèles à Iran et à la vengeance, qui maudissent l'heure où vos Arabes vinrent dévaster nos autels de flammes, et qui jurent, sous l'œil brûlant de Dieu, de briser les chaînes de notre patrie, ou de mourir (1). » Puis, pressentant sa destinée, il prononce ces paroles : « Sacrée pour ton âme sera la terre de celui qui pouvait oublier tout pour toi, hors cette terre saignante. Quand d'autres yeux verront sans larmes ses veuves gémir, ses guerriers tomber, tu te rappelleras avec quelle ardeur aimait un Guèbre, et pour l'amour de lui tu pleureras sur tous. » Le caractère du héros persan se montre tout entier dans ces sentiments. Chez lui l'amour de la patrie prime toute autre affection : au moment de quitter pour toujours sa bien-aimée Hinda, lorsque tant d'autres, sous le coup d'une telle douleur, oublieraient tout, il songe à sa patrie, à ses fidèles compagnons, et c'est pour lui une douce consolation de penser que cette chère âme s'apitoiera sur le sort de son pays et de ses infortunés défenseurs. Hinda attend en vain pendant sept longs jours le retour de son amant. Le huitième jour, son père lui dit qu'on lui a fait connaître la retraite d'Hafed et qu'avant le coucher du soleil il n'existera plus ; puis il ordonne à sa fille de retourner dans son pays, et à cette intention il la place à bord d'un navire allant en Arabie. Le navire, au milieu d'une violente tempête, est attaqué par les Guèbres et la jeune fille faite prisonnière. On lui bande les yeux et on la porte sur une litière dans la fortesse d'Hafed. En chemin elle entend une voix bien connue lui disant : « Ne tremble pas, amour, ton Guèbre est ici (2). » Enfin on lui

(1) The Fire-Worshippers, I.
(2) The Fire-Worshippers, III.

enléve son bandeau, et elle découvre que son bien-aimé est le terrible chef que son père lui a appris à haïr. Elle l'informe de la trahison, et l'implore de fuir avec elle cette même nuit, lui montrant jusqu'où peut aller son amour : « Nous aborderons à quelque rivage tranquille et heureux, où ce n'est pas un crime de trop aimer, où ce n'est pas un péché d'adorer avec tant de tendresse un enfant de lumière en liberté comme toi ; ou, si c'est un péché, où nous puissions expier nos fautes à force de pleurs, agenouillés ensemble, nuit et jour, toi, pour l'amour de moi, devant l'autel d'Allah, et moi, pour l'amour de toi, devant l'autel de n'importe quelle divinité (1). » Mais la vengeance l'emporte sur l'amour : Hafed est résolu à mourir pour la cause de sa patrie et de sa foi. Il confie la jeune fille en larmes à ses plus fidèles vétérans et leur ordonne de la ramener à son père. Puis faisant résonner une conque gigantesque, il rassemble tous ses compagnons. Les Guèbres se massent à l'entrée d'un étroit vallon gardé par un ravin profond rempli d'eau par la tempête. Un cri épouvantable les avertit bientôt de l'approche de leurs ennemis qu'ils voient, à la lueur de leurs torches, s'avancer en grand nombre. Les Musulmans se jettent dans le ravin, et, tandis que beaucoup d'entre eux périssent en essayant de traverser le torrent, les autres y sont précipités par le glaive des Guèbres. Les cadavres remplissent le ravin et forment un pont par où passe le reste de l'armée Il s'ensuit un combat horrible dans lequel tous les Guèbres sont égorgés, à l'exception de leur chef et d'un compagnon. Tous deux, à la faveur des ténèbres, échappent au massacre et gravissent avec

---

(1) The Fire-Worshippers, IV.

peine la montagne, pour offrir sur l'autel leur dernier souffle à Dieu. Le guerrier guèbre expire au pied de l'autel ; Hafed dépose son corps sur le bûcher, met le feu au bois, et, en s'écriant « ô Dieu de la Liberté, je vais à toi ! » il saute sur le bûcher ; mais dans cet effort suprême il meurt, avant que le feu le touche. De sa barque, Hinda au désespoir entend le cri de guerre et elle sait que son amant doit mourir dans le combat. Tout à coup elle aperçoit une flamme et Hafed sur le bûcher funéraire. Elle pousse un cri d'angoisse, et, s'élançant du bateau comme pour atteindre son bien-aimé, elle s'enfonce dans les flots. Tel est le dénouement sublime et touchant de ce poème, où domine la grande figure d'Hafed avec ses vertus héroïques qu'on retrouve, sans cependant en être étonné, dans les martyrs de l'Irlande. Car la ressemblance des sentiments entre ces martyrs et les proscrits de l'Iran a bien pu amener le poète à donner quelques-uns des traits du caractère national à son héros parsi, et, sans qu'il eût à craindre d'en dénaturer l'âme, à lui prêter le courage indomptable et la foi ardente de ces Irlandais qui moururent en héros pour la défense de leur liberté, de leurs foyers et de leurs autels.

Il nous semble que Moore révèle dans ce poème un véritable génie dramatique. En effet, quelle situation émouvante il a imaginée ! Un jeune homme s'éprenant malgré lui de la fille de son plus cruel persécuteur, une jeune fille commençant à aimer, sans le savoir, l'ennemi mortel de son père, puis, quand elle le sait, impuissante à le haïr, et enfin réduite par les événements à assister à l'immolation de cet amant dont elle n'a pu vaincre la résolution magnanime. Avec quel art le poète met en jeu tous les ressorts du cœur humain, en représentant, dans cette union indissoluble de deux âmes à jamais séparées par les croyances religieuses, le triomphe du devoir sur la passion et la puissance de la volonté pour s'affranchir de la tyrannie ! En somme, le poème des « Adorateurs du Feu » est remarquablement beau, et Byron a eu raison de le juger « le meilleur, » car c'est celui où il y a le plus de naturel et de pathétique.

Nous venons de voir, dans le cours de ces trois poèmes, comme Moore est habile à combiner la fiction avec la vérité. Remarquons encore comme il sait accuser plus fortement les traits de ses personnages historiques par le simple contraste entre leur caractère et celui des personnages qui sont entièrement de son invention : ainsi l'exaltation divine de l'amour dans Azim et Zélica rend plus saillante la méchanceté satanique de Mokanna ; la véritable grandeur d'âme du patriote indien fait mieux sentir la fausse magnanimité du conquérant Mahmoud, et la férocité du fanatique Al-Hassan ressort davantage en regard de la douce figure de sa fille Hinda.

Le dernier poème, « la Lumière du Harem, » se compose principalement de chants ; mais ce sont des chants magnifiques. La scène se passe dans la vallée de Cachemire, au temps de la célébration de la fête des roses. Au milieu de la joie, le sultan Sélim s'aperçoit de l'absence de la jeune Nourmahal, « la Lumière du Harem. » Quelle en est la cause ? Un rien « aussi léger que l'air, » un regard ou un mot imprudent, mal compris peut-être, a détruit son prestige. Tandisque Sélim cherche à oublier son amour dans les plaisirs, une jeune et séduisante Géorgienne chante, en s'accompagnant de la Syrinda : « Venez ici, venez ici — nuit et jour nous sommes plongées dans des voluptés qui jamais ne tarissent ; comme les vagues d'été, où celle qui expire est remplacée par une autre vague tout aussi caressante et tout aussi limpide, l'amour qui n'est plus, donne, en mourant, naissance à un nouvel amour ardent comme lui, comme lui aussi sans égal en félicité ; oh ! s'il y a un Elysée sur la terre, le voici, le voici. » — « Ici les vierges soupirent, et leurs soupirs sont embaumés comme la fleur d'Amra que vient d'ouvrir une abeille ; et précieuses sont leurs larmes comme cette pluie du ciel qui se change en perles en tombant dans la mer. Oh ! pensez quelles doivent être les délices d'un baiser et d'un sourire, quand les soupirs et les pleurs ont tant de charmes, et avouez que, s'il y a un Elysée sur la terre, le voici, le voici. » — « Ici pétille le nectar qui, sacré par l'amour, pourrait attirer ici-bas ces anges qui jadis abandonnèrent les cieux laissant pour les vins de cette terre les fontaines de leur divine patrie, et oublièrent les étoiles du ciel pour les yeux de ce monde. Et, enivré du parfum que répand notre coupe, quel esprit regretterait les délices de son Eden ? Oh ! s'il y a un Elysée sur la terre, le voici, le voici. » A ce chant une jeune Arabe masquée répond ainsi sur le même rhythme et avec les mêmes sons qu'elle tire de son luth : « Il y a une félicité plus haute que toutes celles que la ménestrelle a chantées ; c'est celle de deux êtres unis par un lien céleste, avec un cœur qui ne varie pas et un front qui ne se refroidit jamais, quand ils aiment à travers toutes les douleurs, et aiment jusqu'à la mort. Une heure d'une passion si sacrée vaut des siècles entiers d'un bonheur égoïste et frivole. Oh ! s'il y a un Elysée sur la terre, le voici, le voici. » — « Fuis au désert, fuis avec moi, nos tentes arabes sont grossières pour toi ; mais quel cœur peut hésiter entre le choix de tentes avec l'amour, ou de trônes sans lui ? Nos rocs sont âpres, mais le riant acacia y agite sa chevelure blonde, solitaire et suave, et n'est pas moins aimé pour fleurir dans un désert. Nos sables sont arides, mais sur leur pente l'antilope aux pieds d'argent bondit avec autant de grâce et de gaieté que sur le pavé de marbre des cours des rois. Viens donc. — Ton esclave arabe sera pour toi l'acacia aimé et solitaire, l'antilope dont les pieds égayeront de leur bruit léger ta solitude. Oh ! il y a des regards et des sons qui pénètrent le cœur d'un rayon instantané, comme si l'âme, à cette minute, saisissait un trésor cherché durant la vie ; comme si les lèvres mêmes et les yeux prédestinés à recueillir tous ses soupirs et à n'être jamais oubliés, brillaient et parlaient alors devant nous ! C'est l'effet que produisit chacun de tes regards et de tes accents, quand pour la première fois ils vibrèrent et rayonnèrent dans mon âme, nouveaux, comme s'ils venaient d'autres sphères, cependant bien accueillis comme si je les avais aimés pendant des années. Fuis donc avec moi, si tu n'as connu aucune autre flamme, si tu n'as pas jeté avec trahison la perle que tu avais juré de porter à jamais dans ton cœur. Viens, si ton amour pour moi est vierge et pur comme le mien pour toi, — pur comme la source souterraine, quand le vanneau vient de la découvrir. Mais si pour moi tu abandonnes quelque autre vierge, si renversant de son piédestal son image adorée tu la brises avec violence pour me donner le sanctuaire en ruines, alors adieu. J'aimerais mieux construire ma chaumière sur quelque lac glacé, quand il commence à dégeler sous les feux du soleil, que de me fier à un amour aussi faux que le tien. » La voix émue de la jeune Arabe va droit au cœur de Sélim. « O Nourmahal, s'écrie-t-il, si tu avais chanté seulement cet air enchanteur, je pourrais tout oublier, tout pardonner. » Alors le masque tombe et le Sultan, de nouveau sous le charme, contemple dans tout son éclat séduisant « la Lumière du Harem. » Cette ravissante féerie est l'histoire toujours ancienne et toujours nouvelle du pouvoir conquérant qu'exerce l'amour patient d'une femme fidèle ; elle achève l'enchantement auquel le barde magicien travaille depuis le commencement du voyage : tendre, langoureuse, gouvernée par l'amour, Lalla Rookh est prête maintenant, au moral comme elle l'était déjà au physique, à être « la Lumière du Harem. » Telle est dans son ensemble et dans ses détails la magnifique composition de « Lalla Rookh. »

Nous croyons avoir suffisamment démontré par notre analyse et notre commentaire combien les assertions d'Hazlitt et de Symington sont exagérées. Certes, sans avoir la puissance d'un Shakspeare, Moore est un poète créateur : il peint des âmes avec leur passion propre, intense, distinctive, et dans cette peinture il ne manque assurément ni de force, ni de grandeur, ni de pathétique. David Herbert déclare même que Fadladeen est un personnage original. « Fadladeen, dit-il (1), vit pour toujours. Il n'est pas aussi bien mis en relief que Polonius. Il n'a point d'occasion de se faire valoir dans une variété de situations, comme Hudibras. Mais c'est une création digne d'un frère cadet dans l'art dont Shakspeare et Butler furent des maîtres considérables. » Quant au pouvoir dramatique de Moore, il est manifeste dans « le Prophète Voilé » et dans son œuvre capitale, « les Adorateurs du Feu. » « Lalla Rookh » n'est donc pas seulement « une œuvre d'art merveilleuse, » c'est aussi un grand poème, et, pour la forme comme pour le

---

(1) Poetical Works of T. M. With Memoir, p. 38. Edinburgh 1882.

fond, un poème vraiment oriental. Si ses peintures n'étaient pas d'une vérité vivante, et si le ton général de l'ouvrage ne s'accordait pas parfaitement avec le caractère propre des scènes et des mœurs qui y sont décrites, aurait-il obtenu le suffrage des juges les plus compétents ? (1) James Fraser (2) l'aurait-il trouvé dans une ville sur les bords de la Caspienne, entre les mains mêmes d'un Persan ? Enfin, l'Ambassadeur persan à Londres aurait-il affirmé, après l'avoir lu, comme le rapporte O'Sullivan (3), que « c'était bien certainement un manuscrit hindou qu'on avait mis en vers anglais ? » Assurément Moore a senti les beautés exquises de l'Orient et les a reproduites fidèlement ; nous nous plaisons à le reconnaître avec l'éminent critique Jeffrey, qui écrivait dans la *Revue d'Edimbourg* de Novembre 1817 : « Il y a une grande quantité de notre poésie actuelle venue de l'Orient, mais celle-ci est le plus bel orientalisme que nous ayons encore eu. Jamais la terre du soleil n'a brillé avec tant d'éclat pour les enfants du nord, ni les parfums de l'Asie n'ont été répandus, ni sa magnificence n'a été déployée avec plus de profusion pour les sens charmés de l'Europe que dans le beau roman oriental de Lalla Rookh. Les belles formes, les splendeurs éblouissantes, les parfums vivants de l'Orient ont trouvé enfin un poète sympathique dans cette Ile Verte de l'Ouest. »

Le premier poème est écrit entièrement, à part le

---

(1) Outre le Colonel Wilks et Sir John Malcolm, dont nous avons déjà parlé, nous citerons Sir William Ouseley, connu par ses « Voyages dans diverses contrées de l'Orient, particulièrement en Perse, » et John Carne, auteur des « Souvenirs de Voyages en Orient. »

(2) Voyez son « Voyage dans le Khorassan et dans les contrées au nord de la Perse. »

(3) **Chefs-d'œuvre** poétiques de Thomas Moore. Lalla Rookh, p. 4.

chant d'invocation à l' « Esprit d'Amour, » en distiques héroïques, et les trois autres sont composés dans cette versification irrégulière et animée de Samuel Coleridge, qui consiste à compter dans chaque vers non pas le nombre de syllabes, mais le nombre de mots accentués, et que Walter Scott et Byron avaient mise à la mode. Sous le rapport du rhythme musical, il y a des passages de « Lalla Rookh » qui sont supérieurs à toutes les poésies de Moore, si nous en exceptons les « Mélodies Irlandaises. » Nous citerons par exemple le commencement, nous pouvons dire, comme s'il s'agissait d'un opéra, l'ouverture de « la Lumière du Harem, » et particulièrement le passage suivant :

« Here the mu|sic of prayer (1)|from a mi|naret swells,| »
« Here the Ma|gian his urn|full of per|fume is swing|ing,| »
« And here,|at the al|tar, a zone|of sweet bells| »
« Round the waist|of some fair|Indian dan|cer is ring|ing.| »
« Or to see|it by moon|light. — when mel|lowly shines| »
« The light|o'er its pa|laces, gar|dens, and shrines ;| »
« When the wa|terfalls gleam|like a quick|fall of stars,| »
« And the nigh|tingale's hymn|from the Isle|of Chenars| »
« Is bro|ken by laughs|and light e|choes of feet| »
« From the cool,|shining walks|where the young|people meet.| »
« Or at morn,|when the ma|gic of day|light awakes| »
« A new won|der each mi|nute, as slow|ly it breaks,| »
« Hills, cu|polas, foun|tains, call'd forth|every one| »
« Out of dark|ness, as they|were (2) just born|of the sun.| »

(1) Ce mot étant forcément un monosyllabe, nous l'écrivons sans la suppression de l'e muet, comme il est écrit dans la première édition de « Lalla Rookh. »

(2) « They were » sont les mots mêmes du texte primitif.— Voyez aussi l'édition de Warne.

« Whĕn thĕ spī|rĭt ŏf Frā|grănce ĭs ūp|wĭth thĕ dāy,| »
« Frŏm hĭs hā|răm ŏf nĭght|flŏwers steā|lĭng ăwāy ;| »
« Ănd thĕ wīnd,|fŭll ŏf wăn|tŏnnĕss, wŏos|lĭke ă lŏv|ĕr| »
« Thĕ yŏung|ăspĕn-trĕes|tĭll thĕy trĕm|blĕ ăll ŏv|ĕr.| »

Si, pour étudier le mécanisme de cette versification admirable, nous considérons d'abord l'habileté avec laquelle Moore fait usage de la répétition, son goût délicat dans le choix des mots et son talent merveilleux dans leur disposition, nous ne sommes pas étonné que les mots, expressions musicales de ses sentiments, sonnent délicieusement à l'oreille avec des vibrations harmonieuses dont l'âme sent tout le charme, et nous comprenons plus que jamais combien est vraie la pensée de William Cowper :

« There is, in souls, a sympathy with sounds. »

En scandant ces vers, nous remarquons qu'ils sont, pour la plupart, anapestiques purs, et que dans quelques-uns il entre des pieds d'une autre sorte, non seulement, comme dans l'anapeste latin, le spondée, le dactyle, le tribraque, mais aussi, suivant une licence particulière à la métrique anglaise, l'iambe et le crétique. L'anapestique pur, d'une allure sautillante, convient parfaitement au prélude d'une fête. L'iambe, « *pes citus*, » comme dit Horace, accélère fort à propos le mouvement au commencement du troisième, du sixième, du neuvième et du dix-huitième vers, tandis que le spondée placé au début du treizième vers donne de la majesté à la scène.

Nous remarquons encore que la place de la césure varie souvent : la césure tombe tantôt à la fin du second pied (1)

---

(1) « Here the mu|sic of prayer| »

et rend la mélodie du vers particulièrement calme et douce ; tantôt dans le quatrième (1), de sorte que le rhythme est plus grave et plus solennel ; tantôt dans le premier (2), et alors la musique du vers devient plus vive et plus rapide.

Quant aux pieds trissyllabiques, que nous trouvons dans le courant de quelques vers et qui ne sont pas des anapestes, ils peuvent le devenir par l'intonation forte (stress) qu'en anglais on a la faculté de donner, pour faire ressortir la pensée, à un mot ne comportant pas par sa nature cet effort de la voix. Prenons pour exemple le vers :

« The young aspen-trees till they tremble all over. »

Dans ce vers, le mot composé « aspen-trees, » qui forme un dactyle, équivaut à un seul mot de trois syllabes. Par conséquent, nous pouvons dire que c'est l'antépénultième qui reçoit l'accent dans ce mot composé. Déplaçons-le et faisons-en un accent tonique qui affecte la dernière syllabe : nous obtenons alors un anapeste, « Aspen-trees, » avec cette particularité que le son fort et plein de la voix, quand nous prononçons cette dernière syllabe, s'étend aux deux autres. Bien plus, par l'effet de l'emphase, le mot entier retentit dans le vers avec plus de force que tout autre ; notre attention se concentre donc particulièrement sur lui : l'idée de ces arbres que le vent recherche avec l'ardeur d'un amant, devient l'idée dominante, et notre imagination en demeure plus vivement frappée. Ainsi, la base de la versification anglaise étant l'accent, l'intonation

---

(1) « Round the waist|of some fair|Indian dan|cer... »
(2) « Or at morn| »

forte, il en résulte pour le lecteur, l'interprète d'une pièce de vers, une certaine latitude que ne comporte pas le vers latin, aussi précis dans sa quantité qu'un métronome dans ses oscillations. La mesure rigoureuse cède en anglais à l'interprétation : cette liberté, que le poète laisse au lecteur, profite à la pensée, à l'expression du sentiment.

Observons d'autre part dans ce passage l'heureux emploi de l'allitération, cette grâce puissante de l'ancienne poésie saxonne :

« Here the music of prayer from a minaret swells »
....
« Or to see it by moonlight, — when mellowly shines »
....
« When the waterfalls gleam...............................
....
« Is broken by laughs and light echoes of feet »
« From the cool, shining walks where the young people meet. »
....
« And the wind, full of wantonness, woos like a lover. »

Nous savons que l'allitération n'agit pas toujours nécessairement sur la lettre initiale du mot ; le vers suivant nous en fournit un exemple :

« Or at morn, when the magic of daylight awakes. »

Dans « awakes, » la première syllabe étant naturellement sacrifiée en sa qualité de préfixe saxon, l'allitération porte sur la seconde, comme dans le mot « avaunt » du vers de Wordsworth :

« Avaunt this vile abuse of pictured page ! »

L'allitération, employée de la sorte avec discrétion, non seulement charme l'oreille par une résonance semblable à celle de la rime, mais encore donne au vers une teinte brillante de répercussion musicale.

Ainsi le choix et l'arrangement des mots, la répétition de quelques-uns, la nature et le mélange des pieds, la

Variété de la césure, la puissance de l'emphase et de l'allitération, tout dans le cours de ces dix-huit vers contribue à une ravissante mélodie.

Mais l'art avec lequel Moore a, dans les quatre premiers, disposé les voyelles ouvertes d'un son grave et sonore, est à vrai dire d'un maëstro : les modulations du premier vers reproduisent celles des chants religieux, et le mouvement lent et régulier du second répond au mouvement de l'urne que balance le Mage. A la fin de ce vers retentit un son clair « swing|ing » qui se prolonge en sourdine, la dernière syllabe étant atone. C'est le premier tintement mélodieux des clochettes qui, placées autour de la ceinture d'une belle danseuse indienne, sonnent encore de la même manière à la fin du quatrième vers, par l'effet de la double rime. L'oreille n'en est nullement fatiguée ; car les rimes étant croisées, le même son imitatif ne se reproduit qu'à un assez long intervalle. Le poète, en véritable musicien, fait donc, à l'exemple de l'antique auteur (1) de l'Ormulum, un rhythme de la rime qui n'est par elle-même qu'une résonance syllabique. De cette façon, la rime cesse d'être un pur accessoire : elle est une partie essentielle du vers et y joue un rôle important, ou au moins, comme nous pouvons l'observer dans tout le morceau, elle forme la transition d'un vers à un autre toujours en accord avec l'articulation rhythmique. Les vers suivants, sans être tout à fait aussi bons, le sont assez pour rendre à merveille la langueur délicieuse d'une nuit des tropiques, l'effet magique et imposant d'un lever de soleil, l'agitation des jeunes trembles sous les caresses de la brise. Le prolongement discret des syllabes finales

---

(1) Ormin, qui vécut sous Henri II.

redondantes (1) « lŏv|ĕr » et « ōv|ĕr » fait sentir, comme par insinuation, le charme mystérieux de ces caresses. Rarement Moore atteint cette perfection du rhythme musical, et jamais dans sa poésie narrative il ne peut la garder aussi longtemps. Ainsi, pour l'excellence de la poésie comme pour la puissance d'invention et d'exécution, « Lalla Rookh » est « un des plus beaux poèmes dans la langue anglaise (2). »

---

(1) Observons à ce propos que, dans le vers anapestique, la syllabe redondante, plus rare que dans l'iambique et le trochaïque, par la raison que l'anapestique est assez grave par sa longueur et assez léger par le grand nombre de ses brèves, a seulement, la plupart du temps, un caractère d'harmonie pure ou initiative.

(2) James Burke. Biographical and literary introduction, p. XXI. to « Travels of an Irish Gentleman in search of a Religion. »

CHAPITRE VI

(1817-1822)

« La Famille Fudge à Paris. » « Rimes sur la route. »

Moore visite Paris avec son ami Rogers. — Aspect de la capitale. — Les badauds de Londres. — Avantages que le poète irlandais tire de ce spectacle. — Son retour à Hornsey. — Il change de résidence. — Sloperton. — Description de son nouveau cottage. — Œuvres charitables de Mistress Moore. — Publication de la satire « la Famille Fudge à Paris. » — Objet et examen de cette satire. — Sa portée. — Sa vogue. — Son mérite. — Moore apprend les malversations de son mandataire. — Il est redevable de 6,000 *l*. — Offres de service faites avec une extrême délicatesse. — Lettre de Jeffrey et de Napier. — Moore refuse tout secours. — Sa gaieté naturelle l'emporte sur ses chagrins. — Lettre à Lady Donegal. — Cause du voyage de Moore à Dublin. — Grand dîner donné en son honneur. — Il prononce de nobles et chaleureuses paroles. — Chanson plaisante de Samuel Lover. — Moore fait l'éloge des poètes vivants de la Grande-Bretagne. — Ses nouvelles occupations à Sloperton. — La « Vie de Sheridan. » — « T. Crib's Memorial. » — Comment l'auteur juge lui-même cette facétie. — A ce propos, il nous apprend ce qui lui rend la composition plus facile. — Moore est obligé de quitter l'Angleterre. — Il part pour l'Italie avec Lord Russell. — Ascension du Simplon. — Emotion du poète. — Le Jura. — Effet produit sur Moore par la vue du Mont-Blanc. — Sentiments du poète. — Continuation du voyage. — Vers adressés par Moore à Lord Russell. — A Milan, les deux amis se séparent. — Lord Russell part pour Gênes. — Moore se rend auprès de Byron. — Les deux poètes à Venise. — Leur vie intime. — Byron donne à Moore ses Mémoires. — Conjectures de Moore à ce sujet. — Ses réflexions sur le caractère de Byron. — Son séjour à Florence et à Rome. — Son voyage en compagnie de Chantrey et Jackson. — Visite aux Charmettes. —

Il s'établit à Paris. — Sa vie de plaisirs n'affaiblit pas son amour pour Bessy. — Bonheur de Bessy. — Charmes du cottage que Moore habite sur la route de Bellevue. — Ses relations avec les propriétaires du cottage. — Nombreux travaux du poète. — Barnes lui propose d'écrire dans le « Times. » — Arrangement de ses affaires. — Son retour à Sloperton.

Pendant l'automne de 1817, Moore, dans tout l'éclat de son triomphe, sentant que son esprit avait besoin de délassement, quitta Hornsey pour aller visiter Paris, en compagnie de son ami Rogers. Ce qu'ils virent alors dans notre capitale était bien fait pour les intéresser et les amuser : ils se trouvaient en présence de deux régimes, le nouveau et l'ancien, dont le singulier contraste devait, pour des spectateurs indifférents, prêter à des considérations aussi plaisantes que graves. Il y avait là évidemment ample matière à une satire politique sur la France de l'époque. Mais Moore comprenait bien qu'il était trop peu versé dans la politique française pour se risquer à l'entreprendre (1). Son badinage pouvait plus sûrement s'exercer sur un autre objet. En effet, depuis la paix de 1815, les Anglais, longtemps privés de voyager sur le continent, affluaient dans notre capitale, et les badauds de Londres parcouraient les rues de Paris avec un flegme imperturbable, sans se douter de leur ridicule : ils lui fournirent les matériaux de sa satire « la Famille Fudge à Paris. » Après un séjour de quelques semaines, Moore repartit pour Londres avec l'intention, s'il pouvait déterminer Bessy à le suivre, de revenir à Paris et d'y passer deux ou trois ans. Mais, à son retour à Hornsey, la perte d'une enfant de cinq ans, Ann Jane Barbara (la mort lui avait déjà ravi à

(1) Moore's poetical Works. Preface to the seventh volume.

Mayfield sa troisième fille, âgée de quelques mois, Olivia Byron), le fit renoncer à son projet, et, dans une telle circonstance, son ami le Marquis de Lansdowne n'eut pas de peine à le décider à venir vivre près de lui ; en conséquence, il prit à Sloperton, près Devizes, un cottage contigu à la belle propriété de Bowood que possédait le Marquis dans le Wiltshire. Il devenait aussi le voisin du Révérend Mr. Bowles, qui occupait le rectorat de Bremhill, seul autre poète musicien de l'époque, pour tout dire, l'inspirateur du génie de Coleridge. Il entra dans ce cottage au mois de Novembre 1817, et ce fut en Angleterre sa dernière résidence jusqu'à sa mort. De Sloperton, il écrit à Corry, le 8 Décembre : « Nous avons ici un très gentil petit cottage couvert de chaume, que Lord Lansdowne s'est offert très amicalement à nous trouver. Je ne paye pour ce cottage meublé que 40 $l.$ par an, et encore il semble qu'il promet d'être de beaucoup la demeure la plus confortable que nous ayons eue. La bibliothèque de Lord Lansdowne est à une promenade ordinaire de chez moi, et, comme la plupart de mes amis de Londres viennent le voir dans le courant de l'année, je jouirai justement de ces reflets de société qui projettent leur lumière sur la solitude et l'animent. » C'était primitivement la maison d'un travailleur. Située dans un pays charmant, à moitié cachée par les arbres d'un chemin boisé, cette chaumière était tapissée de clématites ; elle avait en forme de berceaux deux entrées garnies de roses. Il y avait sur le devant un petit jardin et une pelouse ; sur le derrière, un potager ; de deux côtés du potager, une chaussée bordée de lauriers, que le poète appelait la « promenade de la terrasse. » On voyait là, par tous les temps, une petite table de bois blanc ; car Moore avait coutume de composer en marchant, et de s'arrêter à cette table pour écrire ses pensées. La lettre suivante, datée du 9 Janvier 1818, nous dévoile les œuvres charitables de Mistress Moore dans sa nouvelle résidence et le sentiment de son mari à ce sujet : « Nos jours s'écoulent ici aussi tranquillement et aussi confortablement que possible ; et la seule chose que je regrette est pour Bessy le manque de quelques proches et simples voisins avec lesquels elle puisse se lier intimement et se récréer un peu, en buvant le thé de temps à autre, comme elle avait coutume de faire dans le Derbyshire. Elle continue cependant de s'occuper très bien sans eux, et sa tâche favorite, qui consiste à tailler des vêtements pour les pauvres, est ici mise à contribution bien au-delà de nos emplettes ; car il n'y a jamais eu pareille indigence en aucun des pays où nous avons été, et les personnes de la classe supérieure (à une ou deux exceptions près) semblent considérer leur quote-part dans la taxe des pauvres comme tout à fait suffisante, sans faire de nouveaux efforts pour le soulagement des misérables. C'est une pitié que Bessy n'ait pas plus de fortune, car elle use des véritables procédés de charité, en allant elle-même dans les chaumières pour voir ce dont on a le plus besoin. »

Le premier ouvrage que Moore composa à Sloperton est sa « Famille Fudge à Paris, » une série de lettres où, à peu près comme dans ses « Lettres Interceptées, » la satire politique se mêle à la satire de mœurs. Ces lettres parurent au printemps de 1818. Elles avaient surtout pour objet de venir en aide aux Whigs. Jamais peut-être un parti politique n'eut un allié plus puissant que la plume de Thomas Moore. En effet, elle attaquait l'ennemi par le moyen le plus sûr pour l'atteindre, le ridicule, mais avec tant de légèreté et d'une manière tellement plaisante que, si elle ne réussissait pas à le convertir, elle parvenait à le faire rougir de sa conduite, tandis qu'elle eût seulement soulevé son opposition, si elle l'eût traité plus sévèrement.

La Famille Fudge offre les types accomplis de la sottise sous toutes ses formes, sans jamais démentir son nom. Le père, homme d'un grand sens et d'un profond savoir, jadis auteur d'un écrit séditieux « A bas les Rois (1), » se prépare, d'après les instructions de Castlereagh, dont il est la créature et l'agent secret, à composer un bon ouvrage orthodoxe intitulé « Voyages en France, » pour expliquer la nouvelle science découverte par la Sainte-Alliance, et démontrer aux hommes que « leurs droits sont pure folie, leur liberté une plaisanterie (2). » Philip Fudge est un fervent admirateur de Castlereagh, et il s'applique de son mieux à retenir et à débiter ses belles paroles. Il a un langage métaphorique qui reproduit exactement celui de son éloquent patron. Ainsi il lui écrit de cette capitale « *démoralisée,* » où le niveau de l'obéissance s'élève et s'abaisse selon que dans son cours « *l'hydre des factions détache ses ruades à l'équilibre politique,* » qu'il doit « *s'embarquer dans le trait* » sur lequel « *roule* » principalement sa lettre, à savoir le livre en question. Il prouvera que le monde entier est dans la situation la plus agréable, que plus l'Angleterre dépense, plus elle s'enrichit, que la Pologne laissée sur le buffet comme une poire pour la soif de la Russie se complaît en son repos, que la Saxe est aussi heureuse que Polichinelle, et que la Norwége dort « *sur un lit de roses* (3). » Ces paradoxes prodigieux retracent fidè-

---

(1) Letter VI.
(2) Letter I.
(3) Letter II.

lement certains actes de Castlereagh. Enfin, l'auteur des « Voyages en France » prouvera qu'il n'y aurait pas grand mal, si la moitié de quelques millions d'âmes, cédées par contrat, Espagnols, Polonais, Français, était étranglée, pourvu que les souverains d'Europe, siégeant à l'aise sur leurs trônes sacrés, pussent se livrer à leurs passe-temps favoris. Cet espion de Castlereagh a encore le mérite d'être un satirique sans le savoir, puisqu'en attaquant Lord Sidmouth pour son système d'espionnage, dans le parallèle burlesque qu'il établit entre Tibère et lui (1), il attaque implicitement son noble maître.

Son fils Bob est à la fois un gastronome et un dandy (2) ; depuis qu'il est à Paris, l'art culinaire et la toilette l'absorbent tout entier. Il sait bientôt par cœur les locutions « *à la braise, petits pâtés, pommes de terre à la maître d'hôtel.* » Pour suivre la mode, Bob se met de gaieté de cœur chaque jour à la torture au moyen d'une cravate raide, d'un corset, d'un habit étroit (3), et, ainsi emprisonné, va au café Hardy déjeuner à la fourchette, avec des membres de poulet en papillote, des côtelettes savamment préparées, et des rognons sautés au vin de Champagne, qu'il arrose de Beaune ou peut-être de Chambertin. Il termine ce fin repas en prenant le café et un verre de « *parfait-amour,* » « du velours en bouteille, » selon sa propre expression ; puis il va flâner sur les boulevards. Telle est la vie intelligente du dandy.

Miss Biddy fait le pendant de son frère pour la mode (4). Ses robes sont « *divines.* » Sa dernière toilette surtout

---

(1) Letter IX. Extracts from Mr. Fudge's Journal addressed to Lord C.
(2) Letter I.
(3) Letter III.
(4) Letter V.

est « *superbe,* » « *magnifique.* » Coiffée d'un beau chapeau chiffonné et haut comme les machines qu'on place sur les cheminées pour les empêcher de fumer, elle est tout à fait mise « *à la française.* » Ainsi attifée, elle ne formera point le moindre ornement de cet Eden qu'elle juge d'après elle « une ville affairée où l'on ne fait que se parer, dîner, danser et s'amuser. » Romanesque et vaniteuse, elle s'éprend d'un personnage qu'elle croit être le Grand Roi de Prusse se livrant aux émouvants divertissements des Montagnes Beaujon pour se consoler de la perte de la reine. Le portrait qu'elle en trace à sa chère Dolly est réussi : « Imaginez, si vous pouvez, une sorte de Werther, à la figure fine, blême, imposante, avec des moustaches qui lui donnaient l'expression attrayante du Corsaire, moitié farouche, moitié tendre ; un peu de la physionomie qu'on prêterait à une hyène amoureuse, ou quelque chose qui tiendrait le milieu entre Abélard et le vieux Blücher (1). » Quelle cruelle déception ! Elle ne tarde pas à apprendre que le doux objet de ses rêves s'appelle simplement Calicot (2). Elle se figure que c'est au moins un colonel, elle le trouve charmant et fait avec lui une promenade sentimentale dans la forêt de Montmorency (3). Pour comble d'infortune, elle découvre enfin que le Colonel Calicot n'est qu'un colonel de rayons : elle l'a vu de ses propres yeux debout dans une boutique, derrière un vil comptoir, une pièce de batiste déroulée devant lui et « cet affreux mètre levé dans sa main. » Son judicieux père, pense-t-elle, savait ce fatal secret, quand il avait dit qu' « un Brandebourg ne serait pas, après tout, une si bonne

(1) Letter V.
(2) Letter X.
(3) Letter XII.

affaire (1) » pour sa Biddy si « gentille » et si « jolie. » « C'était un commis de magasin qu'il voulait dire par un Brandebourg (2). »

Le jeune Irlandais Phélim Connor se dit ennemi irréconciliable des tyrans de sa patrie, surtout de Castlereagh (3), et il est le précepteur de Bob Fudge. Toute oppression l'indigne et provoque une explosion de sarcasmes (4). Sa haine pour la tyrannie ne l'empêche pas de dire que, s'il eût été français, il eût suivi Napoléon, dont il trace un portrait fort ressemblant (5), mais peu propre à attacher des gens sensés ou honnêtes à l'original : « Il était faux, despotique… Il avait foulé aux pieds les libertés les plus sacrées de l'homme ; avec un génie formé pour de plus nobles choses que celles qui sont au pouvoir des rois vulgaires, il n'avait élevé les espérances des hommes, comme les aigles emportent les tortues au plus haut des airs, que pour les en précipiter et les mieux réduire en poudre. »

Ces lettres, comme nous le voyons, furent écrites, au point de vue politique, principalement contre Castlereagh, au point de vue social, contre les badauds de Londres. Elles avaient l'à-propos et l'intérêt du moment. Aussi « la Famille Fudge » eut pendant quelque temps autant de succès que « Lalla Rookh. » Huit éditions parurent successivement. Ces satires n'offrent plus aujourd'hui le même intérêt ; mais leur esprit et leur humour ne passent point ; nous disons leur esprit, car il nous semble qu'elles ne respirent pas seulement l'humour, comme le

---

(1) Letter X.
(2) Letter XII.
(3) Letter IV.
(4) Letter VII.
(5) Letter XI.

prétend Byron (1); elles gardent la pointe et l'éclat, comme des armes fines et brillantes dans une salle d'armes, de telle sorte que les sujets eux-mêmes ont encore un certain degré de vitalité.

Quelques mois s'étaient à peine écoulés depuis l'installation de Moore à Sloperton, et il touchait à l'aisance et à l'indépendance qu'elle procure, quand il apprit que son mandataire à Bermude avait disparu avec les produits d'un navire et la cargaison déposée dans ses mains, représentant en tout 6,000 *l.*, dont il demeurait responsable. Le coup était terrible. Tous ses amis lui offrirent à l'envi de lui venir en aide. C'était pour lui, dans son malheur, la meilleure des consolations. Jeffrey, dont les ressources étaient limitées, s'empressa de lui écrire la lettre suivante (2), qui témoigne autant de délicatesse que d'affection : « Mon cher Moore....., j'ai entendu parler de vos malheurs et de la noble manière dont vous les supportez. Y a-t-il de l'indiscrétion à vous dire que j'ai entièrement à votre service 500 *l.* que vous me rembourserez quand vous le voudrez ?... Je suis peut-être absolument inexcusable de vous parler ainsi ; mais, sur mon honneur, je ne vous en ferais pas l'offre, si je ne sentais pas que je l'accepterais sans scrupule de vous. En tout cas, je vous prie de ne point m'en vouloir et de ne pas m'adresser une lettre commençant par *Monsieur*. Je vous demanderai pardon avec l'humilité la plus sincère, si je vous ai offensé ; mais j'espère qu'il n'en est rien. Quoi qu'il en soit, et de quelque manière que cela finisse, nul être vivant autre que vous ne connaîtra jamais ma pré-

---

(1) To J. d'Israeli, Esq. the amiable and ingenious author of « the calamities » and « quarrels of authors, » this additional quarrel and calamity is inscribed by one of the number. — Ravenna, March 15, 1820.

(2) May 30, 1818.

somption. » Sir William Napier, l'historien, dans son offre de service, ménageait avec autant de soin sa susceptibilité : « Mon cher Moore, — connaissant vos sentiments dans les questions d'argent, je suis presque effrayé de vous dire que j'ai plusieurs centaines de livres sterling chez mes banquiers ; qu'il n'y a pas la moindre probabilité que j'en aie besoin d'ici à un an au moins ; et, jusqu'à ce que vos affaires soient arrangées avec Murray, j'espère que vous ne serez pas offensé, si je vous dis que tout cet argent est à votre disposition. » Lord Lansdowne lui fit aussi des avances pour prendre sur lui tout le poids de sa perte. Moore fut profondément touché de tant de générosité ; mais, tout en exprimant à ses amis sa vive reconnaissance, il refusa obstinément leur assistance, car il ne voulait devoir sa libération qu'à lui-même. Cette résolution montre une noblesse, une intégrité et une force de caractère peu communes. Toutefois, l'adversité ne pouvait dompter sa gaieté naturelle, puisque, malgré ses peines, ses appréhensions même de la prison, il avait écrit à Lady Donegal dans le courant de Mai : « Pour rien, si ce n'était pour faire plaisir à ma pauvre mère, je ne quitterais en ce moment mon agréable et paisible cottage, où, en dépit des hommes d'affaires, de leurs représentants et de tous les autres ennuis, je suis aussi heureux, je crois, que ce monde permet de l'être, et, si je pouvais seulement donner le bonheur de la santé à la chère villageoise qui vit près de moi, je défierais le diable et toutes ses œuvres. » Enfin, Moore se décida à aller voir sa mère.

Pendant son séjour à Dublin, il assista, le 8 Juin, à un grand dîner donné en son honneur à l'hôtel de Morrison. Lord Charlemont présidait ; Moore était à sa droite et son vénérable père à sa gauche. A la fin du repas, Lord

Charlemont ayant proposé de boire à la santé de l'Irlandais éminent qui avait honoré le pays de sa présence, Moore très ému se lève et déclare que ce moment est pour lui le plus beau de toute sa vie, qu'il est charmé de voir à ses côtés quelques-uns de ces gentlemen dont l'amitié a été la force et le « *dulce decus* » de son existence et qui, tout en ne partageant pas ses opinions politiques, lui sont toujours restés attachés, parce qu'ils sentent qu'il y a quelque chose de plus sacré qu'un parti. Quant aux autres gentlemen dont il n'est connu que pour avoir fait vibrer les cordes de la Harpe Irlandaise et n'avoir jamais cessé de consacrer ses humbles talents à l'honneur et au progrès de la patrie, il se flatte d'entrer dès à présent en relations avec eux. Il remercie tous les convives de leur bonté pour lui et il exprime le plaisir sincère qu'il a de boire à leur santé. Ensuite Samuel Lover chante une chanson composée pour la circonstance. Le sujet est fort plaisant : plusieurs poètes, tels que Byron, Scott, Southey, Moore, ayant posé leur candidature à l'Olympe, Moore finit par être élu à une très forte majorité. Ce jeu d'esprit amuse beaucoup la compagnie. Le Président profite de l'occasion pour porter un toast « aux Poètes vivants de la Grande-Bretagne. » Alors Moore, heureux de pouvoir leur rendre un hommage public, prend la parole et les nomme l'un après l'autre, en les caractérisant d'un trait : c'est d'abord Byron, le génie, par excellence, doué d' « une imagination qui le porte à ne voyager qu'à travers les ruines du cœur, et à séjourner dans les lieux désolés par le feu des passions ; » puis Walter Scott, « écrivain fécond et séduisant dont les belles créations se succèdent comme les fruits dans le jardin enchanté d'Armide ; » Rogers, « qui a suspendu son nom dans le sanctuaire de la Mémoire, parmi les tablettes les plus indestructibles qui s'y trouvent ; » Southey, « non le lauréat, mais l'auteur de Don Roderick, un des poèmes les plus élevés et les plus éloquents qui aient été écrits en aucune langue ; » « l'élégant et chaleureux Campbell, dont le chant d'Innisfail (1) est composé des larmes mêmes de la muse irlandaise, cristallisées sous l'action du génie et rendues éternelles ; » Wordsworth, « poète même dans ses puérilités (2) ; » Crabbe, « qui a donné non seulement le mouvement, mais encore la vie et l'âme à des sujets qui n'en paraissaient pas susceptibles ; » Sheil, rival de Maturin pour « le génie dramatique ; » Phillips, à « la riche imagination, qui a cultivé plus d'une muse avec succès ; » Lady Morgan « qui, la première, à uni aux doux airs irlandais une poésie digne de leur caractère pathétique et de leur force. » En jugeant de la sorte ses confrères, Moore montre autant de discernement que d'impartialité.

Nous le retrouvons bientôt dans sa chaumière, occupé depuis quelque temps à une nouvelle composition, la « Vie de Sheridan. » C'est de toutes ses œuvres celle qui lui donne le plus de mal et lui demande le plus de recherches ennuyeuses. Il y consacre, non sans regret, cinq heures par jour. « Je suis toute la journée dans le jardin, dit-il dans son Journal (Septembre 1818). — Il fait un temps délicieux. — Je travaille à mon ouvrage de Sheridan de dix heures à trois heures... Je souhaite souvent que Sheridan, Miss Linley et Matthews aillent au diable. C'eût été un beau jour pour la poésie et

---

(1) « The Exile of Erin, » délicieuse poésie écrite sur les bords du Danube, où le poète avait rencontré Anthony Mac Cann, Hamilton Rowan et d'autres exilés d'Irlande.

(2) Moore désigne ainsi plusieurs de ses Ballades Lyriques (1798-1800), d'un caractère enfantin, comme « The Kitten and the falling Leaves. »

cependant j'ai perdu ainsi tout cet été si poétique. » Il n'avance que bien lentement. Aussi, tant par nécessité que par besoin de distraction, il interrompt ce travail pour se livrer à un autre plus attrayant et moins long. La vogue prodigieuse des « jeux d'esprit, » si amusants, qu'offre au public la « Famille Fudge à Paris, » le pousse à imaginer, mais avec moins de bonheur, un poème humoristique sur le pugilat (1), écrit dans l'argot des pugilistes. C'est un poème dont il est loin d'être fier, puisqu'il le juge lui-même ainsi : « Il semble que c'est une profanation d'écrire une telle bouffonnerie au milieu de cette gloire éclatante ; mais, hélas ! il faut se procurer de l'argent, et ces bagatelles en rapportent très vite et très aisément (2). » A propos de l'achèvement de cette facétie, Moore nous apprend, dans son Journal du 21 Février 1819, qu'il composait avec plus de facilité et de verve au lit que debout : « Que ce soit la position horizontale (qui, au dire de Richeraud, le physiologiste français, est la plus favorable à la pensée) ou plus probablement l'éloignement de tous ces objets extérieurs qui détournent l'attention, il est certain que l'effet est toujours le même ; et, si je ne trouvais pas que cette position m'énerve à l'excès, je passerais la moitié de mes journées au lit, à l'effet de composer. »

Vers le milieu de 1819, au moment où l'on allait ouvrir des négociations avec les réclamants américains pour obtenir une réduction sur la somme considérable qu'ils demandaient, averti que la Cour de l'Amirauté avait rendu contre lui un jugement entraînant la con-

---

(1) T. Crib's Memorial to Congress by One of the Fancy.
(2) Memoirs of Moore. Vol. II, p. 218.

trainte par corps, pour éviter d'être emprisonné, il était sur le point de répondre à l'appel de James Mackintosh, et de chercher un refuge à Holyrood, quand son ami Lord John Russell lui fit part de son projet de voyage en Italie. Sa résolution fut bientôt prise. Les deux amis quittent l'Angleterre au commencement de Septembre, dans le yacht du Duc de Bedford. Après avoir passé une semaine ou deux à Paris, ils partent pour le Simplon et en font l'ascension : un chemin les mène au plus haut des airs : ils dominent les torrents et les précipices. Ce spectacle émeut le poète à tel point qu'alternativement il frissonne et verse des larmes, comme il le raconte lui-même dans son Journal du 27 Septembre. La grandeur de la nature excite d'une manière extraordinaire son exquise sensibilité. Du Jura, entre Vattay et Gex, il découvre la magnifique vallée, le lac de Genève et les Alpes, « propres à faire les remparts de la demeure d'une divinité. » Mais, à la vue du Mont-Blanc, qui lui apparaît dans son imposante majesté, sous les derniers rayons du soleil, il est sans paroles, ses yeux s'emplissent de larmes, et, quand il peut s'exprimer, il s'écrie avec un enthousiasme religieux : « Non, jamais je ne perdrai le souvenir de ce que j'ai éprouvé dans ces beaux lieux. Et, si l'espérance de mon cœur s'affaiblissait, si jamais, ô Dieu, je venais à douter de ta puissance, je chercherais de nouveau cette scène imposante, à la même heure de calme et de lumière, et ici, au sanctuaire le plus sublime que la Nature t'éleva jamais, je raviverais toutes mes espérances divines, et sentirais mon immortalité (1). » Comme ce langage du soi-disant membre de la Société Poco-curante diffère de celui que

---

(1) Rhymes on the Road. — Extract I.

tiennent ces badauds anglais qui, dépourvus de tout sentiment du beau, voyagent uniquement par ton ! Le poëte les peint au naturel, en les représentant occupés d'opérations de bourse dans une ascension du Simplon : « Les fonds (pouah ! maudite soit cette vilaine montagne) baissent vite — (quoi, encore plus haut ?) — et — (que diable, nous allons monter jusqu'au ciel) seront bientôt descendus à 67 (1). » Moore et son compagnon passent par Genève et atteignent Milan. C'est pendant ce voyage qu'à la suite d'une conversation où Lord Russell lui avait dévoilé son intention de renoncer à toute occupation politique, il lui adresse cette noble et chaleureuse « Remontrance » :

« If the stirrings of Genius, the music of fame, »
» And the charms of thy cause have not power to persuade, »
» Yet think how to Freedom thou'rt pledged by thy Name (2). »

Il prend congé de son ami, qui se dirige sur Gênes, où il doit attendre son retour ; mais Lord Russell n'y reste que fort peu de temps, car une convocation du Parlement, due aux poursuites violentes exercées contre les agitateurs de Manchester, l'oblige à revenir subitement à Londres. Moore, parti seul dans une vieille « *calèche* » achetée à Milan, va par Brescia et Padoue jusqu'à la riante villa de La Mira, où Byron habitait alors avec la jeune et charmante Comtesse Teresa Guiccioli. Avec quelle joie le chantre du « Premier Baiser d'Amour » (3) accueille « Anacréon ! » Par la Brenta, il le mène en gondole à Venise, le loge dans son palais, sans songer de sitôt à retourner à La Mira, tant il éprouve de plaisir à rester avec lui. Ils dînent ensemble plus d'une fois chez Pellegrino,

(1) Rhymes on the Road. — **Extract IX.**
(2) Miscellaneous poems.
(3) Hours of Idleness.

vont au théâtre, et se rendent ensuite dans une sorte de cabaret « boire du punch chaud. » Comme dans de telles occasions Byron doit se plaire à répéter le gai couplet (1) du chant qu'il a composé pour Moore, et comme Moore doit être flatté de le lui entendre dire ! Il leur arrive de regagner leur demeure en gondole à deux heures du matin : « Un magnifique clair de lune et le silence et la grandeur de toute la scène, dit Moore (2), me donnèrent une idée de Venise plus noble que celle que j'avais eue jusqu'ici. » Tous deux vivent ainsi de la même vie dans un libre échange de pensées et de sentiments. Quel charme et quel profit Moore trouve à causer avec un tel ami ! Il le voit à tout moment tel qu'il est, en déshabillé, et ce commerce intime de quelques jours lui permet de mieux connaître sa nature. Byron conçoit pour Moore une telle affection qu'il lui donne ses Mémoires, le laissant libre d'en faire ce qu'il voudra. Moore, avant de lire ce « volume rempli d'événements, » partagé entre la crainte et l'espérance de découvrir de sombres et glorieuses visions, hésite à dérouler ses pages mystérieuses. Il conjecture ce qu'elles peuvent révéler, par exemple, le souvenir d'amitiés aussi inébranlables que le roc, d'inimitiés disparues comme la neige sous un rayon de soleil, d'une fidélité à l'épreuve du temps en ceux qui le servaient et le servent encore, de secours généreux prodigués à plus d'un cœur blessé avec cette adresse silencieuse qui n'effarouche pas l'orgueil. Mais il présume qu'il ne

(1) « With that water, as this wine, »
« The libation I would pour »
« Should be — peace with thine and mine, »
« And a health to thee, Tom Moore. »
(To Thomas Moore. July 1817).
(2) Mémoirs of Moore. Vol. III, p. 28.

faut demander à Byron aucun « des traits brillants de sa vie. » La prévision de cette lacune, eu égard au genre d'esprit du noble Lord, lui suggère quelques réflexions fort justes sur son caractère : « Tandis que ceux qui recherchent la faveur du monde exposent, comme le nuage de Milton, leurs replis argentés du côté de la foule, cet Esprit d'élite s'enveloppe de ténèbres, et, cachant à la vue tout ce qui adoucit, orne et dore sa nature sociable, il ne montre que sa face obscure du côté du monde qu'il méprise (1). » En quittant Venise, Moore se rend par Bologne à Florence, où il trouve Lady Morgan et Lady Burghersh. Sur leurs indications, il est de suite à même d'admirer tout ce qui mérite de l'être, et principalement l'église de l'Annunziata : ce n'est pas sans une douce émotion, causée soit par le sentiment religieux, soit par le sentiment poétique, peut-être par l'un et l'autre, que dans un édifice si majestueux, entouré de chefs-d'œuvre de la statuaire et de la peinture, il assiste à une messe célébrée avec pompe et accompagnement de belle musique. Il gagne enfin Rome, où il rencontre Lady Davy et la Duchesse de Devonshire, qui se plaisent à faire les honneurs de la Ville Eternelle aux illustres pèlerins d'Angleterre. Il y vit en société de Canova, de Chantrey, de Jackson, de Turner, d'Eastlake, et, guidé par de tels maîtres, il s'initie aux beautés exquises de l'art (2). Mais, de tous les chefs-d'œuvre, ceux qui paraissent produire le plus d'impression sur son esprit, sont le Sépulcre de Saint-Pierre, éclairé par des lumières qui ne s'éteignent jamais, et la statue de la Princesse Bor-

---

(1) Rhymes on the Road. — **Extract VII.**
(2) Moore's poetical Works. Preface to the seventh volume.

ghèse, appelée la « Venere Vincitrice. » Il la contemple à la lueur d'un flambeau que Canova tient à la main, et que, dans son ardeur à montrer quelque grâce inaperçue, Chantrey lui arrache. Cette scène l'impressionne vivement et il y fait allusion dans ses « Rimes sur la Route (1). » Moore a le bonheur de pouvoir voyager avec Chantrey et Jackson qui retournent en Angleterre, et dans leur compagnie il visite, à Florence, Bologne, Modène, Parme, Milan, Turin, les galeries de sculpture et de peinture. Comme il montre un jugement sain dans ses vers écrits aux Charmettes ! Certes il sent tout le charme de cette résidence, mais il n'a pas cette basse idolâtrie qui pousse tant d'autres à la visiter avec respect ; car les sentiments que la beauté de cette retraite excite dans son âme, sont troublés par « le souvenir de ces liens vulgaires dont l'éclat le plus sublime du génie ne peut pas plus voiler la grossièreté que les rayons du soleil ne peuvent faire disparaître les impuretés des marécages sur lesquels ils se jouent (2). »

Moore, ne pouvant pas encore prudemment rentrer en Angleterre, vient s'établir à Paris vers la fin du mois de Novembre 1819, dans un modeste appartement de la rue Chantereine, et, le 1er Janvier 1820, il y est rejoint par sa femme et ses enfants. Six semaines après, il va habiter aux Champs-Elysées une petite maison située dans l'Allée des Veuves. Ami des fêtes, il se divertit de son mieux. Ainsi nous le voyons, au mois de Septembre, après un dîner au Cadran Bleu avec Bessy, Dumoulin, Miss Wilson, Anastasie et la petite fille du Docteur Yonge, aller à la Porte Saint-Martin, et

---

(1) Extract XV.
(2) Extract XVI.

prendre, avant de rentrer, un punch glacé. Trois napoléons, qu'il tient en réserve pour acheter les « Voyages de Pythagore, » couvrent les frais de la soirée. Par bonheur, Bessy est riche de quatre napoléons que, de son propre aveu, elle a épargnés en lui faisant quelques petites soustractions ; elle les lui offre spontanément pour son acquisition. Quand il ne mange pas en ville, il a du monde à dîner chez lui : nous trouvons en effet dans son Journal du 14 Octobre 1820, que c'est la première fois, depuis le 1er Juillet, que le poète et sa femme dînent seuls avec leurs enfants. Aussi Bessy, en allant se coucher, lui dit : « C'est le premier jour raisonnable que nous ayons passé depuis longtemps. » Ce mot peint Bessy tout entière : c'est la femme sage et aimante qui sent le prix de la solitude à deux. La vie de plaisirs qu'il mène n'affaiblit point son amour pour elle : « Il y a aujourd'hui dix ans, écrit-il à la date du 25 Mars 1821, que nous sommes mariés, et, bien que le temps ait produit chez nous deux ses changements ordinaires, nous sommes encore plus comme des amants que tous les couples de ma connaissance appartenant à la même condition que nous. » Invité à dîner ce jour-là chez Radcliffe, il refuse pour dîner en tête à tête avec sa chère Bessy. Seule elle possède son cœur ; elle le sait, cela lui suffit. Elle voit donc ici sans regret son cher Tommy, comme elle l'a vu en Angleterre, aller dans le monde, où sa santé, ses devoirs de mère de famille, sa position plus que modeste, ne lui permettent pas de le suivre ; car elle est heureuse et fière des hommages qu'on rend à son mari, et elle jouit des succès qu'il obtient dans les salons, comme si elle les partageait. Elle ne souhaite qu'une chose, c'est de vivre toujours près de lui. Aussi lui écrit-elle le 22 Octobre 1821, à Londres, où il est allé secrètement pour affaire, ces quelques mots d'une tendresse charmante : « Dieu vous bénisse, mon petit oiseau si libre, si favorisé, si heureux, mais souvenez-vous que votre cage est à Paris, et que votre compagne soupire après vous. » Paris a pour Moore bien de l'attrait, mais pas autant que le cottage situé sur la route de Bellevue : ce cottage lui rappelle Sloperton, et il le décrit heureusement par une citation de Pope :

« A little cot with trees a row, »
« And, like its master, very low. »

Cette maisonnette appartenait à un Espagnol de ses amis, M. Villamil, qui habitait tout près de là, à la Butte Coaslin, près de Sèvres. Il y passe deux étés avec sa famille. Le matin, il se promène dans le parc de Saint-Cloud, et le soir il fait des duos italiens avec Mme Villamil, ou il l'écoute chanter, en s'accompagnant de la guitare espagnole, les douces chansons de son pays (1). Dans ce cottage, il a encore le plaisir de voir souvent l'auteur dramatique Kenney, qui demeure près de là, et de recevoir la visite de Washington Irving (2). Cependant, il sait aussi dérober aux divertissements de toute espèce des heures qu'il consacre à la composition littéraire. Jamais peut-être il ne s'est occupé de tant d'œuvres à la fois ; car, sans parler des « Mélodies Irlandaises » et des « Airs Nationaux, » dont il publie une nouvelle livraison, avec les dessins de son ami Denon et les documents précieux fournis par Fourier, Langlès et Humboldt, sur la mystérieuse Egypte, il travaille à son « Alciphron, » qui ne formera plus dans la suite qu'un fragment de « l'Epicurien, » et particulièrement à l'épi-

(1) Moore's poetical Works. Preface to the eighth volume.
(2) Voyez William Howitt. — Homes and Haunts of English Poets.

sode de ce grand ouvrage, « les Amours des Anges. » En outre, à l'aide de notes prises sur les lieux mêmes, il achève ses « Rimes sur la Route » et continue ses « Fables à l'occasion de la Sainte-Alliance, » qu'il a commencées à Venise. Il reprend aussi sa « Vie de Sheridan ; » mais bientôt, considérant que son absence de Londres l'empêche de recueillir des renseignements importants sur la vie privée de cet homme célèbre, il remet à plus tard l'exécution de son travail.

Moore a un si grand renom en Angleterre, que Barnes, l'éditeur du « Times, » lui propose, au mois d'Août 1822, d'écrire les premiers Londres de cette feuille, moyennant 100 *l.* par mois. Il est d'autant plus flatté de passer pour être en état de manier un instrument politique aussi puissant, qu'il ne s'en croit pas capable, et il refuse modestement la proposition. Dans le courant de Septembre, il apprend, par une lettre de Messrs. Longman, que les conditions offertes, comme dernier ultimatum, aux réclamants américains, sont définitivement acceptées, et qu'il n'a plus à craindre la contrainte par corps. Aussi, après avoir assisté à un banquet donné en son honneur par de grands personnages français et anglais, il quitte Paris avec sa famille pour retourner en Angleterre, à Sloperton, ce nid tant aimé.

CHAPITRE VII

(1822-1825)

« Les Amours des Anges. » « Le Capitaine Rock. » « Vie de Sheridan. »

Réduction de la dette de Moore. — Générosité d'un ami. — Moore se libère. — Sa nouvelle ardeur. — Projet de composition poétique. — Fâcheuse nouvelle. — Même sujet traité par Byron. — Il hâte en vain, contre ses procédés habituels, la composition et la publication de son poème. — « Les Amours des Anges » ne paraissent qu'après « Ciel et Terre. » — Le poème de Moore repose sur un verset de la Genèse. — Il n'y a pas d'erreur dans la version des Septante. — En quoi consiste l'erreur. — Esprit du poème. — Ce qu'il enseigne. — Analyse et examen de chaque partie. — Les anges de Moore diffèrent de ceux de Milton. — Intérêt du poème, malgré ses défauts. — Exposé de la composition de Byron. — Différence complète entre les deux œuvres. — Leur caractère. — Elles sont peu goûtées. — Mérite du poème de Moore. — Ses « Fables. » — Leurs vérités. — Ce qu'ont rappporté à Moore ces deux ouvrages. — Séjour à Londres. — Ses triomphes dans le monde. — Voyage en Irlande. — « Mémoires du Capitaine Rock. » — Leur importance. — Mort de Byron. — Sa famille et ses amis personnels réclament ses Mémoires. — Noble conduite de Moore. — Son intégrité et ses scrupules. — La perte des Mémoires de Byron n'est pas très grande. — Témoignage de Lord Russell et de Lord Byron à ce sujet. — « Vie de Sheridan. » — Le public est un peu désappointé à son apparition. — Ce qu'on reproche à cet ouvrage. — Propos malicieux du roi Georges IV à cette occasion. — Partialité de Moore reconnue par lui-même. — Caractère et importance de l'ouvrage. — Lettre de Lord Russell à ce sujet. — Les « Soirées en Grèce, » chants lyriques. — Ce qui les caractérise.

Dès son arrivée, Moore fut informé qu'après bien des négociations, le montant des réclamations avait été réduit à 1,000 guinées, et, qu'en ce qui concernait le payement, l'oncle de son mandataire s'était décidé à donner 300 *l.*; que, d'autre part, un ami, au courant des négociations, avait déposé entre les mains d'un banquier 750 *l.*, reste de la somme réclamée. Moore, au moyen de cet argent, acquitta immédiatement sa dette et envoya à ce généreux ami, qui n'était autre que le Marquis de Lansdowne, avec l'expression de sa profonde reconnaissance, un chéque sur ses éditeurs pour le montant du prêt. Il se remit alors au travail avec une ardeur nouvelle, et, pour augmenter plus vite ses ressources, il se disposait à faire un poème à part sur « les Amours des Anges, » lorsqu'il apprit que son ami Byron l'avait devancé dans le même sujet. En effet, Byron avait envoyé en 1821, de Ravenne, à son éditeur Murray, son Mystère, « Ciel et Terre, » avec ces mots : « Je désire que la première partie soit publiée avant la deuxième, parce que, si elle ne réussit pas, il vaut mieux en rester là que de continuer à faire un essai infructueux. » La coïncidence était d'autant plus fâcheuse que Moore comptait sur la vente de son nouvel ouvrage pour rembourser le plus tôt possible l'ami dévoué dont la générosité lui avait permis de payer intégralement les réclamants américains. Croyant alors n'avoir d'autre moyen de lutter avec quelque avantage contre « un précurseur si gigantesque » que de le devancer dans la publication de son travail, il se hâta de composer son poème, pour qu'il offrît au moins l'intérêt de la nouveauté. Jamais il ne s'était tant pressé ; car son goût difficile l'obligeait d'aller lentement. Le poète qui avait mis une fois douze heures de réflexions soutenues pour remplacer dans un vers un simple mot qui ne lui convenait pas (1), ne devait qu'à contre-cœur prendre sur lui de précipiter un travail, et il fallait bien une pareille circonstance pour qu'il accélérât sa publication. Mais, malgré toute l'activité qu'il déploya, la première partie du Mystère de Byron parut dans le second numéro du « Libéral, » non pas en même temps que son ouvrage, comme il croit s'en souvenir (2), mais un peu avant. Ce fut effectivement le 1er Janvier 1823 que parurent « les Amours des Anges, » le poëme le plus important de Moore, après « Lalla Rookh. »

Ce poëme repose sur le verset IIe du chapitre VIe de la Genèse. Moore, dans la crainte d'être mal compris, et de passer aux yeux de ceux qui prendraient le sujet à la lettre pour avoir commis une profanation de l'Ecriture, a beau prétendre qu'il n'appartient pas à la Bible (3) et en faire une pure fiction, il n'en est pas moins vrai qu'il a ce verset pour fondement. En effet, la locution « οἱ ἄγγελοι τοῦ Θεοῦ » n'est pas, comme Moore le dit dans sa préface, une erreur de traduction (4) ; c'est une interprétation mystique de la pensée de Moïse : « ככי־האלהים, » les « fils de Dieu. » D'ailleurs, la même expression hébraïque (Bené-Haélohim, fils de Dieu), qui se retrouve au Livre de Job (c. 1. v. 6 et c. 2. v. 1) avec la signification des *anges*, des *êtres surhumains* formant la cour de Dieu, suffirait à elle seule pour justifier jusqu'à un certain point la traduction des Septante. Mais ce que saint Augustin dit à ce propos prouve la parfaite justesse de leur interprétation : « Ils étaient bien les fils des hommes par leur nature, mais ils avaient com-

(1) Voyez Symington. Life sketch of Thomas Moore, pp. 137, 138.
(2) Moore's poetical Works. Preface to the eighth volume.
(3) Preface to the Loves of the Angels.
(4) Moore avait déjà prétendu, dans son article sur « les Pères, » que les Septante avaient fait une fausse traduction du passage de la Genèse.

mencé d'avoir un autre nom par la grâce ; car dans la même Ecriture où il est dit que les *fils de Dieu* aimèrent les filles des hommes, ceux-là mêmes sont aussi appelés les *anges de Dieu*. C'est ce qui fait que beaucoup de gens pensent qu'ils n'étaient pas des hommes, mais des anges (1). » En ceci seulement consiste l'erreur où tombèrent de grands esprits, tels que Clément d'Alexandrie, Tertullien, Lactance, saint Cyprien, saint Ambroise. Leur imagination exaltée leur fit prendre une interprétation mystique pour une réalité. Car il est clair que « les anges de Dieu » ne sont autres que les « fils de Dieu, » et par les « fils de Dieu » la Genèse désigne les fils de Seth qui, attirés par la beauté des filles de Caïn, les prirent pour épouses, contrairement à la volonté de leur père. Le sujet appartient donc incontestablement à la Bible. Mais avec quel art Moore l'a approprié à la poésie ! Ce n'est plus l'histoire d'une race d'hommes bons et pieux que leurs passions entraînèrent à transgresser la loi de Jéhovah en s'alliant à une race de méchants et d'impies. Ce n'est pas non plus un thème poétique sur la théorie de Philon (2), assez mystique pour s'être imaginé que les « fils de Dieu » étaient des âmes qui, volant dans l'air sans être attachées à aucun corps, eurent l'envie de venir habiter dans celui des hommes. C'est l'histoire toujours vraie de l'âme dans sa faible et imparfaite enveloppe, l'histoire de sa tache originelle, de sa chute, de ses souffrances et de sa rédemption. C'est, sous la forme biblique, avec tous les embellissements qu'inspire à une imagination ardente le sentiment religieux, une reproduction aussi ingé-

---

(1) De Civitate Dei. Lib. XV, cap. XXII.
(2) Lib. de Gigantibus.

nieuse que délicate de l'allégorie de Psyché au pouvoir d'Eros ou « torturée par des Eros qui la brûlent à la flamme de leurs torches (1), » et une application poétique de la théorie platonicienne sur la préexistence de l'âme et la réminiscence. Le poète représente l'âme sous la céleste figure des anges. Nulle autre ne lui convient mieux. N'exprime-t-elle pas parfaitement sa nature, son origine et sa fin ? Pur esprit, l'âme vient de Dieu et y retourne, après la dangereuse et pénible épreuve de cette vie. Mais a-t-elle en soi assez de lumière pour s'éclairer sûrement à travers l'obscurité de ce monde et suivre le bon chemin ? Au contact de la matière, ne perd-elle rien de sa force et de sa pureté ? Quelles sont pour elle les suites de ses faiblesses et de ses fautes ? Par quelles vertus se préserve-t-elle de la souffrance, et a-t-elle ici-bas un avant-goût du bonheur céleste ? Voilà ce que le poète nous enseigne par l'histoire des trois anges.

Dans les premiers temps du monde, un soir, sur le penchant d'une colline dorée par un rayon du soleil couchant, trois nobles jeunes hommes, qui portaient encore sur le front un reflet de leur céleste patrie, se racontaient l'histoire de leurs amours. L'un d'eux avait oublié Dieu pour la vierge Léa; le temps de sa mission étant écoulé, il voulait bien prononcer le mot sacré qui devait lui permettre de regagner le ciel : son cœur faiblit et le mot expira sur ses lèvres ; mais quelques heures plus tard, quand, après avoir en vain supplié Léa de lui donner avant son départ un gage d'amour, il prononça le mot sacré, il trouva dans son funeste égarement la force de le répéter, sur la prière de la vierge qui désirait ardemment le savoir : aussitôt il

---

(1) Auguste Couat. La Poésie Alexandrine, p. 179, Paris, Hachette 1882.

perdit son caractère spirituel, et la vierge, qui redit le mot avec l'ardeur de la foi, étant devenue à sa place pur esprit, prit son vol vers les cieux. « La vision, dit-il, s'éclipsa, son éclat diminua de plus en plus jusqu'à ce qu'elle fût réduite à un point aussi petit que ces taches qui brûlent là-bas, ces gouttes vivantes de lumière tombées les dernières de l'urne épuisée du Jour. Et lorsqu'enfin elle se fut plongée dans la splendeur lointaine de son étoile immortelle, qu'enfin ma vue surmenée eut saisi le dernier et pâle rayon de son aile, à cet instant dans mon âme s'éteignit la lumière du ciel et de l'amour (1). » L'ange déchu s'était depuis lors abandonné au vice, sans pouvoir dans sa honte perdre la conscience de sa gloire passée. Quel châtiment pour un dieu tombé de se souvenir des cieux ! Tel est l'état de l'âme esclave des sens : faible et misérable, elle languit dans son étroite et sombre prison, n'ayant plus la force de prendre son essor vers l'immense et brillant océan du beau moral, qu'elle entrevoit, pour son éternel regret, dans la vision lointaine du souvenir, comme la seule source d'une pure et durable félicité.

Le second ange appartenait à la classe des Chérubins dont le nom signifie savoir. Il avait plus de noblesse et d'éclat que l'autre. Il s'appelait Rubi, nom étincelant qui exprime bien toute sa passion pour la lumière. C'était en effet l'Esprit de la science. Il ne lui suffisait plus, pour être heureux, de mesurer les espaces incommensurables, de voler à la découverte d'astres inconnus et plus resplendissants que les autres, d'étudier leur nature, de les suivre dans leur révolution, en un mot,

---

(1) **First Angel's story.**

de sonder les secrets du ciel ; il voulait encore connaître de toutes les merveilles de la terre la plus gracieuse, la plus belle, la plus séduisante, c'est-à-dire la femme. Il n'avait plus qu'un désir, celui de pénétrer à travers sa forme ravissante jusqu'à l'âme de la mystérieuse créature, pour voir tout ce qu'il pouvait y avoir de divin en elle. Son regard scrutateur s'arrêta sur une vierge, seule entre toutes digne de l'amour d'un Esprit de lumière, tant elle était brillante et parfaite : « A l'orgueil de sa démarche, lorsque légère elle effleurait la terre sans la toucher, on eût dit qu'elle était née avec le droit de marcher sur quelque élément plus céleste et de parcourir des plaines où ses pieds eussent rencontré une étoile à chaque pas. Ce n'était point seulement ce charme qui captive les sens éperdus, ce charme des lèvres dont le souffle à lui seul serait une source de félicité, ce charme de rougeurs enjouées qui ne semblaient rien moins que des échappées lumineuses de la pensée ; ce charme des yeux qui, allumés par la colère, étaient de feu même, mais qui, à un mot de tendresse, devenaient d'une douceur infinie, comme s'ils pouvaient, à l'exemple de l'oiseau du soleil, se fondre dans leur propre flamme ; — ce charme des formes aussi flexibles que les rejetons d'un jeune arbre chargé de fleurs printanières, et pourtant arrondies, aussi brillantes que les fruits qui s'en détachent à l'heure de l'été. — Ce n'était pas uniquement le genre de charme, qui est le partage des femmes les plus adorables ; car même aux mieux douées elle aurait pu céder, du superflu de ses grâces naturelles, assez pour ajouter à leur beauté ; mais c'était l'Esprit resplendissant à travers tout son être, l'âme toujours prête à éclairer chacun de ses charmes, tout en étant indépendante de ce qu'elle éclairait, comme le soleil, qui brille sur les fleurs, n'en resplendirait pas moins, s'il n'avait aucune fleur à éclairer. C'était ceci, tout ceci, réuni en une seule personne — les grâces et les jeux de physionomie sans nombre (1) qui forment l'auréole des jeunes vierges, saisis dans leur perfection et leur chaleur avant que le temps ait glacé un seul de leurs attraits, et marqués d'un sceau idéal propre à donner à des beautés trop sensuelles peut-être, ou trop voluptueuses, l'empreinte de la Divinité. C'était ceci, un mélange, que la main de la Nature réserva pour elle seule, de tout ce qu'il y a de plus enjoué, de plus doux, de plus voluptueux, de plus pur, de plus noble dans la nature des anges et dans la sienne (2). » N'y a-t-il pas dans la description de cette beauté souveraine quelque chose de celle des demoiselles Montgomerys, qu'immortalisa le pinceau de Sir Joshua ? C'étaient, comme le raconte Moore (3), ses compagnes de classe chez son professeur Samuel Whyte, et l'opulente beauté de ces jeunes filles, pour ainsi dire spiritualisée par le génie du peintre, laissa dans l'esprit de l'enfant un souvenir ineffaçable que plus tard l'homme, peut-être même à son insu, reproduisit sous cette forme adorable. Rubi s'insinua dans l'âme de la belle créature, où il trouva « les vagues désirs, les tendres illusions, les rêves d'amour encore sans objet, les espérances légères et ailées,

---

(1) Dans quelques éditions le texte est ainsi orthographié : « The' unnumber'd..... » C'est une incorrection grave ; car, du moment qu'on mettait une apostrophe, on devait supprimer la voyelle dans l'article. Il vaut mieux cependant retrancher l'apostrophe et conserver le mot entier, comme dans la première édition, la voyelle disparaissant d'elle-même dans la mesure :

« The unnum|bered looks|and arts|that form. »

(2) Second Angel's story.
(3) Moore's poetical Works. Preface to the first volume.

qui viennent à nos ordres, et les joies qui, brillantes comme l'arc-en-ciel, finissent comme lui en pleurs ; les passions cachées sous de chastes pensées comme des serpents qui dorment sous des fleurs. Au milieu de tous ces sentiments qu'éprouvent tous les jeunes cœurs qui battent, » il découvrait « des pensées sublimes, de hautes aspirations, supérieures à tout ce qui a jusque-là rempli une âme si tendre, des aspirations vers la gloire qui percent à travers le brillant inconnu de l'avenir, des imaginations libres et grandioses qui prennent leurs ébats, comme les jeunes aigles, tout près du ciel. Avec cela aussi, quelle âme et quel cœur prêts à succomber sous l'artifice du tentateur ! un zèle pour la science tel que n'en recéla jamais une forme si belle, depuis cette première heure si fatale où Ève, en possession de tous les fruits de l'Eden, à l'exception d'un seul, les perdit tous, plutôt que de se priver d'y toucher. » Lilis (ainsi s'appelle cette ravissante créature) a un air de parenté avec l'Ève de Milton : elle est charmante comme elle, mais elle n'a pas sa grâce ingénue, son innocence d'enfant ; elle sait qu'elle est belle et elle en est fière. Ève, dès qu'elle ouvre les yeux à la lumière, sans en avoir conscience, s'éprend de sa propre image qu'elle aperçoit dans le cristal d'une nappe d'eau, et la préfère tout d'abord à celle de l'homme ; mais, comme elle n'a point d'orgueil, à peine connaît-elle Adam qu'elle ne trouve rien de plus beau que lui. Ève est naïvement curieuse, Lilis veut, de propos délibéré, tout approfondir. En somme, Lilis est une fille d'Ève, avec la tache originelle, d'une beauté peut-être plus séduisante, mais d'une pureté moins divine. Le Chérubin régnait dans son cœur. Quelle joie et quel orgueil ! Elle y avait dressé pour lui un autel : elle en avait fait son dieu. Son adoration ne connaissait plus de bornes : poursuivant la réalisation d'un rêve, elle le supplia de se montrer à elle dans tout l'éclat de sa gloire, persuadée qu'elle serait assez forte pour le supporter. L'orgueilleux esprit finit par céder à ses prières, et Lilis, touchée par la flamme dévorante de son dieu, se consuma dans sa chère étreinte : un peu de cendre, voilà tout ce qui resta de l'idole à l'infortuné Rubi. La fin de Lilis ressemble exactement à celle de Sémélé ; mais il faut observer que, dans la légende thébaine, il s'agit d'un phénomène physique, dans le poème anglais, d'un phénomène moral, d'où il résulte que, si la forme est identique, le fond est entièrement différent. En effet, le mythe grec n'est autre chose que « l'histoire de la naissance et de la maturité de la grappe de raisin (1), » tandis que le mythe conçu par Moore est l'histoire de l'orgueil et de la présomptueuse curiosité, causes de malheur et de ruine.

Comme le poète a représenté le châtiment de l'impureté, de l'orgueil et de la présomptueuse curiosité, de même il représente la récompense réservée aux âmes chastes et humbles qui se relèvent de leur chute par la pureté de leur amour et leur foi en Dieu. Dans le silence du soir, une voix mélodieuse s'élevait de la terre au ciel : une vierge, en s'accompagnant de la lyre, chantait Dieu et la Miséricorde, la Paix et la Charité, « dont l'étoile brille au-dessus de ce sombre monde d'espérance et de crainte et sur laquelle les yeux éplorés de la Foi sont fixés si tendrement que la lumière de cet astre d'amour se mêle à chacune de ses larmes (2). » Un ange, Zaraph, le plus pur des Séraphins, dont le cœur

---

(1) Decharme. Mythologie de la Grèce antique. Chap. V. Dionysos. p. 409, Paris, Garnier frères, 1879.
(2) Third Angel's story.

n'avait jamais brûlé que pour Dieu, l'écoutait avec ravissement : il voyait en elle comme un reflet doux et caressant de la beauté absolue qu'il avait le bonheur de pouvoir éternellement contempler. Les accords divins qu'une fille de la terre trouvait pour célébrer la religion et l'amour céleste captivèrent ce fils du ciel : la pureté et la foi venaient d'unir à jamais deux âmes. Mais qu'elles sont humbles dans leur amour ! Nama n'a nul sentiment de fierté : elle ignore la puissance de ses charmes et de ses vertus, et elle ne sait comment elle, a pu mériter d'être si heureuse. Zaraph, de son côté, ne met aucun orgueil à posséder un tel trésor ; il n'y a pour lui aucune gloire à aimer ni à être aimé, il n'y a qu'un bien suprême. Nama n'est point curieuse ; elle n'a aucun désir de connaître les secrets de Dieu : tout le bonheur pour elle consiste « à aimer, à croire et à espérer. » C'est entre ces deux âmes un échange continu de tendresse infinie que traversent sans l'affaiblir jamais les misères de la vie. « Heureuse union des cœurs, dans laquelle, en se métamorphosant comme les éléments des composés chimiques, chacun d'eux se dépouille de l'existence qui lui est propre, pour en trouver une nouvelle de beaucoup plus heureuse (1) ! Telles sont leurs joies, et, couronnant tout, cette espérance bénie de l'heure brillante où leurs esprits bienheureux,

---

(1) Cette conception de l'amour idéal en rappelle une autre aussi sublime, mais plus passionnée :

« The fountains of our deepest life shall be »
» Confused in passion's golden purity, »
» As mountain-springs under the morning Sun. »
» We shall become the same, we shall be one »
» Spirit within two frames, oh ! wherefore two ? »
» One passion in twin-hearts .... »

(Shelley's Epipsychidion.)

doués d'un pouvoir nouveau, s'élèveront pour ne plus tomber, récompensés de leur foi dans celui qui est la source de toute bonté, et où secouant de leurs ailes émancipées la poussière avilissante de la terre, ils voleront pour toujours à travers ces cieux éblouissants où l'Amour est immortel. » Nama et Zaraph sont les types ravissants du bonheur humain dont l'Ange Raphaël, dans le poème de Milton, découvre au premier homme le principe et la fin : « En aimant, tu fais bien ; dans la passion, non ; car en celle-ci le véritable amour ne consiste pas : l'Amour épure les pensées et élargit le cœur ; il a son siège dans la raison, et il est judicieux ; il est l'échelle par laquelle tu peux t'élever à l'amour céleste (1). »

On a fait des comparaisons, au désavantage de Moore, entre ses anges et ceux de Milton. Ces comparaisons seraient fort justes, si les personnages de l'un étaient de même nature que ceux de l'autre. Mais il n'en est pas ainsi. Dans Milton, les anges sont bien des anges, et leur dénomination est prise dans le sens propre. Dans Moore, ce ne sont ni des anges, ni des êtres intermédiaires entre les anges et les hommes, et leur dénomination n'a qu'une acception figurée. Ce sont simplement des hommes : cette figure d'ange, que le poète leur a prêtée et dont ils ont conservé quelques traits d'un charme plus ou moins puissant selon leur degré de pureté, n'est que l'image de la beauté divine de leur âme avant sa chute. A ce point de vue, le poème offre plus d'intérêt humain que ne le suppose Montgomery (2). Qui peut, en effet, malgré l'invraisemblance des situations et des incidents, rester insensible à la misère profonde de cet être jadis au comble

---

(1) The Paradise Lost, book VIII.
(2) Thomas Moore, his life, writings, p. 110.

de la félicité dans une gloire sans tâche, à l'immense douleur de Rubi, si puissamment décrite, à la noble et pure jouissance de Zaraph, exprimée avec tant de délicatesse et une si grande simplicité de cœur ?

Examinons maintenant si Moore avait vraiment raison de craindre que la composition de Byron n'éclipsât la sienne. « Ciel et Terre » est une sorte de tragédie biblique avec chœurs. La scène se passe quelques heures avant le déluge. Tandis que les filles de la terre, Anah et Aholibamah, attendent avec impatience l'arrivée de leurs anges Azaziel et Samiasa, deux fils de la terre, Irad et Japhet, parlent de leur malheur : ils aiment l'un Aholibamah, l'autre Anah, mais ils n'obtiennent en retour que leur dédain. Irad supporte son sort avec fermeté, Japhet avec désolation. L'heure de la perte du genre humain approche : Japhet, qui aime toujours Anah plus que sa vie, veut, contre la volonté même de son père, la sauver de la mort ; mais elle, qui n'a pas la moindre affection pour lui, ne veut point survivre seule à tous les êtres qui lui sont chers. Enfin, Azaziel et Samiasa s'envolent et disparaissent avec Anah et Aholibamah. Japhet reste abandonné à son désespoir. Telle est la pièce dont Moore, dans son admiration pour Byron, s'exagérait le mérite au point de la juger « une des plus sublimes d'entre ses nombreuses merveilles poétiques (1). » Un critique anglais (2) prétend que Moore s'est quelque peu inspiré de Byron dans sa composition, comme si l'auteur de « Lalla Rookh » n'avait pu tout seul en concevoir l'idée. Ce jugement ne repose sur aucun fondement ; car il faudrait admettre d'abord que Byron avait donné communication de son travail

(1) Moore's Poetical Works. Preface to the eighth volume.
(2) Shaw. A history of english literature, p. 451.

à son ami ; ensuite, que cet ami avait été assez indélicat pour s'en servir. Ce sont les prémisses forcées d'un tel jugement. Or, qui oserait porter contre Moore une accusation aussi déraisonnable ? La meilleure preuve de la bonne foi du poète irlandais est sans contredit son poème même. Nous n'y trouvons aucun vestige de l'influence de Byron. « Il est impossible, dit le Professeur Wilson, le célèbre *Christophe North*, de supposer deux poèmes plus diamétralement opposés l'un à l'autre, dans l'objet et dans l'exécution, que « les Amours des Anges, » par Mr. Moore, et « Ciel et Terre, » Mystère, par Lord Byron (1). » Quel rapport y a-t-il entre la tragédie de l'un et le poème de l'autre ? L'action et le dénouement de « Ciel et Terre » n'ont rien de commun avec l'Histoire des trois anges. Le caractère des personnages est aussi tout à fait différent. Si Anah est douce et aimante comme Nama, elle n'a ni sa charmante simplicité ni ses sentiments d'amour divin. Aucune des trois femmes dans Moore n'a un seul trait d'Aholibamah, violente, jalouse, impérieuse, bravant tout, même Dieu. Les anges Azaziel et Samiasa, par la raison qu'ils sont vraiment des anges dans l'esprit de Byron, ne ressemblent nullement à ceux de Moore et ne nous inspirent aucune sympathie ; car si nous pouvons nous former une idée d'anges complets, nous ne pouvons concevoir des êtres avec tous les attributs des natures angéliques et les faiblesses de l'humanité. Le seul personnage sur lequel se porte tout l'intérêt, parce qu'il est homme, qu'il est bon et qu'il souffre, c'est Japhet, dont il n'est point question dans Moore. Il n'y a entre les deux œuvres qu'une ressemblance de sujet,

---

(1) The poetical Works of Lord Byron. — Heaven and Earth, note 2. London, Murray, 1870.

l'amour des anges pour des femmes, et encore il est bon de remarquer que cette ressemblance n'est qu'apparente, puisque dans Moore il s'agit d'une allégorie, dans Byron, d'un mystère. Certes, la forme adoptée par Byron est plus heureuse, parce qu'elle imprime plus de mouvement à l'action ; mais le fond de sa tragédie est moins beau, moins attachant, surtout moins moral que celui du poème de Moore. Byron montre que du ciel vient le malheur de l'homme, Moore son bonheur. L'un enlève tout espoir de salut, l'autre le donne. La conception du premier est terrible, celle du second consolante. Enfin, si la composition de Byron accuse une puissance d'esprit incomparable, celle de Moore révèle une puissance de cœur sans égale. Cependant son poème ne fut, comme le Mystère de Byron, que médiocrement goûté. On pourrait l'attribuer à la forme, si « Ciel et Terre » avait eu plus de succès. Le sujet, plus que la monotonie produite par une douceur excessive et continue, en est la cause : le préjugé religieux prit la lettre pour l'esprit, et, malgré l'avertissement du poète, ne voulut voir que la consécration spécieuse d'une hérésie dans une composition où il n'y a qu'une magnifique allégorie, et jeta sur elle une certaine défaveur. Quoi qu'il en soit, elle se recommande par une chaste beauté qui en fait le prix et la rend durable.

Peu de temps après la publication de ce poème parurent les « Fables à l'occasion de la Sainte-Alliance, » dédiées à Byron, pièces satiriques dans le genre des « Lettres Interceptées » et principalement dirigées contre les têtes couronnées. Le *Songe* (1) du poète qui assiste à l'effondrement d'un beau palais de glace construit sur la Néva et où la Russie, la Prusse et l'Autri-

---

(1) Fable I.

che dansent un joyeux fandango, la *Mouche* (1) qu'on adore sur l'autel pendant qu'on lui immole un taureau vigoureux et magnifique, les sottises du *petit grand Lama* (2), ce méchant enfant qu'on ne parvient à assagir qu'en le fouettant, les *Eteignoirs* (3), articles fort demandés à Vienne et à Saint-Pétersbourg, la *Perruque de Louis XIV* (4) nouvellement frisée par Hippolyte, le coiffeur du jour, pour plaire à l'Empereur de Russie et répondre aux aspirations libérales, sont autant de piquantes vérités faciles à saisir sous le voile léger de l'apologue.

Au mois de Juin, Moore reçut avis de ses éditeurs que la vente de son poëme, « les Amours des Anges, » lui avait rapporté 1,000 *l.* et celle de ses « Fables » 500 *l.* Moore eut donc le plaisir de voir le Marquis de Lansdowne rentrer en possession de la somme dont il lui avait fait l'avance. Il était alors au zénith de la gloire : pendant les deux mois qu'il passa à Londres, il fut le roi des salons : partout on se faisait une fête de l'entendre causer ou chanter, partout il était l'objet de l'admiration. Ce n'étaient là assurément que de frivoles triomphes ; mais Moore avait la faiblesse de les aimer passionnément. Faut-il s'en étonner ? « Il fut toute sa vie l'enfant gâté de la popularité (5), ». « le poëte de tous les cercles et l'idole du sien (6). » Enfin, s'étant arraché aux charmes qu'une telle vie avait pour lui, il fit, en compagnie du Marquis de Lansdowne, un voyage à Killarney, à Cork, dans d'autres villes d'Irlande et regagna sa chaumière, où il reprit ses travaux.

(1) Fable IV.
(2) Fable VI.
(3) Fable VII.
(4) Fable VIII.
(5) Shaw. A history of english literature, p. 444.
(6) Byron. The Corsair. To Thomas Moore, Esq.

En 1824, il publia les « Mémoires du Capitaine Rock, » résultat de son voyage en Irlande. C'est une histoire où, par l'organe de ce personnage, avec une plume aussi puissante que fine, il peint le gouvernement de l'Irlande par l'Angleterre, depuis le temps du Pape Adrien IV jusqu'à son époque, et les fortes passions que ce mauvais gouvernement avait à la longue éveillées dans le cœur du peuple irlandais. Cet ouvrage, où l'humour s'unit au pathétique, commença sa réputation de prosateur éminent ; car, bien qu'il eût écrit, comme nous le savons, trois articles remarquables dans la *Revue d'Edimbourg* et qu'il eût publié d'excellentes introductions aux différentes parties des « Mélodies, » cependant c'était seulement comme poète qu'il avait acquis jusqu'à ce jour une grande célébrité.

Cette année-là mourut Byron. Sa mort fit surgir, au sujet de ses Mémoires, la déplorable affaire dans laquelle Moore tint une conduite si honorable. Quoiqu'elle soit bien connue, on ne saurait trop y revenir, en raison des calomnies auxquelles cet homme intègre a été en butte, afin d'établir définitivement la pureté de ses intentions et de montrer même jusqu'à quel point sa conscience était scrupuleuse. Dès que la nouvelle du fatal événement fut confirmée, la famille et les amis personnels de l'illustre défunt réclamèrent le manuscrit de ses Mémoires, avec l'arrière-pensée de le détruire. Il était alors entre les mains de l'éditeur Murray, à qui Moore, pressé par le besoin, l'avait vendu en 1821, pour la somme de 2,000 guinées. Moore avait eu ensuite l'intention de faire entrer dans le traité une clause par laquelle il aurait la faculté, si bon lui semblait, de racheter le manuscrit pendant trois mois après la mort de Byron, et il avait la conviction que cette clause avait été jadis introduite conformément à son intention (1). Dès que la famille du noble Lord fit sa réclamation, il consulta certainement l'acte, et, quand il eut reconnu que cette clause n'y figurait pas, il dut se contenter d'employer tous les moyens de persuasion, les seuls qu'il avait en son pouvoir, pour empêcher que le manuscrit lui fût livré. Si Moore eût été bien aise, comme on l'a prétendu, de le voir détruire, dans l'espoir de gagner une forte somme en devenant le biographe de son ami, il se serait assurément abstenu de toute intervention, et il le pouvait, d'autant plus qu'il avait vendu le manuscrit et qu'il ne lui était pas permis de le racheter. Son intervention était donc toute désintéressée ; Murray, de son côté, ne tenait pas à décider seul une question aussi grave. Moore plaida avec chaleur pour la publication, proposant de supprimer tout ce qui pourrait blesser les sentiments des personnes vivantes ou choquer l'opinion publique. Mais Mistress Leigh, la sœur consanguine de Byron, Sir John Hobhouse (2), son ami intime, et Mr. Wilmot Horton, le représentant de Lady Byron, demeurèrent inflexibles. Enfin, Moore et Murray, par un scrupule de délicatesse, cédèrent à leurs obsessions et consentirent à mettre les Mémoires entre les mains de Mr. Wilmot Horton et du Colonel Doyle, le représentant de Mistress Leigh. Moore demandait qu'*ils ne fussent point entièrement détruits* (3). Mais à peine ces Messieurs les eurent-ils, que, *malgré ses remontrances*, ils les jetèrent au feu, dans la maison même de Murray. L'éditeur réclama son argent, avec l'intérêt légal ; alors Rogers autorisa Moore à faire traite sur

(1) The Edinburgh Review. April 1854, p. 514.
(2) Plus tard Lord Broughton.
(3) Voyez la lettre qu'il adressa aux journaux de l'époque.

lui (1) ; c'était un prêt qu'il lui rendit plus tard, et Murray rentra ainsi dans ses fonds. On essaya d'amener Moore à accepter une compensation des mains de la famille de Byron. Ses amis, même ceux pour lesquels il avait la plus haute estime, Lord et Lady Lansdowne, Mr. Luttrell, Lord John Russell, Rogers, étaient tous d'avis qu'il devait le faire. Moore ayant cru de sa dignité de ne rien accepter, resta inébranlable dans sa résolution (2). Malgré cela, sa conscience n'était pas tranquille, car il craignait d'avoir abusé de la confiance que son ami défunt avait en lui. Mais Sir John Hobhouse lui déclara que Lord Byron, sur le reproche qu'il lui avait fait un jour d'avoir commis l'indiscrétion de placer un tel manuscrit hors de son propre contrôle, lui avait répondu « qu'il regrettait d'avoir agi ainsi, et que les égards dus à Moore étaient seuls à l'empêcher de le lui réclamer (3). » Alors seulement il fut rassuré, et, tout en regrettant la perte des Mémoires pour le monde, il fut satisfait de sa conduite. Toutefois, si nous en croyons Lord Russell, qui avait lu la plus grande partie du manuscrit, sinon le manuscrit tout entier, la perte n'était pas très grande ; car « il y avait trois ou quatre de ses pages qui étaient trop grossières et trop inconvenantes pour être publiées ; le reste, à peu d'exceptions près, contenait peu de traces du génie de Lord Byron, sans détails intéressants de sa vie. Sa première jeunesse en Grèce et sa sympathie émue pour les paysages qui l'entouraient, quand il se reposait sur un roc dans les excursions à la nage qu'il

---

(1) Memoirs of Moore. Vol. V, p. 224.
(2) Moore ayant déclaré formellement dans cette même lettre qu'il avait *refusé l'offre* de remboursement faite par la famille de Lord Byron, il y a lieu de s'étonner de l'insinuation malveillante de William Rossetti. Prefatory notice, p. XV. Moore's poetical Works, 1882.
(3) The Edinburgh Review. April 1854, p. 514.

commençait au Pirée, étaient décrites d'une manière saisissante. » Ce témoignage s'accorde avec l'aveu même de Byron dans sa lettre au Capitaine Medwin : « Ces mémoires donneront le change à la curiosité ; il y a peu d'aventures ou d'anecdotes scandaleuses, ils se composent de souvenirs d'enfance. » Ainsi, de l'avis de Lord Russell et de Byron lui-même, le monde n'est nullement en perte par la destruction de ces Mémoires.

Au mois d'Octobre 1825, Moore publia enfin la « Vie de Sheridan. » Le public avait attendu si longtemps cet ouvrage et s'en était fait une si haute idée que, comme conséquence naturelle, il éprouva un peu de désappointement à son apparition. Ce n'était pas qu'il y eût quelque imperfection dans son exécution littéraire : écrit dans un style brillant et étincelant, il soutenait pleinement la réputation de l'auteur. Mais on trouvait que Moore avait sacrifié le caractère de Sheridan comme bel esprit, par son excès de franchise à révéler la préparation préalable de ses *bons mots*. Sous tous les autres rapports, il lui était sûrement très favorable. A cette occasion, le Roi George IV ne manqua pas de lancer sa pointe contre Moore, prenant sans doute une revanche de celles dont le Régent avait été tant de fois l'objet de la part du poète : quelqu'un ayant remarqué en sa présence que le biographe avait assassiné Sheridan, le Roi George s'écria : « Oh ! vous êtes trop sévère pour Moore ; il ne l'a pas tout à fait assassiné, bien qu'il ait certainement attenté à sa vie (1). » Cependant, l'excès de franchise de Moore, au sujet du procédé suivi par Sheridan, ne nous semble aucunement préjudiciable à sa réputation de bel esprit. En effet, « l'Ecole de la Médisance » étant, comme Moore le dit avec beaucoup de justesse, « un El Dorado de l'esprit, où toutes les

---

(1) Montgomery. Thomas Moore, his life, etc., p. 71.

classes jettent de côté et d'autre le précieux métal avec autant d'insouciance que si elles n'avaient point la moindre idée de sa valeur, » pouvons-nous vraisemblablement supposer que l'auteur d'une telle comédie craignait que les bons mots ne lui fissent défaut au moment opportun? Evidemment non. Il faut donc penser que, si Sheridan préparait ses traits ingénieux et plaisants, c'était uniquement parce qu'en qualité de bel esprit il tenait à ce qu'ils fussent toujours parfaits. En quoi la révélation de Moore amoindrit-elle son mérite? Car nous ne doutons point que, s'il l'eût voulu, il n'eût improvisé tous ses bons mots. Mais auraient-ils eu la même finesse, le même sel, en un mot la même valeur ? Cette préparation préalable ne prouve que l'exigence de ce bel esprit pour lui-même. Par conséquent, on jugeait mal son biographe qui, en disant franchement la vérité, n'avait certainement point, comme le prétendait le Roi George, « attenté à sa vie. »

Que de difficultés Moore eut à surmonter pour tracer, à son avantage, le portrait de l'homme dans lequel, malgré toute sa bonne volonté, il était loin de trouver

« l'accord d'un beau talent et d'un beau caractère ! »

Ceux qui l'avaient connu personnellement, s'accordaient à dire que toutes ses dispositions naturelles étaient réellement bonnes et honorables, et que ses fautes furent le résultat de ses infortunes. Il n'en reste pas moins vrai que sa conduite ne fut pas toujours très délicate (1). Et

(1) Par une adroite manœuvre, il enleva une somme de 4,000 *l.* au parti Whig, entre les mains duquel elle avait été déposée par le Prince Régent, en vue de sa réélection au Parlement, où il ne pouvait plus arriver par ses propres ressources. Ayant donc senti qu'il lui était impossible de « se trouver en présence de ses anciens alliés, » il évita depuis lors la société des hommes éminents du parti libéral. (Voyez la *Revue d'Edimbourg* d'Avril 1854, p. 510.)

comme l'impression que cet ouvrage laisse du caractère moral de Sheridan est conforme à l'opinion de ces personnes-là, nous ne pouvons pas dire que Moore a peint l'homme tel qu'il était au moral ; car le désir de rendre sa mémoire plus intéressante l'a conduit non seulement à passer sous silence certains actes de sa vie, mais encore à jeter un blâme immérité sur plusieurs personnages qui eurent avec lui des rapports d'amitié, pour l'excuser jusqu'à un certain point de ses procédés à leur égard. C'est donc à tort que Sir Robert Heron le félicita de son « impartialité, » puisque lui-même répondit franchement qu' « il regrettait d'avoir supprimé plusieurs faits, et d'avoir représenté son caractère d'une manière beaucoup trop favorable (1). » Quoi qu'il en soit, cet ouvrage n'est pas seulement une biographie, c'est encore, comme le déclare la *Revue d'Edimbourg*, « la meilleure » notice historique sur les graves événements de l'époque où vécut Sheridan. Il contient nombre de vues politiques et philosophiques et prouve que Moore était capable de concevoir les idées les plus justes dans la science du gouvernement. Lord Russell lui adressa la lettre suivante, qui montre son admiration pour une telle œuvre : « J'avoue que je suis tout surpris de l'étendue de votre savoir, de la sûreté de vos vues politiques, et de l'habileté avec laquelle vous savez échapper à l'ennui, quand le sujet semble le provoquer. Nous connaissions tous déjà votre esprit et votre imagination ; et celle-ci, comme de coutume, est peut-être un peu excessive, mais elle est toujours si belle que nous ne pourrions souhaiter de la voir différente de ce qu'elle est... Je dînais hier à Wimbledon,

---

(1) The Edinburgh Review. April 1854. p. 511.

et les Spencers s'unirent tous en chœur pour louer votre livre (1). »

Moore publia, presque en même temps, les « Soirées en Grèce. » Ce qui caractérise surtout ces chants, c'est, avec le charme de leur musique, tantôt animée et énergique, tantôt douce et caressante, une harmonie imitative d'une rare perfection. Ainsi, l'on croit entendre, soit dans l'exécution de la Pyrrhique (2), les mouvements cadencés du Spartiate dansant avec ses armes, au son des flûtes, sur un mode vif, soit dans la description de la Fontaine de Zéa (3), sa voix argentine répondant à l'hymne des vierges en l'honneur de « la Source sacrée, » soit dans les viriles exhortations de la femme grecque (4), les battements de son cœur.

---

(1) Memoirs of Moore. Vol. IV, p. 323.
(2) First Evening-song.
  « Raise the buckler — poise the lance — »
  » Now here — now there — retreat — advance ! »
(3) « Thou, while our hymn we sing; »
  » Thy silver voice shalt bring, »
  » Answering, answering, »
  » Sweet Fount of Zia ! »
(4) Second Evening-song.
  « March ! nor heed those arms that hold thee, »
  » Though so fondly close they come ; »
  » Closer still will they enfold thee, »
  » When thou bring'st fresh laurels home. »
  » Dost thou dote on woman's brow ? »
  » Dost thou live but in her breath ? »
  » March ! — one hour of victory now »
  » Wins thee woman's smile till death. »

CHAPITRE VIII

(1825-1827)

Nouvelles poésies satiriques.
« L'Epicurien. »

Voyage de Moore en Ecosse. — Son opinion sur Robert Burns. — Il visite Walter Scott. — Ce qui fait l'objet des conversations du grand romancier. — Particularité du talent musical de Moore. — Effet qu'il produit sur Scott. — Le poète à Edimbourg. — Sa visite à Jeffrey. — Opinion du célèbre critique sur la « Vie de Sheridan. » — Puissance du chant de Moore sur Jeffrey. — Rapports de Moore avec les écrivains les plus distingués. — Scott et Moore au théâtre. — Réception triomphale. — Retour du poète à Sloperton. — Il apprend que son père est dangereusement malade. — Son départ immédiat. — Précautions prises au sujet de Moore par sa mère et ses sœurs. — Mort de son père. — Graves embarras. — Moore refuse l'offre de Wellesley. — Opinions diverses sur sa conduite dans cette circonstance. — Bons offices de Messrs. Longman. — Moore arrange toutes les affaires et tire sa mère de peine. — Il revient à Sloperton. — Il compose pour le « Times » des poésies satiriques. — Sujets de ces poésies. — Ce qu'elles lui rapportent. — Moore revoit Walter Scott. — Propositions faites à Moore pour éditer des ouvrages périodiques. — Comment il les accueille. — Etat de gêne dans lequel il vit. — Sa cause. — Publication de « l'Epicurien. » — La conception de cet ouvrage est fort ancienne. — Exposé du plan tracé par l'auteur en 1820 et analyse de l'ouvrage. — Modifications introduites par Moore dans son plan. — Leur importance. — Premier essai en vers. — Difficultés qui le font renoncer à ce genre. — Il recommence son ouvrage en prose. — Grave défaut de composition. — Caractère poétique de l'ouvrage. — Opinion d'Edouard Thierry sur la ressemblance de « l'Epicurien » avec les « Martyrs » et « Atala. » — Réfutation de cette opinion. —

Esprit dans lequel Chateaubriand a conçu ses deux poèmes. — Intention de Moore en composant le sien. — Sens allégorique de « l'Epicurien. » — Son originalité. — Ce qu'il est, si on le considère en dehors de toute allégorie. — Moore assiste à une fête sur la Tamise. — Rapprochement fait entre cette fête et « la fête d'Athènes » de « l'Epicurien. » — Origine de « la Fête d'Eté. »

Après le mal qu'il avait eu à produire la « Vie de Sheridan, » Moore sentait la nécessité de donner quelque détente à son esprit. Sur ces entrefaites, Lord Russell lui proposa de l'accompagner à Paris ; mais cet ami ayant renoncé à son projet de voyage, Mistress Moore dit à son mari qu'elle n'entendait pas qu'il restât à la maison, et elle le pressa d'aller, sinon en France, soit en Ecosse, soit en Irlande, pour se distraire un peu. Il n'y avait pas longtemps qu'il avait été fêté à Paris et à Dublin, tandis que la Métropole écossaise, cette Athènes du Nord, avec son caractère pittoresque et ses associations littéraires, était pour lui un terrain nouveau et intéressant. Il se décida donc à répondre aux invitations qu'on lui avait faites depuis longtemps et partit pour l'Ecosse. A peine eut-il touché cette terre, qu'elle réveilla en lui le souvenir d'un nom qui, dit-il, « toutes les fois qu'il s'agit de la chanson, ne doit le céder à aucun dans cette sphère de la gloire poétique (1). » Il déclare, en effet, que Robert Burns n'a point d'égal dans son genre, pour avoir pu, sans aucune connaissance musicale, adapter des paroles à des notes, unir la poésie à la mélodie, avec un art, une variété de passions, un enjouement, une puissance qu'aucun autre chansonnier peut-être n'a jamais déployés. Le 28 Octobre 1825,

---

(1) Moore's poetical Works. Preface to the fifth volume.

après avoir passé par les belles ruines des abbayes de Kelso, Dryburgh et Melrose, surtout Melrose, célébrée par Scott dans son premier poème (1), il atteignit Abbotsford, ce « roman en brique et en mortier » que s'était fait le grand fondateur du roman moderne. L'aimable et simple Baronnet reçut le poète de la façon la plus cordiale. Leur première rencontre remontait à l'époque où parut « le Lai du dernier Ménestrel. » Moore a mentionné soigneusement dans son Journal (vol. IV) quelques parties des conversations de son illustre ami sur les sujets les plus variés, anecdotes, souvenirs historiques, et principalement sur ses propres écrits. Entre autres choses, Scott lui raconta qu'ayant commencé « Waverley, » il le laissa de côté jusqu'au jour où, par besoin d'argent (nous croyons pour aider son frère), il l'acheva, et que par sa vente il gagna 3,000 l. (2). Ce détail sur son premier roman est intéressant, parce qu'il donne à penser que Scott découvrit son talent par hasard, plutôt qu'il ne le cultiva dans le principe. Une particularité du talent musical de Moore était d'émouvoir même ceux qui, comme Walter Scott, n'avaient aucune connaissance ni aucun sentiment de la musique. Ainsi, la première fois qu'il chanta pour lui, il sut réellement le charmer, au point que Scott disait de lui qu'il était « le plus joli rossignol » qu'il eût jamais connu. Moore se rendit ensuite à Edimbourg, et, comme la saison était très avancée, il partagea tout son temps entre son beau-frère Murray, Directeur du théâtre, et Jeffrey. Il visita le célèbre critique dans sa pittoresque retraite à Craikcrook, située à deux ou trois milles de la ville, et apprit de sa bouche,

---

(1) The Lay of the last Minstrel. — Canto II.
  « He that would see Melrose aright »
  « Must visit it by moonlight. »
(2) Memoirs of Moore. Vol. IV, p. 333.

dans son beau petit cabinet gothique, ce qu'il pensait de la « Vie de Sheridan. » « C'est, me dit-il, un ouvrage de grande importance pour ma renommée ; des gens portés à déprécier mon talent ont toujours dit : « *Oui, Moore sait il est vrai, écrire de jolies chansons et lancer une piquante épigramme, mais il n'y a rien de solide en lui.* » Au sujet du Capitaine Rock, ils disaient même : « *C'est une œuvre vive et brillante, mais le style ne convient pas au sujet.* » Il y a ici cependant une preuve convaincante que vous savez penser et raisonner sérieusement et virilement, et traiter les sujets les plus graves et les plus importants d'une manière digne d'eux. Je considère la partie de votre livre qui a rapport à la personne même de Sheridan comme étant relativement insignifiante ; c'est pour ses appréciations historiques et politiques que je l'apprécie ; et réellement je suis d'avis que vous nous avez donné la seule histoire claire, impartiale et digne que nous possédions des événements des cinquante dernières années (1). » Moore chanta à Jeffrey une chanson qu'il avait tout récemment composée « Ship ahoy, ship ahoy (2), » et il fut invité si souvent à la redire que les échos de Craikcrook durent longtemps en garder le refrain (3). Il parvint même, par quelques-uns de ses chants, à faire verser des larmes à son noble ami, qui disait n'avoir aucun goût pour la musique (4). Il lia connaissance avec les écrivains les plus distingués, entre autres Henry Mackenzie, le vénérable auteur de l' « Homme de Sentiment, » et rencontra chez Murray et chez Jeffrey le Professeur Wilson. Scott étant venu le 12 Novembre à Edimbourg, pour l'ouverture des tri-

---

(1) Memoirs of Moore. Vol. V, pp. 7, 8.
(2) Set of glees. Music by Moore.
(3) Moore's poetical Works. Preface to the fifth volume.
(4) Voyez Montgomery. Thomas Moore, his life, etc., p. 131.

bunaux, Jeffrey l'invita à dîner avec Moore ; celui-ci commença par décliner la politesse, mais, n'ayant pu résister à la tentation de passer un moment avec un tel ami, il finit par accepter, sous condition de se retirer de bonne heure pour pouvoir, selon sa promesse, aller au théâtre, qui rouvrait ses portes ce soir-là. Scott voulut l'y accompagner : il le prit dans sa voiture et tous deux partirent pour le théâtre. A leur entrée dans la salle, le parterre se leva spontanément et, se tournant de leur côté, se mit à applaudir vigoureusement. « C'est vous, c'est vous, » dit Scott, pensant bien que ces applaudissements étaient pour son ami. Moore hésitait à croire qu'il fût l'objet de ces marques d'honneur ; il fallut qu'on prononçât son nom pour qu'il le crût ; alors, il se leva et salua quelques minutes. Scott eut aussi sa part; car son nom retentit aussi souvent que celui de Moore, et l'orchestre joua alternativement les Mélodies Ecossaises et les Mélodies Irlandaises (1). Jeffrey, qui était arrivé peu de temps après leur entrée au théâtre, exprima tout son contentement de la manière dont le public avait accueilli son ami Moore, et Scott aussi en fut charmé : « C'est très bien, s'écria-t-il, je suis bien aise que mes compatriotes aient rendu la politesse pour moi (2). » Il avait été effectivement, dans son voyage en Irlande, l'objet d'une véritable ovation. Le lendemain matin, tandis que le bruit des voix, qui l'avaient si cordialement salué au théâtre, vibrait encore à ses oreilles, Moore partit pour l'Angleterre.

Peu après son retour à Sloperton, ayant reçu la nouvelle que son père était gravement malade, il se mit sur-le-champ en route pour l'Irlande ; quand il arriva,

---

(1) Moore's poetical Works. Preface to the fifth volume.
(2) The Edinburgh Review. April 1854, p. 512.

son père vivait encore, mais il n'était plus en état de le reconnaître. Sa mère et ses sœurs, qui savaient combien il était impressionnable, le conjurèrent de ne point leur demander à le voir, et il leur en fut reconnaissant. Le lendemain matin, son père rendit le dernier soupir. Ce malheur laissait sa mère et ses sœurs dans le besoin, et, en raison de ses propres charges, il sentit toute la difficulté de la position. Cependant, quand Lord Wellesley lui offrit de continuer la demi-solde dont son père jouissait, sous la forme d'une pension à sa sœur, il refusa sans hésitation (1) ; car il avail l'âme trop haute pour accepter une faveur d'un parti adverse, et, si les plus considérables de ses amis Whigs désapprouvaient cette extrême indépendance de sentiment, il eut au moins la satisfaction de voir des hommes d'affaires, les Power et les Longman, applaudir à sa conduite. Grâce aux bons offices de ces derniers qui, bien qu'il fût en reste avec eux, l'autorisèrent à faire traite sur eux, il acquitta les dettes, et pourvut à tous les besoins de sa mère. Après avoir resté environ trois semaines avec elle et ses sœurs, il partit plus tôt qu'il n'en avait l'intention, par complaisance pour Bessy, qui le priait instamment d'être de retour pour le jour des Rois, et il arriva juste à temps dans « le cher cottage. »

A partir de l'année 1826, Moore fit pour le « Times » des poésies facétieuses et satiriques. De temps à autre, pendant de longues années, ce journal répandit partout ses traits spirituels et amusants. Sa verve était vraiment intarissable : les embarras financiers du gouvernement (2), l'effet produit sur tous les Pairs du royaume par les discours de Lord King contre les lois sur les

(1) Memoirs of Moore. Vol. V, p. 25.
(2) Amatory colloquy between Bank and Government. 1826.

céréales (1), un discours mémorable prononcé sur un parapluie, à la Chambre haute, par Lord Eldon (2), les comédies de certains Tories pour obtenir des « avantages civils (3), » l'infernale question du blé et des Catholiques (4), qui revenait sans cesse pour le malheur des Pairs, le revenu du gouvernement assez semblable à celui des Sauterelles et des Pervanches dans la Seigneurie de Salmigondi (5), le danger, quand on faisait partie du gouvernement, comme le Lord-Lieutenant d'Irlande Anglesey, de favoriser les prétentions des Catholiques (6), le bill de coercition pour mettre fin aux troubles agraires (7), l'abolition de dix évêchés d'Irlande (8), les amendements proposés par Lord Lyndhurst et d'autres Tories pour arrêter le bill concernant la réforme des Corporations (9), tout était pour Moore matière à d'ingénieuses allusions, à des saillies d'esprit toujours nouvelles. Pour ce genre de travail, il recevait de Barnes environ 400 *l.* par an (10).

Vers la fin de 1826, Moore eut le plaisir de renouveler à Londres ses relations avec Walter Scott. Le grand romancier allait à Paris pour consulter des pièces importantes relatives à son histoire de Napoléon. Il eut bien soin de prévenir de son passage Moore, qu'il aimait beaucoup, sans doute pour sa *bonne humeur*, car, comme il le dit lui-même dans son Journal (11) du 22

---

(1) An expostulation to Lord King. 1826.
(2) Speech on the Umbrella. 1827.
(3) « *Tout pour la tripe,* » 1827.
(4) Corn and Catholics. 1828.
(5) The Periwinkles and the Locusts. 1828.
(6) Thoughts on the present Government of Ireland. 1828.
(7) Paddy's Metamorphosis. 1833.
(8) The Dance of Bishops. 1833.
(9) Thoughts on the late destructive propositions of the Tories. 1835.
(10) Chambers's Cyclopaedia of English Literature. Vol. II, p. 101. 1879.
(11) Lockhart's Life of Scott.

Novembre 1825, il n'avait pas avec lui d'autre point de ressemblance. Il insista auprès de lui pour qu'il l'accompagnât dans son voyage ; mais, n'ayant pu l'y décider, il l'invita cordialement à venir avec sa famille le voir l'été suivant, à Abbotsford.

A peu près à la même époque, deux propositions furent faites à Moore pour qu'il devînt l'éditeur d'un « Annuaire, » l'une par un membre de la maison Longman, l'autre par Heath, le graveur, à raison d'un salaire de 500 à 1,000 *l.* par an. On lui avait fait déjà d'autres offres pour éditer des ouvrages périodiques : ainsi, en 1818, le propriétaire de la « Revue critique » lui avait proposé de prendre la charge d'une semblable publication mensuelle, et en 1823, Constable lui avait demandé d'éditer la « Revue d'Edimbourg. » Mais il ne mit pas plus d'empressement à accepter les deux dernières offres qu'il n'en avait mis jadis à accepter les premières : il regrettait trop le temps qu'il consacrait aux écrits destinés au « Times » et à la « Revue d'Edimbourg, » pour se résoudre à éditer des ouvrages périodiques. Cependant, il avait tant besoin d'argent qu'il ne pouvait renoncer à travailler pour ce journal et cette revue ; car il était loin d'être dans l'aisance. Il vivait dans son intérieur avec simplicité et économie. Quand il allait à Londres, les « petits régals, » qu'il faisait étaient ordinairement aux frais de ses amis ; il ne payait que « la mansarde » où il couchait. D'autre part, il ne dépensait guère pour sa toilette, toujours mis de la même manière, avec une longue redingote couleur chocolat et coiffé d'un chapeau blanc. Sa seule habitude dispendieuse était de ne jamais se refuser une voiture de louage. Il est vrai que sa femme et ses enfants étaient d'une santé maladive ; mais le Docteur Brabant de

Devizes, éprouvant la plus grande sympathie pour « le génie et la vertu dans l'embarras (1), » donnait ses soins à la famille du poète, sans demander d'honoraires. Malgré tout, Moore était dans la gêne ; et cette gêne s'explique : nous savons en effet que, quand il avait touché ses 3,000 *l.* pour « Lalla Rookh, » il avait laissé 2,000 *l.* entre les mains de ses éditeurs, avec charge d'en remettre chaque année l'intérêt (100 *l.*) à ses parents ; que tout récemment il avait pris sur ses revenus à venir pour payer les dettes de son père, subvenir à tous les besoins de sa mère et lui assurer, dans sa vieillesse, une vie confortable. Voilà certes une gêne bien honorable pour Moore, puisqu'elle avait pour cause sa piété filiale.

En 1827 parut son dernier ouvrage d'imagination, « l'Epicurien, » commencé depuis très longtemps. Si, comme Moore le dit, son ébauche était à peu près semblable au poème qu'il avait autrefois médité sur la « Philosophie du Plaisir, » on peut en conclure que tout au moins la conception première de l'œuvre remontait au commencement du siècle. Quoi qu'il en soit, nous ne connaissons pas d'autre plan de cette grande composition que le plan tracé ainsi par Moore, le 25 Juillet 1820 : « L'histoire doit être racontée dans des lettres d'un jeune philosophe épicurien qui, dans le second siècle de l'ère chrétienne, se rend en Egypte pour découvrir l'élixir d'immortalité, que l'on suppose être un des secrets des prêtres égyptiens. Pendant une fête sur le Nil, il rencontre une jeune fille d'une rare beauté, dont le père, un des prêtres, était mort depuis peu. Elle entre dans les hypogées et disparaît. Il rôde

---

(1) The Edinburgh Review. April 1854, p. 513.

autour de l'endroit, et trouve enfin le puits et les passages secrets par où entrent les initiés. Il voit cette jeune fille dans une de ces scènes théâtrales qui formaient une partie de l'Elysée souterrain des Pyramides — trouve des occasions de s'entretenir avec elle. Description de leurs relations dans cette mystérieuse région. On les découvre, et on jette le jeune homme dans ces prisons souterraines où sont relégués ceux qui violent les règles de l'initiation. La jeune fille le délivre, et prenant la fuite ensemble ils atteignent quelque belle contrée où ils séjournent quelque temps dans l'enchantement, et elle est sur le point de devenir victime de ses séductions. Mais, prenant l'alarme, elle s'enfuit et cherche un refuge auprès d'un moine chrétien de la Thébaïde, auquel sa mère, secrètement chrétienne, l'avait confiée en mourant. Description des luttes de son amour avec sa religion. Survient une persécution des Chrétiens ; elle est saisie (son amant en est avant tout la cause involontaire) et elle souffre le martyre. Description de la scène de son martyre dans une lettre du solitaire de la Thébaïde, et de la tentative faite par le jeune philosophe pour la sauver. On l'emporte loin de là dans la cellule du solitaire. Ses lettres de cette retraite, après avoir embrassé le christianisme : il consacre entièrement sa pensée au repentir et au souvenir de la sainte bien-aimée qui l'avait précédé dans l'éternité. — Si je ne tire pas quelque chose de tout ce canevas, ajoutait Moore, c'est que le diable s'en mêlera (1). » Le diable ne s'en mêla point, où, s'il s'en mêla, ce fut pour le servir, car il en tira le meilleur parti. Nous allons en juger par l'analyse rapide de

(1) Moore's poetical Works. Preface to the tenth volume.

l'ouvrage, fruit de longues méditations. Alciphron est le jeune Chef de l'école d'Epicure : toutes les jouissances qu'il goûte sont impuissantes à lui procurer le vrai bonheur : malgré lui, il revient sans cesse à l'étude du grand problème de la destinée humaine, et ne trouvant pour solution que la mort, son esprit s'assombrit et son cœur se serre. Cette lugubre pensée le préoccupe même dans son sommeil. Un vieillard lui apparaît en songe et lui dit : « Toi qui cherches la vie éternelle, va sur les rives du Nil noir, et tu trouveras la vie éternelle que tu cherches (1). » Sur la foi de ce songe, après bien des hésitations, sans s'ouvrir à ses amis du véritable motif de son voyage, il se décide à partir pour l'Egypte. Il arrive à Alexandrie, où il prend part à un festin magnifique dont un personnage voilé, silencieux et immobile a la présidence. Le repas terminé, quand tous les convives ont quitté la salle, le hasard y ramène Alciphron. Le même personnage, dans la même attitude, est encore à la même place. Poussé par la curiosité, il s'approche et se risque à soulever le voile de l'inconnu ; il recule d'effroi : à ses yeux se montre une momie, la Mort même, dont l'idée l'obsède et le trouble depuis si longtemps. Plus avide que jamais de connaître le secret de la vie éternelle, il s'éloigne promptement d'Alexandrie et s'enfonce dans l'intérieur de l'Egypte. A Memphis, il entre dans le vestibule d'un temple d'Isis, où il assiste à une fête religieuse. Entre toutes les jeunes prêtresses, aussi séduisantes les unes que les autres, il en est une qui charme surtout son imagination et son cœur ; dans le flot de lumière où elle paraît, il la contemple avec émotion : « Psyché elle-même, dit-il,

---

(1) The Epicurean. Chapter II.

quand elle attendait aux portes du ciel, dont les splendeurs venaient pour la première fois éblouir ses paupières, n'avait pu paraître plus purement belle, ou rougir d'une honte plus innocente. J'avais souvent senti la puissance des regards, aucun n'avait jamais plus profondément pénétré dans mon âme. C'était *un sentiment nouveau* (1). » La Psyché égyptienne devient pour lui un rêve qui sans cesse lui échappe et à la poursuite duquel il s'attache avec délire. Pressent-il qu'elle possède le secret de la vie éternelle ? Non, mais elle est pour lui la révélation d'*un sentiment nouveau ;* c'est par *ce sentiment* qu'il est entraîné à suivre sa trace, malgré les périls qui se succèdent sans fin, et à affronter les épreuves singulières et redoutables de l'initiation au culte d'Isis. C'est aussi *ce sentiment* qui le sauve des dangers qu'il court ; car il y obéit encore, quand il prend le fil conducteur que lui présente la prêtresse, et quand, sans la voir, il la suit avec une confiance absolue dans une nuit profonde, à travers les mille détours des hypogées. Enfin, son bonheur passe son espérance : il revoit avec la lumière du ciel sa libératrice. Sur son ordre, il se dirige vers le Nil et s'embarque ; dans le cours du voyage, elle lui raconte son histoire : c'est une chrétienne, elle a profité de sa présence pour fuir et lui demande, comme grâce, de la conduire dans une retraite sacrée, dont elle lui donne vaguement l'indication, à l'aide d'une carte tracée par sa mère. Alciphron remonte le Nil avec elle. La vierge tant désirée est en son pouvoir, mais il la respecte autant qu'il l'aime d'un amour pur. C'est encore *ce sentiment nouveau* qui retient le jeune homme et protège la jeune fille. Le

(1) The Epicurean. Chapter V.

voyage est terminé. « Il faut, dit la vierge, nous séparer ici pour toujours. » — « Nous séparer ! non, s'écrie avec passion le jeune homme, le même Dieu nous recevra tous les deux. A partir de cette heure, Aléthé, ta foi sera la mienne, et je veux vivre et mourir dans ce désert avec toi (1). » Mentait-il à ce moment ? Non, dans cet épanchement d'amour il disait vrai ; sa fin le prouve : le martyre de sa fiancée fit d'Alciphron non seulement un Chrétien, mais encore un martyr ! Ainsi se réalisa la prophétie du vieillard : le philosophe avait trouvé la vie éternelle.

Comme on le voit, les modifications que le poëte introduisit dans son plan ne portent que sur des détails ; mais plusieurs de ces détails ont une grande importance. Par exemple, dans l'Elysée souterrain des Pyramides, il n'y a point d'entretien entre la jeune fille et le jeune homme, point d'inclination de l'une pour l'autre ; par conséquent, la fuite de la prêtresse n'a pas d'autre cause que sa haine pour les fausses divinités et son amour pour le vrai Dieu. Le jeune homme n'est point prisonnier et n'écoute que la voix de son cœur, lorsqu'il brave tous les périls. Réunis, ils ne s'inspirent l'un et l'autre que de nobles sentiments : Alciphron n'a garde d'essayer de tromper la confiance dont l'innocente jeune fille l'a jugé digne, et la vierge, tout à l'idée de Dieu, loin de fuir celui qu'elle a sauvé, se rend sous sa protection dans un asile de paix ; son cœur ne commence à battre pour son compagnon que de l'instant où il lui parle de son Dieu. Ces changements contribuent à l'élévation morale d'Aléthé et d'Alciphron. Pour tout dire, le plan n'annonçait qu'un roman, un beau roman, si

---

(1) The Epicurean. Chapter XV.

l'on veut, comme cet autre (1) resté malheureusement inachevé, avec des scènes d'amour plus émouvantes, mais en somme un roman ; l'œuvre que nous examinons a un tout autre caractère.

Conformément à sa première intention, Moore, dans le principe, se mit à exposer ces événements par lettres en vers que le philosophe Alciphron était censé écrire à Cléon, jeune Athénien de ses amis. Cependant la prolixité d'une narration de ce genre, plus que la grande difficulté d'entrer en vers dans les moindres détails, de manière à rester clair sans devenir prosaïque, le fit renoncer à son projet (2); il recommença donc son ouvrage en prose, sous forme de récit. Ce récit consiste en deux histoires coupées l'une par l'autre, celle d'Alciphron, racontée par lui-même, et celle d'Aléthé, écrite par un pieux solitaire : c'est là le grave défaut de la composition de Moore. Sa prose est, à proprement parler, de la poésie ; ce qui n'a pas empêché Lord Russell d'exprimer le regret que cet ouvrage ne soit pas en vers (3). On n'a pourtant qu'à comparer les six premiers chapitres aux trois lettres en vers d' « Alciphron (4) : » on y trouve fréquemment les mêmes alliances de mots, les mêmes images, la même harmonie (5). En effet, la

---

(1) The Chapter of the Blanket — A fragment.
(Prose and Verse by Thomas Moore chiefly from the author's manuscript.)
(2) Moore's poetical Works. Preface to the tenth volume.
(3) Voyez Montgomery. Thomas Moore, his life, etc., p. 143.
(4) « Alciphron » — A fragment.
(5)   « They seemed all fair — but there was one »
    « On whon the light had not yet shone, »
    « Or shone but partly — so downcast »
    « She held her brow as slow she past. »
    ....
    « Then was it, by the flash that blazed »
    « Full o'er her features — oh 'twas then, »

prose de l' « Epicurien » a la noblesse, le coloris et le rhythme de la poésie. Parfois même, dans le cours du récit, au nombre s'ajoute naturellement la rime, et la pensée se développe en vers complets. Quel tour vif et gracieux prend la naïve invocation de la jeune Nubienne à l'Arbre d'Abyssinie !

« Oh! Abyssinian tree, »
« We pray, we pray to thee ; »
« .... »
« How the traveller blesses thee, »
« When the light (1) no moon allows, »
« And the sunset hour is near, »
« And thou bend'st thy boughs »
« To kiss his brows, »
« Saying 'come, rest thee here'. »
« Oh! Abyssinian tree, »
« Thus bow thy head to me (2) ! »

Avec quelle puissance imaginative et quelle majestueuse ampleur est décrite l'inondation du Nil ! Ce n'est

« As startingly her eyes she raised, »
« But quick lett fall their lids again, »
« I saw — not Psyche's self, when first »
« Upon the threshold of the skies »
« She paused, while heaven's glory burst »
« Newly upon her downcast eyes, »
« Could look more beautiful, or blush »
« With holier shame....................

(ALCIPHRON. Letter III).

« *They seemed all* lovely ; *but there was one* — whose face *the light had not yet* reached, so *downcast she held* it......... *It was then* — by that light, which shone *full* upon the young maiden's *features, as starting* at the sudden blaze, *she raised her eyes* to the portal, and as *quickly let fall their lids again. Not Psyche herself, when pausing on the threshold of* heaven, *while its first glories* fell on her dazzled lids, *could have looked more* purely *beautiful, or blushed with* a more innocent *shame*. »

(THE EPICUREAN. Chapter V).

(1) C'est le mot de la première édition. Variante « night » dans éditions postérieures.
(2) The Epicurean. Chapter XIV.

plus un fleuve magnifique couvrant tout de ses eaux, c'est un géant qui, sorti de son lit, étend avec orgueil, sur la plaine et la vallée, ses membres immenses :

> « The glorious stream, »
> « That late between its banks was seen to glide — »
> « .... »
> « .... »
> « Had now sent forth its waters, and o'er plain »
> « And valley, like a giant from his bed »
> « Rising with outstretched limbs, superbly spread (1). »

Ainsi, sans même parler du charme de tels détails, le cadre merveilleux où paraissent les personnages, les sentiments qui les animent, leur langage, leur mort glorieuse, tout concourt à faire de « l'Epicurien » une œuvre éminemment poétique. L'esprit du poète s'y montre dans toute sa puissance : jamais son vol ne fut plus élevé ni mieux soutenu ; jamais il ne prit un ton plus noble ni plus pur.

Considérons maintenant si Moore ne doit qu'à lui-même la conception de ce poème et dans quel esprit il l'a composé. « L'influence de Chateaubriand sur Thomas Moore, dit un critique (2), est bien directe. Dans l'Epicurien, dans les Martyrs et dans Atala, même pensée, mêmes personnages ; je ne parle, bien entendu, que des deux figures principales. Aléthé et le jeune Chef de la secte d'Epicure, Cymodocée et le fils de Lasthénès, Chactas et la fille de Simaghan se rencontrent également dans le silence de la nuit, pour s'aimer, se sentir séparés ici-bas par des croyances qui se repoussent, et se rejoindre au-delà du tombeau par la com-

---

(1) The Epicurean. Chapter XVI.
(2) Edouard Thierry. Préface de l'Epicurien traduit par H. Butat, p. V et suiv. Paris, Dentu, 1865.

munauté de la foi. » Il nous semble qu'on pourrait en dire autant d'Hafed et d'Hinda : ne se voient-ils pas aussi dans *le silence de la nuit, pour s'aimer, se sentir séparés ici-bas par des croyances qui se repoussent, et se rejoindre au-delà du tombeau par la communauté* des sentiments ? Hafed aurait donc quelque ressemblance avec Chactas et Eudore, Hinda avec Atala et Cymodocée. Nous voyons tout de suite combien est faux un tel rapprochement. Il ne suffit pas, en effet, de se trouver dans des circonstances analogues pour se ressembler ; il faut encore qu'on pense, qu'on sente et qu'on agisse de même. Or, Alciphron et Aléthé sont loin de penser, de sentir et d'agir, l'un comme Eudore ou Chactas, l'autre comme Cymodocée ou Atala. Qu'a de commun le philosophe païen avec le soldat chrétien ? Le premier, avant de vivre de la vie des saints, ne sait pas ce que c'est que le repentir ; le second, même dans sa bassesse, est rongé par le remords. L'Epicurien se serait plus facilement que le Chrétien pardonné la perte de Velléda. Quelle différence ! L'un va en Egypte pour y chercher l'éternité du bonheur, l'autre pour demander à Dioclétien de lui permettre de déposer les armes et de se retirer sous le toit de ses pères, afin d'y pleurer sa faute. Enfin, Alciphron embrasse le Christianisme et meurt en martyr, par amour pour une Chrétienne ; Eudore, né dans la religion chrétienne, souffre le martyre pour confesser sa foi. Le savant et voluptueux Athénien a encore moins de ressemblance avec l'inculte et chaste Indien : Chactas n'eût jamais, comme le rusé Alciphron, simulé de vouloir se convertir au Christianisme pour rester près de sa bien-aimée ; avec quelle franchise il commence par déclarer au père Aubry qu'il n'est pas Chrétien ! Mais sa nature simple et tendre l'y prédisposait et il l'était déjà de cœur avant de recevoir le baptême. Il n'y a réellement que la mort d'Aléthé qui fasse du philosophe un croyant. Le croyant, en confesseur de la foi, expire dans les supplices ; le vieux Natchez meurt par hasard dans un massacre. La fille de Théora et celle de Démodocus forment un contraste non moins frappant. Aléthé tire toute sa force de sa foi inébranlable en Dieu et montre à son dernier moment un courage viril : « Quoi, toi aussi, dit-elle à Alciphron, toi ! J'avais tendrement caressé l'espérance de voir pénétrer au fond de ton cœur la même lumière qui avait illuminé le mien ! Oh non ! ne te ligue jamais avec ceux qui voudraient me tenter pour causer le naufrage de ma foi ! Toi, qui seul pourrais me rattacher à la vie, n'use pas, je t'en conjure, de ton pouvoir, mais laisse-moi mourir, comme celui que je sers l'a commandé, mourir pour la Vérité.... Mon fiancé, continua-t-elle, montrant les deux anneaux à son doigt, vois ces gages, ils sont tous deux sacrés. Je t'aurais été aussi fidèle que je le suis maintenant au ciel, et dans cette vie, où j'ai hâte d'arriver, notre amour ne sera pas oublié (1). » Cymodocée tire sa force de son amour pour le fils de Lasthénès et faiblit en face de la mort : quand elle voit le tigre furieux s'élancer en rugissant dans l'arène, vaincue par la terreur, elle pousse ce cri de désespoir : « Ah ! sauvez-moi (2), » et elle se jette dans les bras d'Eudore. Ainsi, Aléthé souffre le martyre en héroïne, Cymodocée en femme. Aléthé diffère autant d'Atala. L'une ne ressent rien pour le sectateur d'Epicure, l'autre se prend d'amour pour un idolâtre. La fille de Simagham a l'en-

---

(1) The Epicurean. Chapter XIX.
(2) Chateaubriand. Les Martyrs. Livre XXIV.

thousiasme de la religion, sans en avoir les lumières ; la fille de Théora joint à une foi ardente la connaissance des Ecritures. L'une, par une ignorance touchante, se donne la mort ; l'autre, qui connait son devoir, attend qu'on la lui donne.

Le même critique ne nous paraît pas plus dans le vrai, quand il ajoute : « Les trois poèmes dérivent également de la pensée qui a produit le Génie du Christianisme. » En effet, « les Amours de deux sauvages dans le désert » et les Martyrs sont une application de la théorie littéraire que Chateaubriand expose dans son Génie du Christianisme : « Il est temps de montrer que le Christianisme se prête merveilleusement aux élans de l'âme et peut enchanter l'esprit aussi divinement que les dieux de Virgile et d'Homère (1). » Ceci revient à dire que le Christianisme offre, dans l'ordre moral, d'aussi grandes beautés que le paganisme. Chateaubriand a donc composé l'histoire de Chactas et d'Atala, d'Eudore et de Cymodocée, uniquement pour faire voir que l'amour humain dans la foi a bien autant, sinon plus de charme que les passions des dieux et des déesses décrites dans l'Iliade et l'Enéide. Par conséquent, Atala et les Martyrs sont des œuvres de littérature religieuse. Mais il est facile de reconnaître, à l'étymologie seule du nom de ses personnages, que Moore n'avait point la même intention : « l'Epicurien » est, sous la forme d'une poétique allégorie, un ouvrage de philosophie religieuse. Le poète irlandais veut montrer que par *l'amour* l'homme arrive à la possession de *la vérité absolue, sa fin dernière et son bien suprême*. Alciphron représente l'esprit (φρήν) de l'homme qui, ne pouvant trouver le vrai bonheur dans

---

(1) Le Génie du Christianisme. Livre I, chap. I.

les jouissances matérielles, erre à sa recherche par tous les chemins qui s'offrent à lui. Quand il s'engage dans la fausse voie, telle que celle de l'initiation, il ne perd pas courage (ἀλκή), car il est soutenu par son amour pour la Vérité (Aléthé), que la Contemplation (Théora) lui a fait entrevoir, et à laquelle il s'attache avec passion, parce qu'il sent qu'elle seule doit lui procurer le souverain bien auquel il aspire. Une voix intérieure lui dit toujours : « En avant, (1) » et il s'élance *en avant*. Par amour pour la Vérité, il endure toutes les souffrances ; mais il triomphe du mal et de la mort et passe enfin des alternatives de demi-jour et d'obscurité de ce monde à la pleine et resplendissante lumière d'en haut, qui est la Vérité absolue. Voilà le bonheur éternel à la possession duquel l'homme arrive par *le cœur* plus sûrement peut-être que par *la raison*. Ainsi, l'histoire d'Alciphron et d'Aléthé n'est que le développement poétique de la maxime des Saints : « Ils disent en parlant des choses divines qu'il faut les aimer pour les connaître et qu'on n'entre dans la vérité que par la charité (2). » « L'Epicurien » ne dérive donc pas, comme les deux poèmes de Chateaubriand, de la pensée qui a produit le Génie du Christianisme. Que Moore ait lu et relu Atala et les Martyrs (3), qu'il soit resté sous le charme de leur divine poésie et de la pensée religieuse qui l'a inspirée, nous ne le mettons pas en doute, mais qu'il ait pris pour modèle Chateaubriand, nous ne pouvons vraisemblablement l'ad-

(1) The Epicurean. Chapter III.
(2) Pascal. De l'Esprit géométrique. — Second fragment.
(3) Voyez l'article sur les « Romans français, » publié en Novembre 1820 dans la *Revue d'Edimbourg*, où Moore, frappé de la puissance imaginative de Chateaubriand et de l'éclat de ses peintures dans « les Martyrs, » déclare que notre grand écrivain, « qui n'a fait que de la prose, est le seul vrai poète de la France » à cette époque.

mettre. Moore avait une imagination trop riche, une âme trop ardente, un esprit trop indépendant pour avoir borné son travail à l'imitation même d'un maître : c'est, à notre avis, le résultat de ses longues et profondes méditations sur cette célèbre maxime des saints qu'il présente sous une forme si belle dans ce divin poëme, marqué, comme tous les autres, du sceau de son puissant et original esprit.

« L'Epicurien » est peut-être la moins connue des créations de Moore ; c'est cependant une de ses plus exquises, à la considérer même en dehors de toute allégorie : elle n'a pas seulement l'attrait de la beauté tout orientale qu'offre la description fidèle des merveilles de l'Egypte et de ces scènes étranges et mystérieuses à travers lesquelles, avec l'aide du crayon admirable de Turner ou de Gustave Doré, l'œil et l'imagination se portent également ; elle a un charme plus grand par l'effet moral qu'elle produit. Il nous est impossible, en effet, de lire l'histoire d'un amour aussi chaste et le récit du martyre de la vierge chrétienne, suivi de la conversion du jeune philosophe païen, sans sentir que notre âme devient plus pure, plus élevée, plus forte. Nous pouvons donc, au sujet de ce poéme, dire avec La Bruyère : « Quand une lecture vous élève l'esprit et qu'elle vous inspire des sentiments nobles et courageux, ne cherchez pas une autre règle pour juger de l'ouvrage ; il est bon et fait de main d'ouvrier. » Dans les éditions nouvelles, on a ajouté à « l'Epicurien » le fragment en vers « d'Alciphron, » sans rehausser le mérite poétique de Moore, que sa prose seule, comme nous l'avons montré, rend manifeste.

Un jour ou deux après la publication de cet ouvrage, le 30 Juin 1827, Moore assista à « Boyle Farm, » maison de campagne de Lord Henry Fitzgerald, située sur la Tamise, à une fête splendide donnée à l'élite du beau monde par plusieurs jeunes Lords, Chesterfield, Castlereagh, Alvanley, Grosvenor et De Ros (1). Au dire d'un des nobles invités, le Marquis de Palmella, Ambassadeur du Portugal, cette fête était pareille à « la fête d'Athènes » de « l'Epicurien, » dont il venait de lire la description dans la « Gazette Littéraire. » Pendant le dîner, sous une tente sur la pelouse, un chœur de chanteurs tyroliens charma les convives, et, après le dîner, des cantatrices en renom, au nombre desquelles étaient Caradori, de Begnis, Velluti, montées sur des gondoles, firent entendre des chants de gondoliers avec des effets de voix ravissants, puis Mme Vestris, Fanny Ayton et d'autres cantatrices chantèrent la charmante barcarolle de Moore « Oh ! come to me when daylight sets (2). » La soirée était délicieuse. A la nuit, toutes les charmilles s'illuminèrent. Il y avait des grottes et des lacs, et les lumières réfléchies dans l'eau donnaient à toute la scène un aspect féerique. Voilà l'origine et l'objet de « la Fête d'Eté, » que le poète publia quatre ans plus tard, avec le concours de H. R. Bishop pour la musique, et dédia à Mistress Norton, un des ornements les plus distingués de la fête de « Boyle Farm. »

---

(1) Moore's poetical Works. Preface to the fifth volume.
(2) National Airs.

CHAPITRE IX

(1828-1834)

« Vie de Byron. » « Vie d'Edward Fitzgerald. » « Voyages d'un Gentleman Irlandais. »

Moore commence la biographie de Byron. — Il conclut un marché avec Murray. — Moore perd sa fille Anastasie. — Sa douleur inconsolable. — Ses propres paroles à ce sujet. — Publication de la « Vie de Byron. » Attrait incomparable de l'ouvrage. — Ce qu'il a coûté de recherches et de travail. — Raisons pour lesquelles la « Vie de Byron » était plus difficile à écrire que celle de Sheridan. — Extraits de l'ouvrage. — Caractère de l'homme et de l'écrivain dans Byron. — Mérite littéraire de cette biographie. — Jugement de Macaulay. — Seul reproche qu'on puisse faire à Moore. — Son intention en écrivant ce livre. — Son indulgence pour les fautes de Byron est justifiée. — Macaulay lui-même défenseur de Byron. — Moore avait une connaissance parfaite du caractère de Byron. — Extraits de ses notes manuscrites. — Lettre de Lady Byron. — Objet et valeur de cette lettre. — Voyage de Moore avec Bessy en Irlande. — Motifs de ce voyage. — Souvenirs de vingt ans. — Moore complète par des renseignements les documents qu'il possède déjà pour écrire la vie d'Edward Fitzgerald. — Il assiste à un meeting en l'honneur de la Révolution de 1830. — Il y prend la parole. — Ses qualités oratoires. — Il refuse de se porter candidat pour un siège au Parlement. — Sa rencontre chez Mr. Watson Taylor avec la duchesse de Kent et la Princesse Victoria. — Il publie les « Mémoires de la Vie et la Mort d'Edward Fitzgerald. » — Mérite de cette biographie. — Entretien de Moore avec ses amis Whigs sur le bill de réforme parlementaire démontrant la fausseté des bruits qui circulaient sur son compte. — Il revoit Walter Scott pour la dernière fois. — Ses vers sur le poète Crabbe. — Il perd sa mère. — Sa constante affection pour elle. — Caractère et traduction d'une poésie qu'il lui avait adressée. — Trait de délicatesse de Moore à l'occasion d'une offre faite par le Capitaine Marryat. — Ce trait confirme le jugement porté jadis sur son caractère par le Docteur Parr. — Ses concitoyens le pressent encore une fois d'accepter un siège au Parlement. — Raison pour laquelle il refuse de nouveau toute proposition de ce genre. — Comment William Curran juge la lettre qu'il écrit à ce sujet. — Publication des « Voyages d'un Gentleman Irlandais à la recherche d'une Religion. » — Jour nouveau sous lequel se montre l'écrivain. — Sa connaissance des auteurs ecclésiastiques. — Analyse de l'ouvrage. — Sa conclusion. — Quel personnage a-t-il représenté dans ce Gentleman Irlandais? — Ses convictions religieuses. — Caractère de son ouvrage. — Œuvres suscitées par les « Travels. » — « L'Irlande et Lord Grey. » — Ce qu'était encore Moore en 1834, d'après le portrait fait par Willis. — Supériorité de ce portrait sur celui qu'avait tracé Leigh Hunt en 1828.

Dès 1825, dans l'intention d'écrire la Vie de Lord Byron, Moore avait fait demander à Lady Byron, par Sir Francis Doyle, de lui fournir les documents nécessaires. Comme elle avait refusé, il s'était adressé à Hobhouse et avait obtenu son concours. Tous les deux craignirent d'abord que les matériaux ne fussent insuffisants. Moore reconnut ensuite que la Correspondance et le Journal de son ami étaient une mine abondante, et il s'occupa activement de sa biographie. Enfin, en 1828, il passa avec Murray un marché aux termes duquel il devait recevoir 4,000 guinées pour cet ouvrage. Un affreux malheur l'interrompit dans le cours de son travail : au printemps de l'année 1829, il perdit Anastasie Mary, âgée d'environ 17 ans, la seule fille qui lui restait. Elle lui était particulièrement chère, à cause de son extrême douceur et de sa grande intelligence. Le récit de sa mort, par lequel commence le sixième volume de ses Mémoires, et ses réflexions à ce sujet, touchent profondément, et il est difficile de les lire sans mêler ses larmes à celles du malheureux père. Sa douleur était telle qu'il ne pouvait la surmonter, malgré sa gaieté naturelle et la légèreté de son caractère. Longtemps après, lorsque pour la première fois il reprit sa place au piano dans les cercles qu'il avait jadis charmés par son talent musical, il éprouva un tel déchirement de cœur qu'il éclata en sanglots et fut obligé de se retirer. Après un intervalle de près de deux ans, il termina en ces termes le livre du Journal qu'il avait si tristement commencé : « Je prends ici congé, avec infiniment de plaisir, de ce livre si douloureux, que je n'ai jamais ouvert sans la crainte de rencontrer ces pages où se trouve consigné l'événement le plus affligeant de toute ma vie le seul événement sur lequel je puisse faire un retour en l'envisageant comme une infortune réelle et irréparable, la perte de ma douce Anastasie. »

Lorsqu'en 1830 parut son ouvrage sur Byron, il fut salué comme un noble tribut payé au génie et à l'amitié. Le caractère du sujet, l'intérêt profond quoique douloureux qui s'attachait à l'histoire du poète, les charmes de sa Correspondance qui soutenaient sa réputation littéraire, le talent du biographe, tout contribuait à donner à l'œuvre un attrait incomparable. Elle était en effet considérable, et l'attente du public ne fut pas trompée. L'auteur ne s'était pas contenté de la Correspondance et du Journal de Byron ; il n'avait négligé aucune recherche, avait puisé à toutes les sources, s'était livré à l'enquête la plus minutieuse sur les moindres faits. Ainsi, il avait visité l'abbaye de Newstead, était allé voir, à Colwich, Mistress Musters, autrefois Miss Mary Chaworth, avec laquelle il s'était longuement entretenu de son ami, recueillant avec soin les détails même les moins importants, comme le prouvent ses notes manuscrites récemment publiées par Shepherd (1). Il avait aussi, dans les cas embarrassants, interrogé plus d'une fois Hobhouse, Kinnaird et Drury. Malgré tout, la « Vie de Byron » était une tâche plus délicate que celle de Sheridan, par sa liaison intime avec les événements récents et les personnes vivantes, encore plus par la hardiesse et la licence des opinions et de la conduite du poète, et par l'extrême mobilité de son esprit. Moore sut vaincre ces difficultés, et nous avons lieu d'admirer l'art avec lequel il parvint à mettre en pleine lumière le caractère et les opinions de son ami, sans jamais blesser les sentiments de qui que ce fût. La majeure partie des deux volumes consacrés à cette biographie consiste en extraits des Lettres et du Journal de Lord Byron, et « il est difficile, comme le remarque fort bien Macaulay (2), de parler avec trop d'éloge de l'habileté qu'il a déployée dans le choix et l'arrangement de ces extraits. » Il n'en a pas déployé une moins grande dans son portrait moral et littéraire de Byron. « Les traits caractéristiques du talent de Lord Byron, en morale comme en littérature, dit Moore, partaient surtout de ces deux grandes sources — la flexibilité sans exemple de ses facultés et de ses sentiments, et la facilité avec laquelle il donnait libre cours aux impulsions des unes et des autres. Il n'y a pas d'hommes, dit Cowper en parlant des gens dont l'esprit a un tour versatile, qui soient mieux doués pour la société, dans un monde pareil à celui-ci, que les hommes d'un tel caractère. Chacun des événements de la vie a deux faces, l'une

---

(1) Suppressed passages from the Memoirs of Lord Byron.
(2) Critical and Historical Essays. In five volumes. Leipzig. Tauchnitz, 1850. Vol. I. Moore's Life of Lord Byron, p. 307.

sombre et l'autre riante, et l'esprit qui offre un mélange, à doses égales, de mélancolie et d'enjouement est le mieux de tous préparé à les envisager l'une et l'autre. ' Il ne serait pas difficile de montrer qu'à cette facilité à refléter toutes les nuances des ombres ou des lumières de notre existence si variée, Lord Byron devait non seulement l'étendue considérable de son influence comme poète, mais aussi cette puissance de fascination qu'il possédait comme homme. En effet, cette disposition à recevoir les impressions immédiates qui était si vive en lui, prêtait un charme, de tous les autres le plus attrayant, à ses relations de société, en donnant aux personnes actuellement présentes un tel ascendant que, seules pour le moment, elles occupaient toutes ses pensées et tous ses sentiments, et provoquaient l'essor des qualités les plus agréables de son caractère. Cette extrême mobilité — cette facilité à subir la forte impression de son entourage immédiat — envahissait son caractère au point que, même dans ses relations fortuites et passagères, son cœur était sur ses lèvres et sous leur dépendance absolue..... — Grâce à la précipitation avec laquelle il cédait à toutes les impulsions, grâce aussi à la passion qu'il avait d'enregistrer ses propres impressions, toutes les pensées, les fantaisies et les désirs hétérogènes, qui dans l'esprit des autres hommes paraissent comme des ombres et disparaissent de même, devenaient chez lui des hôtes, des créations vivantes, à mesure qu'ils se présentaient, et, prenant sur-le-champ une forme reconnaissable pour l'opinion publique, dans ses actions ou ses paroles, dans la lettre rapide du moment ou dans le poème écrit pour l'immortalité, ils découvraient devant ses juges une rangée de points vulnérables telle que jamais personne auparavant n'en présenta de lui-même. » Certes, cette description psychique de l'homme et de l'écrivain dans Byron, qu'un ami intime seul comme Moore était capable de faire avec une telle fidélité, est véritablement d'un maître, et tout est à l'avenant dans cet ouvrage « charmant (1), » « le plus intéressant (2) » en son genre qui, écrit avec goût, dans un style clair, simple et ferme, parfois éloquent, « mérite, dit Macaulay (3), d'être classé parmi les meilleurs modèles de prose anglaise que notre siècle a produits. » Tout ce qu'on pourrait reprocher au biographe, ce serait peut-être trop d'indulgence pour les fautes de son héros. Pourtant, qui aurait pu désirer que l'ami de Byron s'appesantît sur ses erreurs ? Nous savons du reste que Moore composa ce livre uniquement « pour défendre, autant que le permet la vérité, la mémoire d'un homme célèbre qui ne peut plus se défendre lui-même (4). » Il céda ainsi à des sentiments humains et équitables que nous comprenons ; car le monde s'était montré si injuste pour Byron qu'il était naturel qu'on cherchât à le justifier. Macaulay lui-même est entré dans cette voie : « Nous ne connaissons pas, dit-il, de spectacle aussi ridicule que le public anglais dans un de ses accès périodiques de moralité. En général, fuites, divorces, querelles de famille passent sans qu'on y fasse grande attention. Nous lisons le scandale, nous en parlons un jour et nous l'oublions. Mais une fois dans six ou sept ans, notre vertu devient furieuse (5)..... Il nous souvient

---

(1) William Rossetti. Prefatory notice, p. XXVI. Moore's poetical Works 1882.
(2) David Herbert. Poetical Works of T. M. with Mémoir. p. 45.
(3) Moore's Life of Lord Byron, p. 307.
(4) Macaulay. Moore's Life of Lord Byron, p. 307.
(5) Moore's Life of Lord Byron, pp. 311, 312.

d'avoir entendu huer par la populace assemblée aux abords de Lincoln's Inn, un homme contre qui se poursuivait alors la procédure la plus oppressive qui existe dans la loi anglaise. On le huait, parce qu'il avait été un mari infidèle, comme si quelques-uns des hommes les plus populaires de l'époque, Lord Nelson, par exemple, n'avaient pas été des maris infidèles (1).....
La flétrissure que Byron eut à supporter était de nature à ébranler un cœur plus ferme. Les journaux furent remplis d'insultes. Les théâtres retentirent de mille outrages. Il fut exilé des cercles où il était jadis le point de mire de toutes les admirations. Toutes ces créatures rampantes, qui se font une fête de la décadence des natures supérieures, s'empressèrent au festin.....
Ce n'est pas tous les jours que la jalousie cruelle de sots ambitieux est satisfaite par les angoisses d'un tel esprit et la dégradation d'un tel nom (2). » Cependant, il ne faut pas croire que Moore, dans son amitié pour Byron, s'illusionnait au point de le voir autrement qu'il n'était. Quelques-unes de ses notes manuscrites nous dévoilent son arrière-pensée sur son caractère : « La véritable attribution de la poésie est d'embellir, d'ennoblir cette vie et d'éclairer l'avenir, et le poète qui fait usage de son art pour déprécier et dégrader la nature humaine, et projeter l'obscurité d'une mort éternelle sur la perspective qui s'étend devant nous, court à l'encontre des fins de sa haute vocation. Byron ne pouvait s'empêcher de répandre ces splendeurs à mesure qu'il marchait, en dépit de la perversité générale de son intention. La lumière s'échappait,

---

(1) Moore's Life of Lord Byron, p. 313.
(2) Moore's Life of Lord Byron. pp. 314, 315.

malgré lui, à chaque instant (1). » — « Comme Byron montra beaucoup de l'homme dans l'enfant, il continua aussi plus tard à montrer l'enfant dans l'homme ; un écolier inspiré, voilà ce dont il donnait l'idée plus que de toute autre chose. L'intelligence et les passions de l'homme se montraient prématurément dans l'enfant : et la folie ainsi que la fanfaronnade de l'enfant se mêlaient à l'intelligence de l'homme. » — « Ce qui produisait dans les caractères poétiques de Byron l'union incompatible d' 'une vertu avec mille crimes' provenait de ce qu'il combinait, dans ces créations fantastiques, les qualités généreuses qu'il possédait réellement avec les mauvaises qu'il désirait passer pour avoir (2). » Nous reconnaissons encore là le travers de l'enfant dans l'homme. Moore eut donc raison de se montrer indulgent pour ses fautes, car ce qu'il y avait de mauvais ou de déraisonnable en lui, c'était l'enfant, et l'enfant indiscipliné, comme Byron même le reconnaît : « On ne m'a pas appris, dit-il, quand j'étais jeune, à dompter mon cœur, ma vie fut empoisonnée dans ses sources mêmes (3). » Ce défaut complet de discipline première explique et atténue les écarts de sa vie.

Dans le premier volume de la « Vie de Byron, ». Moore cite certains passages des lettres du noble Lord fort peu honorables pour le père et la mère de Lady Byron. Byron incriminait surtout sa belle-mère. Il l'accusait de recourir à l'espionnage (4) et de le faire surveiller dans son intérieur par Mrs. C., femme de charge

---

(1) Notes for Life of Lord Byron. Shepherd. p. 414.
    (Printed from the original M S.)
(2) Notes for Life of Lord Byron. p. 422.
(3) Childe Harold's Pilgrimage. — Canto III, 7.
(4) Notices of the Life of Lord Byron, p. 645.

tout à sa dévotion. Il allait même jusqu'à craindre qu'elle n'exerçât une influence funeste sur l'esprit de sa chère Ada : « Je ne me sens point d'humeur, dit-il, à abandonner mon enfant à la contagion de la société de sa grand'mère (1). » Il paraissait disculper son épouse de tous ses torts, en les faisant retomber sur ses plus proches parents (2). » C'est pour combattre ces assertions outrageantes que Lady Byron écrit, le 19 Février 1830, une lettre (3) à Moore, avec le ferme espoir que « les faits récapitulés ici brièvement absoudront son père et sa mère de toutes les accusations relativement à la part qu'ils prirent à la séparation entre elle et Lord Byron. » Mais il est un fait que Lady Byron ne peut contester et qui est loin de plaider en faveur de ses parents. Quand, au milieu de janvier 1816, elle quitta le domicile conjugal pour se rendre avec son enfant chez son père, il avait été convenu entre elle et son mari qu'il la suivrait. Bien plus, pendant son voyage, elle lui écrivit une lettre pleine d'enjouement et de tendresse ; cette lettre prouve que, malgré tout ce que les procédés de Lord Byron à son égard avaient pu avoir de blessant, elle les lui avait pardonnés. Puis, aussitôt après son arrivée à Kirkby Mallory, son père écrivit à Lord Byron pour l'informer qu'il ne reverrait jamais sa femme. Lady Byron a beau faire : la lettre de Sir Ralph Milbanke, après la sienne, est la preuve irrécusable que, sous l'influence de la mère à qui la fille avait spontanément raconté tout ce qui s'était passé, le père provoqua la séparation entre les

---

(1) Notices of the Life of Lord Byron, p. 648.
(2) Notices of the Life of Lord Byron, p. 646.
(3) A letter to T. M... occasioned by his Notices of the Life of Lord Byron.

deux époux. Quant aux causes véritables de cette séparation, elles « sont encore enveloppées de mystère ; on a tout supposé, même des infamies aussi monstrueuses qu'incroyables (1). » Ainsi, Mistress Beecher Stowe a prétendu tenir de Lady Byron que « Lord Byron s'était rendu coupable d'un adultère incestueux avec sa sœur (2). » Mais Moore était persuadé que « les causes de désunion entre les parties ne diffèrent pas beaucoup de celles qui font rompre la plupart de pareils mariages (3). »

Pendant l'automne de l'année 1830, Moore se rendit en Irlande avec Bessy, pour voir encore sa mère et préparer un nouveau travail. En visitant avec sa compagne bien-aimée Kilkenny, cité maintenant, hélas ! si triste (4), dans laquelle vingt ans auparavant il avait fait, comme nous le savons, sa connaissance, les scènes charmantes de ce temps lui revinrent vivement à l'esprit, et, à propos de la promenade sur le bord de la rivière où il avait si souvent erré avec elle, il lui dit ces simples mots, qui font autant l'éloge de Bessy que le sien : « Notre amour n'avait pas alors la moitié de la réalité qu'il a maintenant (5). »

---

(1) De Treverret. — Lord Byron, Childe Harold. Introduction, p. 15. Paris, Paul Dupont, 1883.

(2) Voyez « the true Story of Lord and Lady Byron as told by T. M. and many others, » en réponse à l'article de Mrs. Beecher Stowe publié dans « the Atlantic Monthly » et « Macmillan's Magazine. »

(3) Notices of the Life of Lord Byron.

(4) « Avec les spectacles de Kilkenny, dit Moore dans son article sur la « Comédie de Salon, » disparurent les derniers faibles restes de ce qu'on peut appeler l'*Ere Sociale* de l'Irlande.... Les *Saints-Pairs* du temps présent transforment leurs châteaux en *conventicules* et *boutiques de conversion*. Où le théâtre retentissait jadis des jeunes voix d'un Grattan et d'un Flood, l'arène est maintenant apprêtée pour les discussions des Révérends Popes. »

(5) Montgomery. Thomas Moore, his life etc. p. 147.

Le nouveau travail que Moore avait en vue, était la biographie d'Edward Fitzgerald, que Lord Holland l'avait encouragé à écrire. Il avait bien à sa disposition des lettres et des papiers intéressants qu'il avait obtenus d'un des membres de la famille De Ros ; mais il tenait à prendre les informations les plus exactes sur sa personne et sur son temps. Aussi eut-il soin de consulter, comme une des meilleures autorités vivantes, un juge en retraite nommé Johnson, alors âgé de quatre-vingt-dix ans.

Durant son séjour en Irlande, Moore assista à un meeting de deux ou trois mille personnes en l'honneur de notre dernière Révolution (1). Mistress Moore était présente. Quelques-unes des notabilités du pays ayant épuisé leur éloquence, on presse Moore de prendre la parole ; il se lève, et aussitôt il est salué par d'unanimes acclamations. Il commence à parler avec beaucoup de facilité, puis s'échauffant il est entraîné par son propre enthousiasme et celui de son auditoire, lorsque tout à coup il a un moment d'égarement pendant lequel il oublie complètement la suite de ses pensées ; Mistress Moore, dont le cœur bat, se dit à part : « Il pense à Anastasie. » Mais il ne se déconcerte pas, de sorte qu'il retrouve promptement le fil de ses idées, et, communiquant aux autres les sentiments dont il est lui-même pénétré, il enlève tous les cœurs. Il s'assied au milieu d'un tonnerre d'applaudissements; et il a le plaisir d'entendre Shiel, l'un des premiers orateurs du meeting, faire l'éloge de sa belle improvisation. Moore, en effet, venait de donner la preuve d'un véritable talent oratoire. Aussi voulut-on lui persuader de se porter candidat pour un siège au Parlement : il s'y refusa.

(1) Mémoirs of Moore. Vol. VI, p. 140.

Peu après son retour, au mois d'octobre, ayant reçu une invitation de Mr. Watson Taylor pour se rencontrer avec la Duchesse de Kent et la jeune Princesse Victoria, il trouva grand plaisir à rester chez son hôte pendant les deux ou trois jours que dura leur visite. On donna beaucoup de temps à la musique, et son Altesse royale y contribua pour une large part. Moore fut très satisfait de la manière simple et expressive dont la Duchesse chantait. Elle répéta plusieurs fois avec lui son chant « Go where glory waits thee » d'une façon si gracieuse, qu'il ne croyait pas avoir jamais entendu chanter cette mélodie avec autant de goût.

En 1831, Moore publia les « Mémoires de la Vie et de la Mort de Lord Edward Fitzgerald. » Cette belle biographie, la dernière qu'il écrivit, est un hommage touchant rendu à un grand cœur. Elle contient une peinture vivante des scènes effroyables de 1798 (1). La carrière de Lord Edward est esquissée dans un style pittoresque, et les événements où il marqua si fatalement sont placés avec clarté et éloquence sous les yeux du lecteur. Il est difficile de lire ce récit sans être ému jusqu'aux larmes.

L'esprit public était alors vivement préoccupé du bill de Réforme parlementaire. L'entretien de Moore avec ses amis Whigs sur cette grave question est d'autant plus intéressant, qu'en montrant son esprit de sage liberté, il prouve la fausseté des bruits qui circulaient à cette époque sur son compte. Ainsi, comme Lord Lansdowne lui disait qu'il passait dans le monde pour être

---

(1) MM. Huillard-Bréholles et de Chavannes de la Giraudière citent, parmi les ouvrages qu'ils ont consultés pour écrire leur *Histoire d'Irlande* (Tours, Mame, 1880), « la Vie et la Mort de L. Edouard Fitzgerald. » C'est une preuve de la valeur historique de cette biographie.

un *antiréformateur*, il lui déclara avec la plus entière franchise qu'il était pour le principe de la mesure parfaitement d'accord avec les Whigs et pour ses résultats avec les Tories. Il pensait, en effet, que finalement le pays y gagnerait, mais il craignait l'état de transition. La question était devenue une nécessité, et il y avait bien des raisons pour espérer que la nation entrerait dans une ère nouvelle de prospérité ; toutefois, il n'y avait pas d'exemple d'un peuple s'arrêtant, sous une telle impulsion, au point voulu. Voilà pourquoi il accordait une *approbation modérée*, quoique *sans hésitation* (1), à la mesure que d'autres hommes d'un esprit supérieur et libéral, tels que Hallam, n'envisageaient pas avec plus de sécurité. Comment donc a-t-on pu prétendre que Moore était un *antiréformateur ?* Les opinions libérales qu'il n'avait jamais cessé de professer, si manifestes dans ses « Mélodies Irlandaises » et ses « Poèmes satiriques, » auraient dû suffire pour empêcher le monde de le juger si mal et de prendre ce qui n'était de sa part que de la prudence pour une abjuration de sa foi politique. Il prouvait seulement, en parlant de la sorte, qu'il était, suivant l'expression de Symington, *un homme de grandes lumières et d'expérience.*

A la fin de 1831, Moore apprit avec un véritable chagrin que l'anxiété où vivait Walter Scott, depuis la perte de sa fortune, et l'effort d'esprit poussé à l'excès avaient ébranlé sa santé. Par l'ordre des médecins, il se rendait en Italie. Moore, désireux de voir son illustre ami avant son départ, alla à sa rencontre. Il fut saisi du changement qu'il observa en lui : « Quel terrible malheur, dit-il, s'il survivait à son puissant esprit ! », et il

---

(1) Mémoirs of Moore. Vol. VI, pp. 222, 223.

ajoute : « Il est charmant de voir comme le bon caractère et la bonne nature de Scott restent intacts au milieu du triste naufrage de tout ce qui lui appartenait par ailleurs. » Six mois plus tard, le grand romancier ne revenait d'Italie que pour mourir à Abbotsford.

Après la mort du poète Crabbe dans sa paroisse de Trowbridge, le 3 Février 1832, ses fils firent don à Moore de l'encrier et de la plume dont leur père avait eu longtemps l'habitude de se servir. Ce présent lui inspira une poésie pleine d'une respectueuse tendresse pour ce « barde véritable et simple. » C'était un « ami, dit-il, de longues années, d'une amitié si souvent éprouvée dans mes prospérités et mes revers ; dans les doutes, mon juge ; dans le goût, mon guide ; — en tout, mon appui et ma gloire (1) ! »

Au commencement de l'été de cette même année, Moore fut de nouveau cruellement éprouvé : il perdit sa mère, à qui, pendant sa vie, il avait montré un tel attachement, qu'il n'avait jamais manqué, au milieu de ses plus grandes occupations, de lui écrire deux fois par semaine. Il ne s'était jamais lassé de la louer et rien ne lui avait été plus agréable que d'entendre O'Connell dire qu'elle était « un des cœurs les plus nobles et les plus chauds de toutes les créatures de Dieu. » Il considérait la perte de sa mère comme la perte d' « une partie de sa propre vie. » Dix ans auparavant, dans l'éclat de ses triomphes littéraires, il lui avait adressé cette tendre poésie, expression ravissante de son amour pour elle : « On nous raconte qu'un certain arbre de l'Inde, malgré les séductions de toute nature du soleil et du ciel, bien faites pour attirer ses branches dans

---

(1) Verses to the poet Crabbe's Inkstand. May 1832 (Miscellaneous poems).

l'espace libre et développer ses fleurs au-dessus et autour de sa tête, aime bien mieux courber ses bras de nouveau vers cette terre chérie, d'où il a tout d'abord tiré la vie qui remplit et échauffe son être gracieux. Ainsi, quoique recherché par des amis flatteurs et nourri de gloire (si gloire il y a) ce cœur, ma mère chérie, se retourne et s'incline vers toi avec l'instinct du véritable amour (1). »

A peu près à la même époque, le Capitaine Marryat offrit à Moore d'éditer pour 1,000 *l.* par an la « Revue Métropolitaine » dont il était propriétaire, lui faisant observer que cette entreprise ne l'obligerait nullement à résider à Londres. Cette proposition était si avantageuse que, malgré sa répugnance pour éditer les ouvrages périodiques, il se serait peut-être décidé à l'accepter dans toute autre circonstance ; mais elle était, selon toute probabilité, le résultat de quelque mésintelligence avec Campbell, qui était alors l'éditeur de cette revue. Il écrivit donc à Marryat que, « tout en considérant comme un honneur de succéder à Campbell, il ne pouvait songer à le supplanter. » Nous reconnaissons bien Moore à ce trait de délicatesse. C'était toujours l'homme que le Docteur Parr avait, huit ans auparavant, en si haute estime, non seulement « pour l'originalité du génie, sa sensibilité exquise, son caractère indépendant, » mais encore « pour son intégrité incorruptible (2). »

Vers la fin de la même année, O'Connell lui écrivit confidentiellement que, s'il se présentait pour être membre du Parlement, son succès était certain. Les habitants de Limerik lui envoyèrent une députation,

---

(1) To my mother. Written in a pocket-book, 1822 (Miscellaneous poems)

(2) Moore's Diary. Jan. 26, 1825.

composée de Gerald Griffin, l'auteur des « Collégiens, » et de son frère, pour le déterminer à représenter leur cité au Parlement. Ils s'engageaient même à acheter une propriété rapportant 400 *l.* environ par an, et à lui en faire don, s'il voulait accéder à leurs vœux. D'autre part, les habitants de Cashel faisaient aussi appel à lui. De plus, son vieil ami Douglas lui écrivait que son beau-frère Lord Cloncurry l'avait assuré que le Vice-Roi d'Irlande, Lord Anglesey, désirait beaucoup le voir entrer au Parlement. En vérité, ces propositions plaisaient fort à Moore, mais son manque absolu de fortune ne lui permettait pas de les accepter. C'est pourquoi il déclina l'honneur que lui faisaient ses braves concitoyens, dans une longue lettre datée du 8 Novembre, pleine de sentiment et de noblesse, où il leur donnait franchement la raison de son refus, et au sujet de laquelle William Curran écrivit : « Je me joins entièrement de cœur à vous dans votre admiration pour le langage de Moore. Il respire la dignité du barde et la fierté du gentleman, qui était à peu près une nouveauté naguère ici (1). »

En 1833, la publication des « Voyages d'un Gentleman Irlandais à la recherche d'une Religion » excita la surprise. Jusque-là Moore s'était fait connaître comme poète, critique, historien, biographe, orateur même : maintenant, il se présentait devant le public comme le défenseur de la foi de son pays, et, en accomplissant cette tâche de polémiste, il déployait une connaissance des écrivains ecclésiastiques qui charmait les amis, tandis qu'elle déconcertait les ennemis de sa religion. Certes nous serions étonné de rencontrer une telle science dans Moore, si nous ne nous souvenions de ses

---

(1) Andrew Symington. Life sketch of Thomas Moore. p. 195.

deux articles publiés dans la *Revue d'Edimbourg*, l'un en 1814, sur « les Pères, » et l'autre en 1831, sur le « Rationalisme allemand, » où il montrait assez d'acquis pour traiter toute question religieuse.

O'Connell, par sa lutte pacifique, mais persévérante, avait amené les Catholiques irlandais à la liberté religieuse ; Moore choisit cette époque comme la plus favorable à un « Gentleman Irlandais » qui, dédaignant de changer sa religion pour les avantages de ce monde, se mettrait de sang-froid à chercher, dans les principales autorités de controverse religieuse, quelque raison basée sur la vérité pour devenir Protestant. Il n'en trouve aucune, bien qu'il cherche dans les écrits de tous les premiers Pères. Mais il ne veut point s'en tenir là : il va en Allemagne étudier le développement du Protestantime, le suit dans ses variations, et constate les dangers du rationalisme (1). Puis il revient en Angleterre, et, après examen, trouve que l'histoire du Protestantisme anglais ressemble bien à celle du Protestantisme allemand : « Le même égoïsme et la même hypocrisie qui signalèrent les auteurs de la Réformation en Allemagne

---

(1) Moore avait exposé, dans son article sur le « Rationalisme allemand, » les principes fondamentaux de ce système en matière religieuse : *La raison humaine est le seul juge de ce qui doit être reçu comme vérité, et de ce qui doit être rejeté comme erreur par l'intelligence de l'homme ; les faits reconnus par le sens intime forment les matériaux sur lesquels la raison humaine doit s'exercer ; la croyance humaine est alors, et seulement alors, raisonnable, quand le degré d'assentiment donné à toute proposition est en rapport exact avec le degré d'évidence présentée à l'esprit de l'investigateur.* Puis il avait montré que de tels principes devaient avoir forcément pour conséquences « *le rejet total* de tout ce qui est surnaturel dans la révélation juive et la révélation chrétienne, » et que les Rationalistes, loin d'éviter *ce rejet total*, cherchaient à le défendre dans leurs ouvrages de critique sur l'Ancien comme sur le Nouveau Testament, pour diminuer la confiance du lecteur dans l'inspiration des Livres Saints, dans les événements miraculeux qu'ils rapportent, en un mot, dans leur autorité divine.

se voient seulement dans une activité plus intense et plus révoltante parmi les fondateurs de la même foi en Angleterre (1). » Dans ce pays comme dans l'autre, la religion nouvelle subit des variations, et les sectes luttent entre elles avec acharnement : la guerre entre l'Eglise d'Angleterre et les Puritains n'est pas moins terrible qu'entre les Eglises Luthériennes et Calvinistes. Les discordes religieuses ont en Angleterre comme en Allemagne une influence démoralisatrice sur le peuple. Le Gentleman Irlandais retourne ensuite dans sa patrie, où il se sent meilleur Catholique que quand il la quitta : il a la certitude que les doctrines de l'Eglise Catholique de 1829 et la foi de ceux qui conversaient réellement avec le Seigneur sont identiques. Résolu donc à garder la religion de ses pères, il s'écrie, dans l'enthousiasme de sa piété : « Salut à toi, toi seule et seule vraie Eglise, qui seule es le chemin de la vie, et dans le tabernacle de laquelle seulement il y a un abri contre toute cette confusion des langues. Dans l'ombre de tes Mystères sacrés que désormais repose mon âme, éloignée également de l'infidèle qui se rit de leur obscurité, et du croyant téméraire qui voudrait vainement scruter ses profondeurs (2). » Qui ne reconnaît Moore dans ce Gentleman Irlandais à la recherche d'une Religion ? Moore, en effet, s'est peint lui-même dans ce personnage. Il eut ses heures de doute et inclina de temps à autre vers le Protestantisme. Assurément on ne découvre dans ses ouvrages aucune trace d'un tel état moral ; certains actes de sa vie seuls le prouvent : nous savons qu'il avait épousé une Protestante et qu'il fit élever ses enfants

---

(1) Travels of an Irish Gentleman... Chapter XLIX.
(2) Travels of an Irish Gentleman... Chapter LI.

dans la religion de leur mère. Observons toutefois qu'il ne cessa jamais positivement d'adhérer à l'Eglise Catholique, et que, pendant son séjour à Londres, il allait à la chapelle catholique dans « Wardour street (1). » Avec le temps, par une étude approfondie des deux religions, il parvint à dissiper ses doutes. Certes, il n'en concevait guère, lorsqu'à l'époque de la mort de son père il dissuada l'une de ses sœurs d'embrasser le Protestantisme. Enfin, un Gentleman irlandais ayant abjuré le Catholicisme (2), Moore sentit le besoin d'affirmer publiquement ses croyances raisonnées de Catholique romain, et il écrivit ses « Voyages, » véritable œuvre de foi qu'il eut l'art de rendre attrayante pour tous par les agréments du style (3).

Les « Voyages » de Moore provoquèrent les « Seconds Voyages (4) » de José Blanco White. L'éditeur, qui n'est autre que l'auteur, s'exprime ainsi dans la préface : « Ses lecteurs sont instamment priés de croire que le

(1) Voyez son Journal du 19 Août 1827.
(2) Montgomery (Thomas Moore, his life, p. 153) voit à tort dans les « Travels » une attaque personnelle contre ce Gentleman.
(3) La comparaison entre son article sur les « Pères » et ses « Travels » montre quel changement s'était opéré dans son esprit. Examinant une traduction de morceaux choisis de Saint Jean Chrysostôme, Saint Grégoire de Nazianze, Saint Basile, faite tout récemment par le *poétique* Mr. Boyd (c'est ainsi qu'il le qualifie), il s'étonnait qu'on s'occupât encore de « tels déclamateurs affectés, » bien que, par parenthèse, sa critique dénotât qu'il les avait beaucoup étudiés ; et, dix-neuf ans plus tard, non seulement il s'occupait de ces prétendus *déclamateurs,* mais encore il traduisait en vers (« Travels, » chapter XXXII) « la pathétique remontrance » adressée par Saint Basile à une Vierge tombée, le fragment d'une homélie de Saint Chrysostôme et de Saint Grégoire de Nazianze, ainsi qu'un passage de la lettre de Saint Jérôme sur la jeune veuve Blésilla. Mais il est bon d'observer, à la gloire de Moore, qu'en devenant un vrai croyant, il n'avait rien perdu de ce noble esprit de tolérance religieuse qu'il s'appliqua toute sa vie à répandre par ses œuvres dans la société anglaise.
(4) Second Travels of an Irish Gentleman in search of a Religion 1833.

présent ouvrage n'est pas publié en vue de soutenir un parti quelconque de chrétiens contre un autre. L'éditeur ne cachera pas qu'il est membre de l'Eglise d'Angleterre. » Ce n'est donc point par esprit de parti, mais uniquement par conviction religieuse que José Blanco White essaya de montrer, en réponse aux « Travels, » sur quels fondements solides reposait son Eglise. Le Révérend Mortimer O'Sullivan, Recteur de Killyman, prit aussi la plume (1) pour défendre contre les déclarations de Moore l'Eglise Protestante Etablie ; mais toute sa force d'argumentation est impuissante à détruire les faits incontestables exposés si clairement par le grand écrivain.

Nous ne saurions passer sous silence la belle poésie « l'Irlande et Lord Grey (2), » que Moore composa dans le courant de Juillet 1834, mais qu'il ne jugea pas à propos de publier. Elle lui fut inspirée par les services publics de ce noble Lord. Le barde d'Erin n'avait pas oublié qu'il avait cherché jadis à rendre avantageuse l'union de l'Irlande avec l'Angleterre, et qu'en 1829 il avait appuyé l'émancipation des Catholiques. C'étaient évidemment des titres à la reconnaissance de tout patriote irlandais, et, lorsque Lord Grey se retira du ministère, il exprima spontanément celle qu'il éprouvait pour lui. Il n'avait pas oublié non plus que Lord Grey avait été le promoteur de la Réforme électorale en Angleterre et que, si cette grande révolution pacifique s'était accomplie pacifiquement en Mai 1832, c'était grâce à son énergie. Aussi n'hésite-t-il pas à dire qu'il « restera debout aux yeux de la postérité, comme quelque château de la chevalerie, élevé sur une hauteur, où le

---

(1) A guide to an Irish Gentleman in his search for a Religion 1833.
(2) Prose and Verse by Thomas Moore chiefly from the author's manuscript.

jour, s'en allant, laisse sa dernière lueur, où l'aurore, arrivant, apporte son premier rayon. »

Il n'est pas sans intérêt de connaître quel ascendant merveilleux Moore avait encore sur le monde, dans les salons, en 1834, par les charmes de sa personne et le prestige de ses talents. Une page (1) de Willis nous le permet. L'écrivain américain l'a représenté en effet tel qu'il était à cette époque. Il ne l'avait vu auparavant qu'en peinture. Aussi quelle fut sa surprise ! car il ne se le figurait pas si petit qu'il était : il avait une taille bien au-dessous de la moyenne, mais il rachetait ce désavantage par un abord de si bon ton que personne, au dire de Willis, *ne pouvait le voir sans se sentir de l'inclination pour lui.* Willis dîna et passa la soirée avec lui chez Lady Blessington. C'était une bonne fortune dont il profita pour tracer un portrait de Moore plus complet et surtout plus expressif que le portrait antérieurement tracé par Leigh Hunt (2). Selon Willis, *ses yeux pétillaient toujours* comme le vin de Champagne, ses joues étaient émaillées de deux rouges feuilles de pampre d'automne, « éloquent souvenir du vin de Bordeaux ; » sa bouche, avec *des lèvres finement découpées qui ondulaient légères comme des serpents,* était caractéristique au plus haut point : elle était *malicieuse, confiante,* avec une *demi-défiance,* comme s'il dissimulait le plaisir d'être applaudi, tandis qu'un autre rayon brillant de l'imagination l'éclairait subitement ; de sa figure, dont le nez un peu retroussé complétait l'*expression joyeuse,* sortaient des *étincelles* et *des rayons.* D'après Hunt, ses yeux étaient

---

(1) Pencillings by the Way, p. 36., ed. 1839.
(2) Hunt's Byron and some of his Contemporaries. 1828.

foncés et beaux, sa bouche avait un caractère de *distinction et de bonne humeur,* et l'expression prédominante de sa figure était *la gaieté* ; son visage était encore assez beau pour qu'on pût imaginer ce qu'il devait être à l'âge où l'enfant était un *Cupidon.* Le même écrivain dit que ses auditeurs le considéraient toujours comme « un enfant qui joue sur le sein de Vénus. » Bien plus, Willis assure que la sténographie seule pourrait retenir *la délicatesse et l'élégance* de son langage et reconstruire *le léger édifice d'images qui, comme un palais de givre, se formait et se fondait sur ses lèvres,* ajoutant *qu'il serait difficile de ne pas l'écouter, bien qu'il ne parlât que de la forme d'un verre à vin.* Hunt parait avoir été frappé particulièrement du goût parfait avec lequel il jouait du piano et de sa voix, qui prenait dans le chant des intonations moelleuses comme celles de la flûte ; ce qui semble avoir fait le plus d'impression sur Willis, c'est le sentiment avec lequel il chantait en prononçant simplement les syllabes sur les notes de la gamme. Le critique américain l'entendit chanter de cette manière « When first I met thee » avec un accent pathétique dont il exprime ainsi l'effet sur les autres et sur lui-même : « Quand Moore eut dit les derniers mots d'une voix mal assurée, il se leva, prit la main de Lady Blessington, souhaita le bonsoir, et était parti, avant que l'on eût proféré une parole. Il y avait une grande minute qu'il avait fermé la porte, avant que personne parlât. J'aurais pu désirer, pour ma part, m'endormir silencieusement à la place où j'étais assis, les larmes aux yeux et l'attendrissement au cœur. » Ce portrait montre que Moore, à cinquante-cinq ans, avait encore, comme homme, comme causeur et comme artiste, tous ses pouvoirs de séduction.

CHAPITRE X

(1835-1852-1879)

Histoire de l'Irlande. » « Les Fudge en Angleterre. » Mémoires, Journal et Correspondance de Moore.

« Histoire de l'Irlande. » — Plan de l'ouvrage. — Publication du premier volume. — Ce que Moore aurait fait, s'il avait suivi le conseil de Lord Russell. — Défauts de son premier volume. — Comment Moore fut jugé. — Erreurs commises à propos de l'introduction première du Christianisme en Irlande. — L'ouvrage s'étend à cinq volumes. — Conséquences de ce travail. — Ce qu'il faut en penser. — Moore fait paraitre « les Fudge en Angleterre. » — Objet de ces nouvelles lettres satiriques. — Examen du caractère des personnages qui sont censés les avoir écrites. — Reproche adressé à Moore au sujet de cette composition. — Comment il s'en lave. — Esprit religieux du satirique. — Edition des Œuvres de Lord Byron. — Son défaut. — Lord Russell propose à Moore une place aux Archives. — Le poète la refuse. — Lord Lansdowne lui fait part d'un projet de pension pour lui. — Nouveau voyage de Moore en Irlande. — Comment il est reçu par ses concitoyens. — Il revoit la maison où il est né. — Il assiste à une scène émouvante. — Lord Lansdowne l'informe qu'une pension lui est accordée. — Ce qu'elle représente. — Moore visite la vallée d'Avoca et le village de Bannow. — Lettre de Mistress Moore à son mari au sujet de sa pension. — Opinion du Journal de Chambers et du « Standard. » — Moore revient en Angleterre. — Il se rend à Mayfield. — Sa visite à Lord Shrewsbury et à Lady Cooper. — Il rentre à Sloperton. — Ennui que lui cause une indiscrétion de Willis. — A quoi se bornent ses productions, à partir de cette époque. — Préfaces pour la grande édition de ses Œuvres poétiques. — Erreurs qu'elles contiennent. — Cause de ces erreurs signalée par Lord Russell. — Chagrins domestiques. — Mort du plus jeune fils de Moore. — Décoration conférée au poète. — Il parait ne plus se plaire dans le monde. — Ses absences d'esprit à propos desquelles Sydney Smith le plaisante. — Gravité de ces absences. — Il perd son fils ainé et sa dernière sœur. — Effet désastreux de ces morts sur la santé et le moral de Moore. — Il est atteint d'un ramollissement du cerveau. — Pension accordée à Mistress Moore. — Son dévouement admirable. — Mort de Moore. — Il repose dans le cimetière de Bromham, à côté de deux de ses enfants. — Etat dans lequel Mistress Hall trouve sa veuve six mois après. — Ses occupations. — Lord Russell édite les Mémoires, le Journal et la Correspondance de Moore. — Ce que cet ouvrage rapporte à Mistress Moore. — Sa mort. — Son legs. — Défauts de l'ouvrage. — Le Journal de Moore offre peu d'intérêt. — Ce qui en fait le fond. — Il met en évidence deux traits du caractère de Moore. — Conclusion de Lord Russell. — Cause et résultat de la correspondance entre J. W. Croker et Lord Russell au sujet de quelques passages du Journal de Moore. — Honneurs rendus au poète en 1857 et en 1879. — Discours de Lord O'Hagan. — Ode de Mac Carthy. — Les « Mélodies » sont chantées. — On célèbre aussi la mémoire de Moore dans le Nouveau-Monde. — Caractère de cette fête. — Elle est la consécration du jugement de Byron.

Moore s'était engagé en 1829, avec ses éditeurs, à écrire en un volume une Histoire de l'Irlande qui, comme l'Histoire d'Angleterre de James Mackintosh et l'Histoire d'Ecosse de Walter Scott, ferait partie de l'Encyclopédie de Cabinet éditée par le Révérend Denis Lardner. Il se proposait, après un examen approfondi de la haute antiquité de son pays, au point de vue de son origine, de sa religion, de sa langue et de sa colonisation, de raconter tout ce qui s'y était passé depuis le commencement de la monarchie Milésienne ou des Scots, avec Héber et Hérémon, les deux fils du Roi espagnol Milésius seuls maîtres du royaume après leur victoire sur les

Tuatha-de-Danaan, 800 ans environ avant Jésus-Christ, jusqu'à son dernier Chef, O'Neil, vainqueur des troupes écossaises et anglaises, à Benburb, le 5 juin 1646. Il était impossible que Moore développât un tel plan dans un seul volume ; et, comme il s'occupait d'autres travaux, son Histoire ne s'avançait guère, si bien que le premier volume ne fut pas prêt avant l'année 1835. Il s'était donné beaucoup de peine à le composer, puisqu'il l'avait refondu quatre ou cinq fois. Lord Russell lui avait conseillé d'entreprendre, à la place de son Histoire, un ouvrage moins pénible sur Grattan et son temps ; puis, comme Moore n'avait pu obtenir les documents en la possession de la famille de Grattan, il l'avait engagé à fondre l'histoire de ce grand homme dans celle de l'Irlande, en passant rapidement sur les temps anciens, afin de raconter au long les événements depuis la première formation des Volontaires jusqu'à l'Union Législative. Certes, après les travaux de Warner, Leland, Dalton, sur l'Irlande ancienne, Moore aurait dû juger plus utile et plus sage d'écrire véritablement, selon le plan fort judicieux de son ami, cette histoire *moderne* de son pays qui, dit-il par mystification en terminant son article sur « les Tours Cylindriques de l'Irlande (1), » *est maintenant attendue de Mr. Moore.* Mais Moore en avait décidé autrement, et il avait fait fausse route ; car, au lieu de choisir, comme dans ses « Mémoires du Capitaine Rock, » les points d'un vif intérêt, pour les expliquer et les éclairer avec son esprit pétillant, il s'était astreint, d'une manière systématique et grave, à dénouer, depuis les temps les plus reculés, tous les nœuds gordiens, à démêler toutes

---

(1) The Edinburgh Review. April 1834.

les questions les plus compliquées dont le sujet est rempli. Moore fut diversement jugé, sans l'être à son avantage : les uns trouvaient qu'il avait eu tort de faire des concessions à la vérité historique, en se montrant trop sévère (1) pour le récit des Bardes ; les autres déclaraient que ces concessions n'étaient pas suffisantes. D'autre part, dans son récit de l'introduction première du Christianisme en Irlande (2) et des doctrines inculquées à ses habitants par les premiers missionnaires, prédicateurs et saints (3), il avait commis des erreurs qu'en raison de la grande influence qu'elles pouvaient avoir sur l'esprit de ses concitoyens, Monck Mason, malgré son amitié pour lui, crut de son devoir de combattre publiquement dans une longue lettre (4) où, avec l'habileté d'un dialecticien consommé, il retourne le plus souvent contre lui ses propres arguments (5). Nous ne

---

(1) History of Ireland. Vol. I. chap. V.
(2) History of Ireland. Vol. I. chap. X.
(3) History of Ireland. Vol. I. chap. XI, XII, XIII.
(4) Primitive Christianity in Ireland. A letter to Thomas Moore, Esq. 144 p.
(5) « Il ressort de la lecture de votre ouvrage, dit Monck Mason, p. 4, que Saint Patrick fut *le premier missionnaire irlandais*. Le premier témoignage que je fournirai pour prouver le contraire, c'est le vôtre même ; et, comme de juste, je le présenterai en me servant de vos propres paroles. Dans le passage où vous racontez ses grands succès dans le Connaught, p. 221, vous faites cette observation : *Dans la confession de ce saint, disant qu'il avait visité des districts éloignés où aucun missionnaire n'avait pénétré auparavant, il y a une assertion importante, puisqu'elle implique clairement que, dans les parties plus accessibles du pays, le christianisme avait, avant son époque, été prêché et pratiqué.* » Quelques pages plus loin, ce dialecticien s'exprime de la manière suivante : « En parlant de Célestius, qui était sans contredit notre concitoyen, vous nous informez que, *quand il était encore jeune et avant qu'il eût adopté les doctrines Pélagiennes, du monastère de Saint Martin de Tours, en l'an 369 du Seigneur, il adressait à ses parents en Irlande trois lettres pleines d'une piété capable de les rendre nécessaires à tous ceux qui aiment Dieu.* Ces lettres, écrites de la sorte en l'an 369, précédaient l'arrivée de Saint Patrick de 62 ans. Vous observez que *le fait de Célestius envoyant ainsi des lettres*

pouvons que regretter, avec Lord Russell, que Moore ne se soit pas borné à écrire, conformément aux conventions, en un seul volume une histoire à la fois succincte et substantielle, comme il le pouvait sans tant de fatigue pour lui et avec plus de bonheur. Tel qu'il était, l'ouvrage s'étendit à plusieurs volumes, dont le dernier fut seulement achevé en 1846. Il s'ensuivit que cette tâche fastidieuse et antipathique à la nature de Moore absorba son temps, usa sa santé et arrêta l'essor de ses facultés. Comme dans le cours de ce pénible travail, Lardner le pressait sans cesse, il s'en vengea plaisamment en lui donnant le sobriquet de « Denis le Tyran. » Il n'eût pas été de trop d'ajouter une préface à une œuvre pareille, lors de son achèvement. Moore s'en dispensa. Il est à croire qu'il était las de ses longs travaux historiques, au point de ne plus se sentir la force d'écrire quoi que ce fût qui s'y rapportât. Disons cependant en toute justice que l'ouvrage montre, à chaque page, de grandes recherches, une érudition variée, et, autant que le sujet le permet, le style habituellement pétillant de Moore. C'est certainement un ouvrage très important dans son genre, bien qu'il laisse parfois à désirer sous le rapport de l'exactitude (1) et de l'impar-

---

en Irlande, avec la persuasion implicite qu'elles seraient lues, donne fortuitement une preuve que l'art d'écrire était alors connu des Irlandais. Nous pouvons, en raisonnant d'une manière pareille, dire que ces lettres prouvent aussi que le christianisme, qui en faisait le sujet, n'était pas inconnu de ceux à qui elles étaient écrites, et que *le fait même donne fortuitement une preuve* en faveur de mon argument. » Enfin, après une argumentation de plus de 100 pages pour établir, contre l'historien, la différence entre les doctrines des premiers Chrétiens irlandais et celles des Catholiques romains modernes, Monck Mason lui reproche (p. 132) son silence sur Claudius, dont les écrits attestent que cette différence existait encore de son temps, en l'an 815.

(1) Contrairement à l'assertion de Moore, Monck Mason démontre d'une part (p. 134), que le manuscrit des quatre Evangiles, dont les An-

tialité (1) ; mais, malgré son étendue, ce n'est, à proprement parler, qu'une esquisse des annales de l'Irlande ; l'histoire de l'Irlande est encore à faire.

En 1835 parurent aussi « les Fudge en Angleterre, » formant la suite de « la Famille Fudge à Paris. » Moore écrivit ces nouvelles lettres, pleines de saillies humoristiques, contre ces mêmes badauds de Londres, encore plus sots, malgré leur âge, dans leur propre pays que dans le nôtre, et surtout contre les Révérends d' « Exeter Hall. »

La Famille Fudge compte un membre que nous n'avons pas vu à Paris, Miss Fanny, aussi niaise que sa tante Biddy. Assez vaniteuse pour se croire femme de génie, elle a déjà fait paraître des vers dans la « Gazette du Comté » et elle doit écrire dans le « Keepsake. » Elle se flatte donc d'une célébrité future, accompagnée de force pièces de monnaie : c'est, du reste, l'espérance dont la berce un dandy un peu âgé, « l'auteur de quelque chose, » avec qui elle cause de littérature en dansant un quadrille (2). Elle publie un « Livre » chez Simpkins et C°. C'est un roman en douze chants, intitulé « Douleur, Douleur. » Pour faire face à la moitié des frais de cette publication qui doit l'immortaliser, du moins elle l'espère, elle a imaginé de restreindre ses dépenses de toilette, et l'argent destiné à acheter des gants, des rubans et des chaussures de bal passe chez

---

nales des Quatre Maîtres font mention, n'était pas à Kells, au temps d'Usher, mais en la possession de ce prélat ; de l'autre (p. 135), que c'est le Livre de Durrow, et non ce manuscrit, qui porte l'annotation d'O'Flaherty : *Liber autem hic scriptus est manu ipsius B. Columbae.*

(1) Ce même critique déclare (p. 132) qu'à cause de sa prédilection pour le Catholicisme romain, *Moore est incapable d'être l'historien impartial et impassible de la Religion des anciens Irlandais.*

(2) The Fudges in England. Letter III.

l'imprimeur. « Qu'est-ce que l'eau de Cologne, dit-elle, au prix du doux parfum de la renommée (1) ? » Elle croit modestement que, grâce à ses premières poésies de jeunesse, son ami « le Premier Prote de la Gazette du Comté » est à l'aise pour le restant de ses jours. Son lot, pense-t-elle, est bien plus doux que celui des dieux qui ne vivent que d'ambroisie : l'ambroisie de son ami, ce sont ses vers. Comme elle est fière de lire dans le « Morning Post » qu'un médecin distingué recommande, pour guérir la dyspepsie, les rimes des jeunes ladies et particulièrement celles de Miss Fudge, si efficaces par leur doux narcotique ! Cependant, le soir même du mariage de sa tante, elle prend la fuite avec un soupirant jadis odieux, Patrick Magan (2), si différent de son aimable dandy, puisque, disait elle (3), il « étoufferait son génie. » Fidèle au contrat qu'elle a passé avec lui, cette jeune muse inconséquente sacrifie à l'amour ses chefs-d'œuvre manuscrits et s'en sert en guise de papillotes ou d'allumettes.

Bob Fudge, le dandy d'autrefois, est devenu un vieillard impotent (4). Quoiqu'il soit cloué par la goutte sur son siége, sans pouvoir même écrire un mot de sa propre main, il n'en aspire pas moins à soumettre un jour le monde entier à sa foi. Nouveau Sancho, il accompagnera fidèlement sur son bidet le Don Quichotte de la Religion protestante, Mortimer O'Mulligan, monté sur sa superbe Rossinante.

La romanesque Miss Biddy s'est doublée d'une bi-

---

(1) The Fudges in England. Letter VII.
(2) Letter XI.
(3) Letter III.
(4) Letter VIII.

gote (1). Il lui faut des serviteurs de sa trempe. Elle prend donc un valet qui passe son temps à prêcher et une cuisinière qui ne s'ennuie jamais de l'écouter. Ces saintes gens disparaissent un jour, en emportant argenterie et ouvrages de piété. Miss Biddy, qui aime toujours le monde, donne des soirées religieuses (2) où on prie, on prêche et on prend le thé. Elle consacre de fortes sommes à des œuvres pies. Ainsi, on trouve dans son mémorandum la note suivante : « Ecrire à la Société de la Mission indienne et envoyer 20 *l*. — Lourde taxe sur la piété (3). » Cette réflexion prouve qu'il en coûte parfois à cette personne si charitable de contribuer de ses deniers à la propagation de la foi. Aussi fait-elle minutieusement le calcul des nouveaux convertis : « Six Chrétiens pour Cunnangcadoo, Doorkotchum en compte sept, et Trévandrum quatre, tandis qu'il n'en reste qu'un et demi à Cooroopadum. » Le *demi-Chrétien* est charmant. Ce dernier trait caractérise bien cette vieille fille qui traite les questions religieuses, comme des questions financières, avec la plus rigoureuse exactitude. Miss Biddy professe une profonde admiration pour un personnage qui est l'âme et l'ornement de ses soirées, le Révérend Mortimer O'Mulligan, portant jadis le simple nom de Murtagh (4), quand il était catholique et frère de lait d'un paysan irlandais, aujourd'hui fervent apôtre du Protestantisme, grand prédicateur ambulant, magnifique orateur de marché (5). Pauvre martyr errant, il a subi toute espèce de tor-

---

(1) The Fudges in England. Letter II.
(2) Letter IV.
(3) The Fudges in England. Extracts from my Diary.
(4) Letter V.
(5) Letter IV.

tures (1) : s'il n'a pas été percé de flèches comme Saint Sébastien, il a senti l'aiguillon des railleries, et, s'il n'a pas été mis sur le gril comme Saint Laurent, il a été « rôti moralement. » Enfin, il va trouver l'apaisement de toutes ses souffrances dans les bras de la riche Miss Biddy Fudge. Le saint homme dit donc « adieu à tous les tours du vieux Collège d'Exeter. » Car désormais sa tâche est d'élever les petits Fudge, de façon qu'ils puissent devenir des dignitaires de l'Etat. En somme, Mortimer O'Mulligan est le charlatan du Protestantisme, jouant son rôle en conscience d'après les préceptes de son école, jusqu'au jour où une bonne fortune lui permet de vivre dans la retraite. De telles peintures devaient sûrement attirer à leur auteur des accusations dans le genre de celles que portèrent jadis contre notre grand Molière, dès la représentation de son « Ecole des femmes, » de misérables rivaux et les sots titrés de la Cour de France. Au reproche de traiter des sujets religieux avec irrévérence, Moore s'est contenté de répondre, en citant les propres paroles de Pascal : « Il y a bien de la différence entre rire de la religion et rire de ceux qui la profanent par leurs opinions extravagantes (2). » Cettte pensée, aussi profonde que vraie, est la meilleure des réfutations. Moore, en effet, n'a jamais ri de la religion ; il avait trop de foi pour commettre une telle impiété. Il a seulement ri de ceux qui profanent la religion par leurs extravagances : c'était sa manière de les combattre, et en cela il a montré qu'il était un vrai croyant ; car la religion n'a pas de pires ennemis que les fanatiques, les bigots et les comédiens.

---

(1) The Fudges in England. Letter X.
(2) Moore's poetical Works. Preface to the ninth volume.

C'est encore en 1835 que Moore donna une édition des Œuvres complètes de Lord Byron, où il eut le tort de conserver un trop grand nombre de petites choses sans aucune importance, comme il le fit du reste quelques années plus tard dans l'édition de ses propres Œuvres poétiques.

Lord Russell, pendant l'été de la même année, écrivit à Moore qu'on mettait à sa disposition, avec un salaire de 300 *l.*, la place de Premier Commis au bureau des Archives d'Etat, devenue vacante. C'était une position fort honorable et nullement pénible, mais qui ne convenait point à un littérateur de premier ordre comme Moore ; aussi la refusa-t-il. Lord Lansdowne le félicita du parti qu'il venait de prendre, en lui annonçant qu'il avait parlé à Lord Melbourne d'une pension pour lui, et qu'il était très favorablement disposé, mais que pour le moment les fonds manquaient. « Votre réputation littéraire, ajoutait-il pour vaincre toute résistance de la part du poète, est tellement établie, qu'il n'y a pas un pays sous le soleil, où il existe des récompenses littéraires, comme distinctions, dans lequel on ne vous reconnaîtrait comme le premier et le plus méritant pour en être l'objet. » Sur ces entrefaites, dans le courant d'Août, Moore partit pour l'Irlande en compagnie de son ami Hume, afin d'assister au meeting de l'Association scientifique d'Angleterre, alors sur le point de se tenir à Dublin. Toutes les classes de la société, depuis le Lord Lieutenant jusqu'aux plus humbles de ses concitoyens, le reçurent comme elles auraient reçu un roi bien-aimé. Un peintre fit son portrait et un sculpteur son buste (1). Il revécut sa vie d'enfant en visitant la

---

(1) Moore a dit, à cette occasion, que la seule chose digne d'être prise

maison où il était né. Ce ne fut pas non plus sans émotion qu'il vit, à l'Académie royale, le phrénologiste Combe établir l'identité du crâne de Swift qu'on venait d'exhumer, en faisant des travaux dans la Cathédrale de St Patrick. Le 22 Août, il reçut de Lord Lansdowne l'avis qu'une pension de 300 *l.* par an lui était accordée pour ses mérites littéraires. Lord Lansdowne terminait sa lettre par ces mots fort justes : « J'espère qu'à l'avenir les pensions parleront d'elles-mêmes, et qu'elles représenteront uniquement le mérite de ceux qui en jouissent ; vous devez considérer que telle est la vôtre, qui vous serait due par n'importe quel gouvernement, mais qui vous l'est bien plus par celui dont quelques-uns des membres sont fiers de se considérer comme vos amis. » Moore griffonna à la hâte quelques lignes pour annoncer la bonne nouvelle à Bessy, puis il alla visiter le comté de Wicklow, où il revit avec ravissement, dans la vallée délicieuse d'Avoca, « la Rencontre des Eaux, » qui lui avait inspiré, en 1807, une de ses plus touchantes Mélodies (1). De là il se rendit à Bannow, petit village où l'appelaient des souvenirs de famille. Au sommet d'une maison flottait un drapeau portant l'inscription « Erin go bragh and Tom Moore for ever. » Les habitants du village, dans un transport d'admiration pour Moore, dételèrent les chevaux de sa voiture et se mirent à la traîner. Le soir, un ballon de la couleur d'Erin, sur lequel étaient écrits ces mots : « Welcome, Tom Moore, » s'éleva dans les airs avec la légèreté d'une Péri, comme

---

dans sa physionomie, était ce qu'on ne pouvait saisir, c'est-à-dire « la mobilité. » Aussi estimait-il que son portrait, quelque artistement fait qu'il fût, devait être forcément « où une tête morte ou une caricature. »

(1) « There is not in the wide world a valley so sweet. »
(First volume. — First number. 12th melody).

pour aller annoncer aux autres sphères les honneurs que l'Irlande rendait, dans la personne de Moore, au génie et au patriotisme.

La première pensée de Mistress Moore, en apprenant la nouvelle de cette fortune inespérée, fut pour la chère Ellen : elle écrivit sur l'heure à son mari une lettre dans laquelle elle le priait, *s'il était bien vrai qu'il eût 300 l., de donner à sa sœur 20 l. et d'insister auprès d'elle afin qu'elle bût pour 5 l. de vin par an.* C'est ce mouvement spontané d'un cœur généreux qui fit dire à Lord Russell qu'elle était « une des plus nobles parmi les femmes. » Le mot suivant, écrit le lendemain, prouve que la frugalité n'était pas non plus la moindre de ses qualités : « Si cette bonne nouvelle est vraie, elle amènera de grandes modifications dans ma nourriture. Je me permettrai alors le beurre avec les pommes de terre. » Et encore elle appelait cela de la « gourmandise. »

Le Journal de Chambers s'empressa d'approuver la décision de la Couronne : « La pension de Moore n'était pas, disait-il, la récompense de la bassesse ou de l'inconstance politique. C'était le prix et la récompense de son mérite comme écrivain et de ses qualités sociales si variées..... C'était à la fois un pensionnaire et un indépendant ; un patriote honnête, sincère et très doux ; un amant fidèle et en même temps prudent et circonspect de sa patrie avec son peuple et sa foi. Il y a des noms qui résonnent pompeusement dans la liste des célébrités politiques, dont il serait à désirer qu'on pût faire en toute sincérité un pareil éloge, qui est si vrai sans trop de flatterie. « Les Tories eux-mêmes firent chorus dans cette circonstance avec les Whigs. Ainsi l'éditeur du « *Standard,* » dans le numéro du 24 Août, en approuvant chaleureusement le Gouvernement d'avoir

accordé une pension à Moore, s'exprimait de la sorte :
« Nous savons que quelques personnes nous reprocheront notre prévention, — si c'est de la prévention, — en faveur de Mr. Moore ; mais nous ne pouvons l'éviter. Nous ne croyons pas que quelqu'un ait jamais été blessé par des satires aussi spirituelles que celles de Moore : — grand privilège de l'esprit, qui rend impossible, même à ceux dont les ennemis sont des hommes d'esprit, de les haïr ! »

De retour en Angleterre, Moore voulut, avant de revenir chez lui, montrer à Hume le cottage où il avait composé « Lalla Rookh, » et il se rendit à Mayfield ; puis, pour répondre à une invitation de longue date, il poussa jusqu'à « Alton Towers, » faire visite à Lord Shrewsbury. A son arrivée, un ménestrel le salua par quelques-unes de ses propres Mélodies. De là il alla voir une vieille amie, Lady Cooper, qui lui offrit une bouture de lierre, prise sur la tombe de Pétrarque, à Arqua, et il regagna avec bonheur son « cher Sloperton. »

Vers la fin de cette même année, un incident causa beaucoup de chagrin à Moore. Willis avait commis l'indiscrétion de raconter à sa manière, dans son ouvrage (1), le propos que Moore avait tenu, au cours de la conversation chez Lady Blessington, sur la rente (2) servie par les Irlandais à O'Connell. Le passage cité par la « Quarterly Review » avait fait le tour de la presse. Moore pensant que, dans une telle circonstance, une entrevue était le meilleur moyen pour effacer l'impression fâcheuse que ce bavardage d'un auteur avait pu laisser dans l'esprit de son cher concitoyen,

---

(1) Pencillings by the Way. 1835.
(2) « La quête annuelle pour recueillir la rente lui donnait un air de mendicité qui n'était pas très honorable. »

alla le trouver, la main amicalement tendue : O'Connell la lui serra cordialement, témoignant de la sorte autant de générosité que Moore témoignait de regret. Ces deux nobles Irlandais montraient ainsi que « dans une grande âme tout est grand. »

Pendant le printemps de 1836, Moore conclut avec le « Morning Chronicle » un arrangement dans le genre de celui qu'il avait conclu avec le « Times, » et, à part son Histoire de l'Irlande, il n'écrivit plus désormais que quelques bagatelles en vers pour ces deux journaux et les préfaces pour la grande édition de toutes ses Œuvres poétiques, qu'il donna en dix volumes, de 1840 à 1841. Dans ces préfaces, il assigne quelquefois des dates inexactes aux événements ou aux poèmes, par exemple, à la fête de « Boyle Farm (1), » et, comme nous l'avons constaté, à la publication de ses « Amours des Anges (2). » Sa mémoire faiblissait (3) ; Lord Russell en fait la remarque à propos d'une partie à Bowood, que Moore raconte au début de son Journal, en commençant l'année 1842. C'était principalement la conséquence de ses grands travaux historiques. De plus, ses deux fils avaient quitté la maison paternelle, et les chagrins que lui causaient, d'une part, les folies de son fils aîné, Thomas Lansdowne Parr, de l'autre, le dépérissement prématuré de son second, John Russell, étaient bien aussi pour quelque chose dans cette première alté-

---

(1) Poetical Works. Preface to the fifth volume.
(2) Poetical Works. Preface to the eighth volume.
(3) Le triste incident qui s'était présenté au commencement de l'année 1838 était déjà l'indice d'une certaine perturbation dans la santé de Moore : un soir, à Bowood, il s'était mis au piano sur les instances de la Duchesse de Sutherland, mais à peine finissait-il le second vers du chant si estimé de Bowles « There's a song of the Olden Time, » qu'il fut obligé de se retirer, suffoqué par les sanglots.

ration de la mémoire. Les prévisions du malheureux père au sujet de son second fils n'étaient que trop fondées. Le malheur qu'il pressentait arriva bientôt : ce jeune homme ne put résister au climat du Bengale, où il servait dans la Compagnie des Indes, et il mourut de consomption en 1842, à l'âge de dix-neuf ans. Cette même année, Moore reçut, comme Michaël Faraday et Sir John Herschel, membres de la Société royale de Londres, la décoration de l'Ordre du Mérite, créée par le roi de Prusse pour être conférée aux hommes éminents de l'Allemagne et de l'étranger dans les sciences et dans les arts. Une sorte de dégoût pour le monde, qui sembla se manifester vers ce temps, ferait croire que son moral commençait à s'affecter. Il disait en effet à Allen, après une réunion chez Lord Holland : « Le meilleur résultat de mes visites accidentelles à la ville, est la satisfaction réelle avec laquelle je retourne à mon paisible jardin et à mon cabinet de travail, où, dans la société muette de mes propres pensées et de mes livres, je ne suis jamais ni offusqué ni ennuyé. »

Pendant l'été de 1843, Moore alla passer quelques jours à « Combe Florey, » dans le Somerset, chez Sydney Smith. A son retour à Sloperton, il reçut une lettre de son ami qui le plaisantait souvent sur ses absences : il avait oublié « un gant, un bas, une feuille de papier de musique, un missel, plusieurs lettres, une Elégie sur Phélim O'Neil, une bouteille d'eau de Cologne. » — « Quel mortel sans souci vous êtes ! » lui disait-il, — « Dieu vous bénisse ! » Si nous considérons l'état antérieur de son esprit, ces absences avaient leur gravité : ce n'étaient pas simplement des distractions, elles étaient produites par un affaiblissement réel de la mémoire. En 1846, il eut la douleur de perdre son fils aîné, qui succomba dans sa vingt-huitième année, en Algérie, où il faisait partie de la Légion Etrangère, à une maladie contractée au service. Ce jeune homme avait des dettes ; sa pauvre mère vendit ses bijoux pour les payer, afin qu'aucune tache de déshonneur ne ternit sa mémoire. Un autre coup non moins terrible frappa encore Moore la même année : il perdit sa dernière sœur. Sa sœur Catherine était morte en 1834. La mort du seul enfant qui lui restait et celle de sa bien-aimée Nell ébranlèrent sa santé, détruisirent sa gaieté, affaiblirent complètement son esprit. Une maladie d'un caractère alarmant altéra sa constitution et le rendit pour longtemps incapable du moindre effort intellectuel. Sa mémoire était continuellement en défaut. Il ne brillait plus en société : il était sans entrain, ne racontait plus d'anecdotes plaisantes, n'avait plus de ces réparties fines et heureuses comme autrefois. Sa conversation était terne et sans variété. Au milieu de gais convives, il restait triste et ne montrait même plus de sociabilité. Evidemment, ses facultés sombraient. Quoi de plus navrant pour sa compagne et ses amis ? Il avait, par bonheur, une rente ; elle n'était pas très considérable, mais elle était sûre et pouvait suffire. Bessy réglait ses dépenses sur cette rente et les réglait de manière à ne point faire de dettes. Mais Moore approchait du terme fatal : ses facultés baissaient de plus en plus, il se courbait, tout annonçait en lui la décrépitude. Enfin, en 1848, il fut atteint, comme Swift, Scott et Southey, d'un ramollissement du cerveau, et sa belle intelligence s'éteignit. En 1850, Mistress Moore reçut une pension de 100 *l.* par an, en considération des services littéraires de son mari. Deux ans et deux mois, le noble vieillard resta sur son lit de mort ; parfois il lui revenait des lueurs d'intelligence qui lui permettaient de reconnaître sa Bessy. C'est alors qu'il lui disait : « Appuyez-vous sur Dieu, Bessy, appuyez-vous sur Dieu (1). » Pendant tout le temps de cette longue mort, sa digne compagne, malgré sa faible santé, lui prodigua ses soins jour et nuit, trouvant encore, pour satisfaire son désir, le courage de chanter. Ses derniers moments furent calmes et heureux : ses chagrins domestiques, ses triomphes littéraires, tout s'était effacé dans son cœur, hormis le sentiment de reconnaissance pour le dévouement de cette sainte femme qui veillait sur lui avec la tendresse d'une mère. Il devenait plus faible de jour en jour ; enfin, il expira, dans sa soixante-treizième année, le 26 Février 1852. Il fut enterré au cimetière de Bromham, dans le Bedfordshire, en vue de sa maison, et à côté de ses deux enfants, sa fille Anastasie et son fils Russell. Six mois après, lorsque Mistress Hall alla voir Mistress Moore, elle la trouva encore vaillante dans sa profonde douleur : la veuve *s'appuyait sur Dieu*. Toutes ses occupations consistaient à tenir propre la bibliothèque de son cher Tom, où elle ne laissait jamais pénétrer personne, à veiller sur le « lierre de Tara, » à soigner les fleurs qu'il aimait et à secourir les pauvres villageois.

Moore avait laissé des Mémoires, un Journal, une Correspondance qui, conformément à sa volonté, furent remis, après sa mort, à Lord John Russell. Par cet ouvrage, publié en huit volumes, de 1853 à 1856, Lord Russell réalisa une somme de 3,000 *l.* pour la veuve du grand poète. Elle lui survécut jusqu'en 1865, et mourut à l'âge de soixante-huit ans, attendant toujours le retour de son fils Thomas, qu'elle n'avait jamais pu se résoudre à croire mort. Elle avait généreusement fait

---

(1) Memoirs of Moore. Vol. I. Introd. p. 22.

don de son unique trésor, la bibliothéque de son mari, à l'Académie royale d'Irlande.

L'édition des Mémoires, du Journal et de la Correspondance de Moore laisse à désirer : Lord Russell aurait pu mieux disposer les matières (1) et élaguer avec avantage beaucoup plus de choses inutiles ; comme tel, l'ouvrage est trop long et d'une lecture fatigante. Moore ne raconte que les souvenirs de son enfance et s'arrête à l'entrée de sa jeunesse. Il pensait sans doute que sa Correspondance et son Journal étaient suffisants pour remplir cette lacune, et formaient naturellement le complément de ses Mémoires. Ses lettres offrent en général beaucoup d'intérêt. Nous ne pouvons en dire autant de son Journal, et nous comprenons à ce sujet le désappointement du public : on y trouve fort peu de commentaires sur les événements politiques de l'époque ou sur le caractère des personnages qu'il fréquentait. Que n'a-t-il, à l'occasion, esquissé le portrait de ses illustres amis, comme fit le noble éditeur de ses Mémoires, dans son introduction au VIe volume, pour quelques-uns d'entre eux, Sir Walter Scott, Sir James Mackintosh, Sydney Smith, Lord Holland ? Rarement dans son Journal, qui embrasse une période de 29 ans, il raconte une discussion sérieuse ou mentionne les parties instructives des conversations auxquelles il prenait part. C'est un défaut que son ami Lord Russell reconnaît et qui s'explique facilement, puisqu'en société Moore etait toujours un causeur admiré et applaudi, au lieu d'être un auditeur silencieux et patient. Des détails personnels peu importants, de

---

(1) Ainsi, sans parler de l'interruption de la Correspondance par le Journal, on trouve, dans le VIIIe volume, des lettres dont la place était naturellement assignée par leur date dans le 1er.

courtes anecdotes, des traits d'esprit, des souvenirs de dîners, de visites, de réunions dans le « *beau monde* » forment le gros du Journal. Cependant, sous un certain rapport, ce Journal est instructif : il met en évidence deux traits du caractère de Moore, son goût pour le « high life » et sa vanité. Moore prétendait que c'est dans le grand monde qu'on rencontre la meilleure société. Son ami Rogers n'avait pas tort de contester la vérité de cette opinion ; car, si les gens de lettres peuvent, par circonstance, trouver de l'agrément dans le grand monde, il faut convenir qu'ils trouvent seulement une vraie société parmi leurs égaux. Mais il y a un fait certain, c'est que les Grands recherchaient Moore et s'honoraient de son amitié : comment se serait-il déplu dans leur compagnie ? Son amour-propre ne pouvait qu'en être flatté, et sa dignité n'en souffrait nullement (1), puisque, tout en tenant dans sa conduite un juste milieu entre la familiarité et l'humilité, il sut garder toujours une indépendance d'esprit que bien d'autres à sa place eussent certainement perdue, et surtout, dans une telle société, éviter les écueils contre lesquels alla imprudemment se briser un romancier distingué de son temps, Théodore Edward Hook. Quant à sa vanité, qui ne se manifestait, à vrai dire, que dans les salons où il tenait à briller toujours, c'est une faiblesse qu'on lui pardonne, parce qu'elle était exempte d'envie : jamais il ne déprécia personne pour rehausser sa propre supériorité.

(1) William Rossetti même, après avoir essayé de dénigrer Moore, se décide à avouer qu'au milieu des Grands « la conduite de Moore semble avoir été celle d'un homme qui respectait sa compagnie, sans manquer de se respecter lui-même aussi, en dépit de toute méchante argutie ou des imputations toutes faites pour prouver le contraire. » Maxon's popular poets.
Moore's poetical Works. 1882. Prefatory notice, p. XXI.

S'il aimait la louange, il la dispensait généreusement aux autres, mais seulement à ceux qui se recommandaient par d'autres qualités que la naissance, la fortune et la puissance ; aussi ses dédicaces lui furent dictées toujours par le sentiment d'amitié, de reconnaissance, d'admiration, jamais par celui d'intérêt : il avait le cœur trop noble pour qu'il en fût autrement. Lord Russell termine son édition des Mémoires, du Journal et de la Correspondance de Moore par les paroles suivantes, qui résument ses titres impérissables au souvenir non seulement de ses amis, mais encore de la postérité : « Ceux qui ont joui de l'éclat de son esprit et entendu la mélodie enchanteresse de ses chants, n'oublieront jamais les charmes de sa société. Tant que le monde sera susceptible de se laisser émouvoir par la sympathie et exalter par l'imagination, il ne laissera pas facilement périr les accords touchants et la flamme patriotique d'un vrai poète. »

Quand les premiers volumes du Journal de Moore parurent, John Wilson Croker, pour se venger de quelques observations défavorables (1) qu'il venait d'y trouver, n'hésita pas, quoiqu'il fût le concitoyen de Moore et même son camarade de collège, à déchirer sa mémoire. C'était de sa part un acte de lâche méchanceté. Lord Russell y fit spirituellement allusion dans la note dont il accompagna le passage où Moore dit, en racontant que Barnes le pria d'épargner Croker dans tout ce qu'il écrirait pour lui : « C'était une pré-

---

(1) Voyez la lettre (Mai 1817) où Moore raconte à sa mère, pour l'amuser, à propos d'un dîner où il assistait, que *Croker porta sa santé devant des hommes comme Peel et le Duc de Cumberland*, lui donnant à entendre que Croker mesurait ses déclarations publiques d'amitié au crédit dont on jouissait.

caution inutile, puisque Croker et moi nous étions de vieux amis (1). » Croker, piqué au vif par le trait (2) de Lord Russell, engagea alors avec lui, dans le « Times, » une correspondance acrimonieuse (3), et, s'il parvint à montrer, d'une part, les torts bien légers de Moore envers lui, de l'autre, les fautes plus graves de Lord Russell comme éditeur, il réussit également à prouver que lui-même, avec beaucoup de talent, n'avait point de cœur.

En 1857, les concitoyens de Moore lui élevèrent une statue à Dublin, dans la rue du Collège, à l'un des angles de l'Université dont il fut membre, et sur laquelle son génie jeta un si grand lustre. Mais il existe un monument plus parfait et plus durable que cette statue, un monument réel, le seul à vrai dire capable de perpétuer sa mémoire. Moore se l'est élevé lui-même en composant ses « Mélodies, » *monumentum aere perennius* (4). Dans son admiration et sa reconnaissance pour lui, le peuple Irlandais célébra avec une solennité extraordinaire, le 28 Mai 1879, à Dublin, le centième anniversaire de sa naissance. Au milieu d'une foule enthousiaste, composée de toutes les classes, remplissant le Palais de l'Exposition, Lord O'Hagan prononça, à cette occasion, un discours propre à faire ressortir le caractère du patriote, de l'homme et du

---

(1) **Memoirs of Moore. Vol. VI, p. 268.**

(2) « Safe malignity. »

(3) Correspondence between J. W. Croker and Lord J. Russell on some passages of M's Diary.

(4) William Rossetti même, malgré tout son désir de déprécier Moore, ne peut s'empêcher de parler ainsi de ce monument : « *Si nous exceptons les compositions satiriques, pièces de choix dans un genre différent, ce qu'il y a de mieux chez Moore doit être cherché dans les Mélodies auxquelles il est impossible de refuser une part considérable de mérite, et de juste mérite.* »
Moore's poetical Works, 1882. Prefatory notice.

poète qui devint pour l'Irlande, suivant l'heureuse expression de Shelley « le chantre le plus mélodieux de ses injustices les plus criantes ; » puis Charles Edward Tisdall, D. D., Chancelier de « Christ Church Cathedral, » lut l'Ode magnifique écrite en son honneur par Denis Florence Mac Carthy : après avoir retracé la source de ses inspirations depuis Sapho jusqu'à Carolan, Mac Carthy le représente couronné par Erin, et fait sentir combien l'Irlande est fière de voir, au milieu de la glorieuse compagnie des poètes, son fils couronné de gloire, et d'entendre les derniers accents de sa lyre résonner encore dans l'air ému et ravi. « Gloire à Moore, s'écrie-t-il alors, qu'elle soit éternelle la gloire que nous couronnons et consacrons ici aujourd'hui. Gloire à Moore, car il a chanté notre histoire en vers dont la douceur ne pourra jamais tomber dans l'oubli. Gloire à Moore, car il a soupiré notre deuil dans une plainte de mélodie divine, de sorte que nous empruntons même à la douleur une joie passagère, en nous arrêtant longuement sur chacun de ses vers plaintifs. Gloire à Moore : dans ses chants joyeux, que ni les révolutions ni le temps ne pourront jamais détruire, bien qu'il s'y mêle souvent un léger soupir de tristesse, il chante le charme indicible et les plaisirs de sa patrie... Tout ce qui est brillant doit assurément se flétrir et périr, et tout ce qui est doux perdre sa douceur suprême, avant que le monde cesse d'aimer et de chérir l'esprit et les chants, le nom et la gloire de Moore (1). » Ensuite les « Mélodies » furent chantées par quelques-uns des premiers chanteurs de l'époque. Dans le Nouveau-Monde aussi, à Boston (2),

(1) The Centenary of Moore. An Ode by D. F. Mac Carthy, 1880.
(2) Le Docteur Oliver Wendell Holmes lut un admirable poème où revit l'art magique de Moore :

— 232 —

à San-Francisco (1), les exilés d'Erin redirent en ce jour la gloire immortelle de Moore, « à qui ont été donnés la lyre et les lauriers avec tous les trophées de la muse triomphante (2). » Cette fête nationale et patriotique, où l'Irlande entière rendit un éclatant hommage à son Barde favori, chantre de ses douleurs et de ses espérances (3), défenseur courageux et persévérant de sa liberté civile et religieuse, n'a fait que confirmer le jugement de Byron : « Moore est du petit nombre de ces écrivains qui survivront au siècle dont il est un si bel ornement. Il vivra dans les Mélodies Irlandaises, qui passeront à la postérité, ainsi que la musique ; elles dureront aussi longtemps que l'Irlande, la musique, la poésie (4). »

« Enchanter of Erin, whose magic has bound us, »
« Thy wand for one moment we fondly would claim, »
« Entranced while it summons the phantoms around us »
« That blush into life at the sound of thy name. »

(1) T. D. Sullivan avait écrit pour la circonstance l'Ode charmante :
« Oh, Tara's hill may waste away, »
« The Shannon's source may fail, »
« The mingled waters cease to play »
« Through fair Avoca's vale ; »
« ' Loved Arranmore ' may fade from sight »
« But you will still endure »
« In Irish hearts, fresh, warm, and bright, »
« Enchanting songs of Moore ! »

(2) Lord Byron. Don Juan, canto I, CIV.

(3) On a comparé Béranger à Moore ; mais la comparaison n'est possible que dans ces *Chants patriotiques*, tels que *l'Orage* et les *Souvenirs du Peuple*, où notre célèbre chansonnier, s'élevant jusqu'à l'ode, atteignait la hauteur des sentiments héroïques et consolait la France de l'invasion, comme Moore consolait l'Irlande de l'oppression. Sous ce rapport ils se ressemblent, car tous deux, en des jours de deuil, apaisèrent les douleurs de leur patrie et entretinrent dans les cœurs de saintes espérances.

(4) Byron's Conversations collected in the years 1821 and 1822 by Thomas Medwin, Esq. during a sojourn with his Lordship at Pisa.

CHAPITRE XI

Moore et les Poètes contemporains.

CONCLUSION.

L'homme et l'écrivain connus à fond dans Moore. — Ce qu'il reste à rechercher. — Effet différent produit sur Walter Scott et sur Moore par la gloire de Byron. — Génie poétique de Moore comparé à celui de ses contemporains. — George Crabbe. — Samuel Rogers. — William Wordsworth. — Walter Scott. — Samuel Taylor Coleridge. — Robert Southey. — Charles Lamb. — Thomas Campbell. — James Leigh Hunt. — Byron. — Percy Bysshe Shelley.— John Keats. — Originalité du génie de Moore. — Sa suprématie dans la poésie satirique et lyrique.

Nous avons étudié la vie et les œuvres de Moore ; nous connaissons à fond l'homme et l'écrivain : nous avons vu l'un devenir l'idole de la société, d'une nation tout entière, comme il était l'idole du foyer domestique, et l'autre acquérir un grand renom comme prosateur, un plus grand comme poète. Il nous reste, en comparant son génie poétique à celui des plus illustres de ses contemporains, à rechercher les caractères de son originalité et la place qu'il s'est faite parmi les poètes anglais du xixe siècle.

Walter Scott, en causant avec Moore, lui disait à propos des nombreux poètes de leur époque : « Ma foi, nous avions eu la chance de venir avant que tout ce talent fût mis en œuvre (1). » Pourtant cette chance

(1) Voyez le Journal de Moore, vol. IV.

n'empêcha pas « l'Arioste du Nord (1) » de renoncer à la poésie, dès qu'il s'aperçut de la fascination enivrante exercée sur l'esprit public par les poèmes de Byron, « le Giaour (2), » « la Fiancée d'Abydos (3), » « le Corsaire (4), » auprès desquels tous les autres paraissaient pour le moment fades et ennuyeux. Cependant ces trois poèmes de Byron, empreints d'un génie supérieur à toutes ses productions de jeunesse, n'offraient encore rien de comparable aux grands passages de Walter Scott, par exemple, à *la bataille*, dans « Marmion (5), » ou au soulèvement des membres du clan d'Alpine par *la croix de feu*, dans « la Dame du Lac (6). » Ce qui passionnait tant le public, c'étaient la nouveauté de la scène et du sujet et le ton exagéré de la passion aidés de l'intérêt mystérieux qui s'attachait à l'histoire personnelle du noble barde. Le génie de Byron ne faisait pourtant qu'y préluder à son propre développement. Ce prélude seul avait suffi à décourager Walter Scott. Tout au contraire, Moore voyait grandir de jour en jour la célébrité de Byron, sans songer un seul instant à déposer la lyre. Loin de là, il se réjouissait de sa gloire, le considérant comme un ami et non comme un rival ; car la poésie était à ses yeux un art divin qu'on doit exercer, non par ambition, mais par vocation. Il se laissait donc aller, comme auparavant, à ses inspirations, pensant du

(1) Byron appelle ainsi Walter Scott, comme il appelle l'Arioste *le Walter Scott du Midi*; car tous deux chantèrent « l'amour de la châtelaine et la guerre, les aventures romanesques et la valeur de la chevalerie. » (Childe-Harold. Canto IV. XL.)
(2) 1813.
(3) 1813.
(4) 1814.
(5) 1808.
(6) 1810.

reste, dans sa modestie (1), ne faire qu'une partie secondaire dans le concert varié et magnifique des poètes de son temps.

Parmi ceux-ci, George Crabbe (2) est sans contredit un des plus considérables, parce qu'il relie avec éclat l'âge de Samuel Johnson à celui de Walter Scott et de Lord Byron. Vivant à deux époques, il subit l'influence de chacune et écrit dans deux styles, le premier (3), une sorte d'imitation de la rude vigueur (4) de Churchill, quoique empreint d'une grâce distinctive, le second, beaucoup plus abondant, riche, hardi et chaud, d'une plus grande pénétration et plus émouvant. Cependant sa poésie, dans ses passages les plus brillants (5), comparée à celle de Moore, produit l'effet d'un coucher de soleil comparé à un lever. Certes Moore jette parfois dans ses vers joyeux et ses descriptions d'imagination pleines de lumière et d'enjouement une pensée sombre et triste, mais cette pensée disparait comme un nuage léger dans un ciel pur et éclatant, sans laisser rien de cette teinte mélancolique qui assombrit toujours un peu les plus belles scènes de Crabbe.

C'est la poésie du cœur, mais il y en a une autre qui s'adresse surtout à l'esprit et lui procure des plaisirs exquis. Elle a quelque parenté avec cette appréciation

---

(1) Letter to the Marchioness Dowager of Donegal prefixed to the third number of the « Irish Melodies. » — Moore's speech delivered in Dublin, 1818. — The works of T. M. Paris, Galignani, 1819. A sketch of the author's life, p. VII. — Moore's poetical Works. Preface to the fourth volume.

(2) 1754-1852.

(3) « The Library » 1781, « the Village » 1783, « the Newspaper » 1785.

(4) C'est un des caractères du plus grand ouvrage de Churchill « the Rosciad » publié en 1761.

(5) Sketches of Autumn in « Tales of the Hall. » 1819.

délicate des beaux-arts ou de la musique qui, chez quelques hommes, devient presque un nouveau sens. Cette poésie est celle du goût. Samuel Rogers (1) y excellait. On trouve partout dans ses ouvrages (2) une beauté classique et gracieuse ; ses tableaux ont des tons doux et moelleux, et quelquefois ses associations d'idées éveillent ou rappellent des sentiments tendres et héroïques. Il n'a cependant ni invention puissante ou originale, ni verve, ni pathétique ; aussi, sous ce rapport, bien qu'il ait mis plus de sentiment dans ses dernières œuvres (3), il ne saurait entrer en comparaison avec Moore ; mais il pouvait rivaliser avec lui d'élégance et de soin scrupuleux dans la versification, sûr de n'être jamais surpassé pour la perfection du vers.

Il semble, au premier abord, qu'il n'y ait aucun rapport entre Moore, qui élève les sentiments et les événements de la vie ordinaire à la poésie, et William Wordsworth (4), le poète par excellence de la vie commune. L'un nous frappe par sa splendeur merveilleuse, l'autre par sa « simplicité magique (5). » Cependant, il y a bien dans le chantre de l'amour tranquille et réfléchi de Nama et de Zaraph quelque chose de la sérénité (6)

---

(1) 1763. — 1855.

(2) « The Pleasures of Memory » 1792, « Epistle to a Friend, with other Poems » 1798, « Columbus » 1812.

(3) « Human Life » 1819, « Italy » 1822-1823.

(4) 1770-1850.

(5) « Wordsworth » by F. W. H. Myers. London Macmillan 1881.

(6) « He spake of love, such love as spirits feel »
  « In worlds whose course is equable and pure ; »
  « No fears to beat away, no strife to heal, »
  « The past unsighed for, and the future sure. »
    « Laodamia » 1814.

— 237 —

et de la tendresse méditative (1) que possède au plus haut degré l'illustre chef des Lakistes.

Moore tient aussi, par quelque côté, d'un autre grand poète qui fit école au commencement du siècle. Nous savons que la poésie de Walter Scott (2) imprima son propre caractère à toute la poésie produite pendant plusieurs années, et qu'en mettant fin aux longs ouvrages en vers d'un caractère didactique ou purement réfléchi, elle dirigea le courant de toute composition de ce genre dans la *forme narrative*. Moore s'était donc inspiré, comme Byron lui-même (3), du *génie narratif* de Scott, dont les beaux poèmes ont cet élément de vie qui naît du sentiment vrai et de l'ardente croyance de l'écrivain, et il montrait dans ses « Adorateurs du Feu » autant d'animation, de chaleur, d'enthousiasme que Scott dans « Marmion, » son plus grand poème.

Cependant un autre Lakiste, Samuel Taylor Coleridge (4), marquait dans la pléiade poétique de cette époque : il était loin d'être inférieur à Moore dans ses

---

(1)   « Life, I repeat, is energy of Love »
       « Divine or human, exercised in pain, »
       « In strife, in tribulation, and ordained, »
       « If so approved and sanctified, to pass, »
       « Through shades and silent rest, to endless joy. »
                          « The Excursion » 1814.

(2) 1771-1832.

(3) Il faut observer que sa passion pour le succès entraîna uniquement Byron à suivre Walter Scott dans une voie nouvelle ; car son goût personnel le portait vers l'ancienne école poétique qui disparaissait, et dont il admirait le chef jusqu'à l'extravagance. « Il ne s'aventurait pas, dit Macaulay, (Moore's Life of Lord Byron, p. 333), à prétendre ouvertement que le petit homme de Twickenham était un poète plus grand que Shakespeare ou Milton ; mais il donnait assez clairement à entendre que c'était son avis. »

(4) 1772-1834.

nouvelles compositions, d'une exécution plus artistique et plus parfaite que les anciennes (1), où, sous l'influence du mysticisme philosophique d'Allemagne, la tendresse était devenue plus délicate et plus profonde, la flamme plus brillante et plus vive, le sentiment de la beauté plus fin et plus exquis (2). En effet, Coleridge avait aussi le souffle puissant de l'imagination qui donne la forme et le souffle du génie qui donne la vie. Avec quel art il exprimait tout ce qu'il sentait ! Les mots délicatement unis paraissaient naître de la pensée ou de l'émotion, comme la fleur naît de sa tige ou la flamme de l'huile qui la nourrit, et la musique de sa poésie, particulièrement de sa poésie rimée (3), n'était pas moins douce que celle de Moore, de telle sorte que, s'il eût produit davantage, il eût été aussi grand, peut-être plus grand que lui.

Si maintenant nous considérons Robert Southey (4), nous voyons qu'il n'a de commun avec Moore que son imagination inventive et sa fertilité ; car dans la plupart de ses poésies, et en particulier dans « Roderick, » son dernier poème épique, il se montre, comme dans sa prose, un des écrivains anglais les plus simples. Cependant, il y a beaucoup de splendeur dans sa plus grande œuvre poétique tirée de la mythologie hindoue (5), et on peut, pour sa magnificence tout orientale, comparer la description du voyage de la gracieuse Kailyal à tra-

---

(1) Ses premières poésies parurent en 1796, dans un petit volume contenant aussi quelques pièces de Charles Lamb.

(2) Voyez son poème intitulé « Love, » publié en 1800 dans le second volume des « Ballades Lyriques » de Wordsworth.

(3) Par exemple, le poème inachevé de « Christabel » 1816.

(4) 1774-1843.

(5) « The Curse of Kehama. » 1810.

vers l'air, sous la garde du pur Esprit Ereenia (1), à la description que l'auteur de « Lalla Rookh » fait du voyage de la charmante Hinda sur mer, après une tempête (2).

Quant aux poésies de Charles Lamb (3), si peu nombreuses et si admirables par leur originalité (4), elles

---

(1) « Then in the ship of heaven Ereenia laid »
   « The waking, wondering maid, »
« The ship of heaven, instinct with thought, displayed »
« Its living sail, and glides along the sky. »
   « On either side, in wavy tide, »
« The clouds of morn along its path divide ; »
« The winds who swept in wild career on high »
« Before its presence check their charmed force ; »
« The winds that loitering lagged along their course »
« Around the living bark enamoured play, »
» Swell underneath the sail, and sing before its way. »
(Canto VII).

(2) « How calm, how beautiful comes on »
« The stilly hour when storms are gone ! »
« When warring winds have died away, »
« And clouds, beneath the dancing ray, »
« Melt off, and leave the land and sea »
« Sleeping in bright tranquillity — »
« Fresh as if day again were born, »
« Again upon the lap of morn ! »
....
« When, 'stead of one unchanging breeze, »
« There blow a thousand gentle airs, »
« And each a different perfume bears, »
....
« When the blue waters rise and fall, »
« In sleepy sunshine mantling all ; »
....
« Such was the golden hour that broke »
« Upon the world, when Hinda woke »
« From her long trance, and heard around »
« No motion but the water's sound »
« Rippling against the vessel's side, »
« As slow it mounted o'er the tide. »
(Canto III).

(3) 1775-1834.
(4) « Album Verses » 1830.

nous offrent la quintessence des sentiments intimes, exprimée à la manière de Wither et d'Herbert, avec une grâce moins simple et moins touchante que celle de Moore. C'est l'impression que nous recevons en lisant, par exemple, l'élégie « When maidens such as Hester die, » après avoir lu la mélodie « I saw thy form in youthful prime (1). »

Il est un autre genre de poésie émouvante : c'est la poésie de Thomas Campbell (2). Certes, ce poète avait le talent de remuer les cœurs, et en cela il était le digne émule de Moore. Sa première œuvre magistrale, les « Plaisirs de l'Espérance, » en est la meilleure preuve. En effet, les beaux et pathétiques épisodes dont ce poème abonde, constituent une source d'intérêt profond. Est-il possible, par exemple, de lire la description des horreurs de la guerre et de l'odieux partage de la Pologne, sans éprouver avec le poète une émotion douloureuse, bientôt suivie d'une juste indignation ? Mais Campbell, il faut bien le dire, malgré tout son goût classique, avait souvent fait usage, dans ses premières compositions, de jolis mots au détriment de la pensée (3). Il se corrigea fort heureusement de ce défaut avec le temps, de telle sorte que ses dernières œuvres sont d'une exécution beaucoup plus pure (4) ; cependant, il n'atteignit Moore que rarement pour la délicatesse et la grâce exquise de la forme.

---

(1) Irish Melodies. Second volume. Second number. 5th melody.
(2) 1777-1844.
(3) On trouve des traces de la prédominance du son sur le sens même dans sa belle poésie « The Battle of the Baltic : »
    « But the might of England flushed »
    « To anticipate the scene. »
(4) « Theodric and other Poems. » 1824.

James Leigh Hunt (1), au contraire, ne le céda presque jamais à Moore pour la pureté de la diction : c'est à peine si l'on trouve dans quelques-unes de ses meilleures pièces une trace d'expression illégitime ou simplement douteuse. Ajoutez à cela qu'il y aurait mauvaise grâce à lui contester l'originalité de son génie ou son droit au titre de vrai poète ; car il a mis comme Moore, dans tout ce qu'il a écrit, une âme vivante. Il brille même dans beaucoup de ses productions, soit par la tendresse (2), soit par l'esprit et l'humour (3) ; toutefois, il perd à être mis en parallèle, sous ce rapport, avec l'auteur des « Mélodies » et de tant de petits chefs-d'œuvre satiriques « imprégnés de l'esprit et de la gaieté Aristophanesques (4). »

Mais Moore n'avait rien de Byron (5) que la souplesse et, à l'occasion, l'énergie. Il faisait, en effet, la contre-partie du chantre de « Manfred, » et, comme lui, dans un genre opposé, il éleva un monument grandiose et immortel. Chez tous les deux, le génie était l'écho du cœur ; seulement le génie de Byron s'inspirait de ses propres passions et de l'histoire des peuples, celui de Moore des sentiments de son Irlande chérie et des siens. « Héros de tous ses récits (6), » Byron se peignait lui-même en sombre pyrrhonien avec l'audacieuse fierté de l'archange déchu de Milton : il était « le Giaour, debout et isolé dans un coin de la

---

(1) 1784-1859.
(2) Funeral of the Lovers in « Rimini. » 1816.
  To T. L. H. six years old, during a sickness.
(3) « Captain Sword and Captain Pen. » 1835.
(4) The Times, January 9, 1841.
(5) 1788-1824.
(6) Macaulay. — Moore's Life of Lord Byron, p. 343.

nef obscure et jetant de dessous son long capuchon un regard farouche et menaçant sur le crucifix ; Conrad se reposant sur son épée près de la Tour du Guet ; Alp regardant avec assurance le nuage fatal qui passe devant la lune ; Manfred errant parmi les précipices de Berne ; Caïn offrant à Dieu son sacrifice inacceptable (1). » Moore manifestait dans ses créations, avec l'enthousiasme d'une âme profondément religieuse, ses croyances spiritualistes. L'un était le chantre des vérités lugubres, de la passion sauvage, du scepticisme et du désespoir ; l'autre, des vérités consolantes, de la tendresse, de la foi et de l'espérance. « La poésie de Byron est une ronce hérissée de piquants, ou quelquefois un upas mortel, d'une forme étrange et repoussante, qui a ses racines dans les fentes du rocher et dont la tête bravant le ciel lutte contre le nuage armé de la foudre, résiste à la tempête, et reste entourée des mugissements des cataractes retentissantes (2). » Quoique souvent d'une sublimité infinie, elle tend « à détruire toute croyance à la réalité de la vertu, et à rendre tout enthousiasme et toute constance d'affection ridicules (3). » La poésie de Moore, au contraire, « est la rose sans épines, son toucher est velouté, sa couleur vermeille, et sa forme gracieuse sort du moule de la beauté (4). » D'une sublimité divine, elle tend à fortifier notre croyance au bien et à rendre plus respectables toutes les nobles passions, la constance des sentiments, le culte du devoir, l'ardeur du sacrifice.

---

(1) Macaulay. — Moore's Life of Lord Byron, p. 337.
(2) Jeffrey. — The Edinburgh Review, N° 75.
(3) Jeffrey's Essay, I, 122.
(4) Jeffrey. — The Edinburgh Review, N°. 75.

Un autre poëte d'un esprit puissant, Percy Bysshe Shelley (1), avait acquis en peu d'années beaucoup de célébrité : il produisait, avec plus de rapidité que Moore, ses poésies si riches dans leur beauté variée (2) ; il y en avait peu qui fussent ou prématurées ou négligées, et nous ne doutons pas que, s'il eût vécu plus longtemps, il n'eût développé des facultés nouvelles et tiré de son art des ressources inattendues (3). Mais il n'était pas un écrivain plus délicat, plus scrupuleusement attentif que Moore à l'effet des mots et des syllabes, et plus accoutumé à travailler jusqu'au raffinement tout ce qu'il écrivait. Observons en outre qu'il n'y a pas dans les œuvres de Moore, à l'exception de sa poésie de jeunesse adressée à « la Jeune Fille invisible (4), » de pensées nuageuses, d'expressions vagues, comme on en trouve dans les dernières compositions de Shelley, et qui provenaient de l'extase chimérique, trop élevée pour le langage, où sa nature poétique, très fine, très sensible, très voluptueuse, aimait à se plonger et à se perdre. Toutefois, dans l' « Epipsychidion, » admirable poëme sur l'idéalisme de l'amour, sa *Vita nuova*, qu'il composa la dernière année de sa vie, Shelley réussit à rendre en un langage toujours clair cette façon de penser, si bien que, pour la

---

(1) 1792-1822.

(2) « Queen Mab » 1810, « Alastor » 1816, « The Revolt of Islam » 1818, « The Cloud » 1818, « Rosalind and Helen » 1819, « The Cenci » 1819, Ode « To a Skylark » 1820, « Prometheus Unbound » 1821, « Adonaïs » 1821.

(3) L'ode « A l'Alouette, » écrite, tandisque l'oiseau chantait dans le ciel d'azur de l'Italie, et l'ode sur « Le Nuage, » composée, pendant qu'il flottait au-dessus du bateau de Shelley, sur la Tamise, suffisent à nous faire croire qu'il eût été sans rival dans la poésie lyrique. En effet, comme l'observe fort bien Mrs. Shelley (Preface to Poetical Works), « aucun poëte ne fut jamais échauffé par une inspiration plus naturelle et plus spontanée. »

(4) « Epistles, Odes and other Poems. »

beauté supérieure de l'imagination, de l'expression et de la musique, cette œuvre est une des merveilles poétiques les plus sublimes.

Il y avait encore, dans cette glorieuse élite des poètes, John Keats (1), un des plus grands parmi les plus jeunes, « le Cœur des Cœurs. » Moore n'avait pas, comme lui, l'intensité passionnée de la conception. Tout ce que Keats pensait ou sentait devenait pour lui une vision, le ravissait et le faisait tressaillir. Aussi, tout ce qu'il écrivit est une flamme qui brûle. Ses affectations mêmes (2) étaient en général le résultat de son admiration pour la poésie du règne d'Elisabeth. S'il montrait pour l'élément musical en poésie la même sensibilité que Spenser, il était loin, sous ce rapport, d'être supérieur à l'auteur des « Mélodies » et de « Lalla Rookh. » Moore ne sacrifiait jamais le sens à l'harmonie ; on ne pouvait du reste attendre moins d'un poète qui avait le don d'articuler les moindres nuances de ses impressions musicales, à tel point que sa poésie, quoi qu'en dise William Rossetti (3), était une vraie musique, sans cesser pour cela d'être toujours intelligible, même dans les moindres détails. Keats, au contraire, se laissait diriger dans le cours de sa composition uniquement par la rime, quelquefois durant des pages entières, non

---

(1) 1796-1821.

(2) « Endymion » 1817 est pour la diction et la versification une copie fidèle de « the faithful Shepherdess » de Fletcher et du « sad Shepherd » de Ben Jonson.

(3) « Moore est aussi dépourvu d'harmonie ou d'étendue rhythmique de son que tout versificateur correct peut l'être. Il y a dans sa poésie une certaine exactitude légère ou allant le trot, qui, pouvant se réduire aussi bien à l'épreuve de la prosodie qu'à celle d'une oreille juste, n'est qu'une forme tout à fait rudimentaire de la mélodie. » Maxon's popular poets — Moore's poetical Works, 1882. Prefatory notice p. XXVII.

sans que la pensée souffrît souvent de cette obéissance aveugle au son. Le son, sans doute, est l'essence même du chant, et la musique doit toujours guider le mouvement du vers, mais jamais au détriment du sens.

Ainsi, l'on rencontrait réunis dans un seul poète, parfois même à un degré supérieur, presque tous ces dons du génie poétique dont quelques-uns suffisaient à faire l'originalité et la gloire des autres. C'était beaucoup déjà, et cependant l'« Enchanteur d'Erin » avait reçu de la nature d'autres dons plus merveilleux. Son esprit était doué d'un pouvoir véritablement magique. Nous ne faisons pas par là allusion à ses moyens d'action, consistant dans le prestige éblouissant de richesses inouies, fleurs douces et suaves, pierreries aux reflets chatoyants, ornements exquis de tous genres, qu'il tenait principalement de la société recherchée et brillante au sein de laquelle il se plaisait tant. Nous entendons parler du pouvoir de son esprit, considéré en lui-même. Cet esprit, le plus délié et le plus brillant qu'on ait jamais vu, se produisait ouvertement avec plus de facilité naturelle et se pliait à l'expression avec plus de spontanéité que celui de tout autre. Toujours fécond en idées ou en images nouvelles, en tours ingénieux, il faisait, à son gré, des mots les ailes plutôt que le vêtement de ses pensées. Tantôt il trouvait des ressources précieuses dans la littérature profane ou sacrée, tantôt il pénétrait dans le cœur humain, tantôt il effleurait avec la légèreté d'un sylphe les champs de la fantaisie ou de l'imagination. C'était un véritable Ariel, « une créature des éléments, » ailée, aérienne, toute de lumière, étincelante, pleine de vie et de sensibilité, « une parcelle de feu détachée du soleil, qui voltigeait sans cesse pour remonter vers cette source de lumière et de chaleur. » C'était aussi, fait unique en son genre, un esprit français par sa vive et franche gaieté, sa plaisanterie de bon goût, sa malice sans fiel. Chez ce charmant poète, l'humour était de la plaisanterie toujours gaie, et l'esprit, de la gaieté toujours fine. Il y avait donc dans sa gaieté autant d'humour que d'esprit. C'est à la délicatesse et à la grâce de ces dons naturels que Moore devait de « plaire sous tous les noms (1), » et d'être un satirique incomparable. Cependant, ils n'entraient ensemble que pour une bien petite part dans sa poésie, qui gardant, sous toutes ses formes, le même brillant sans égal, le même fini, la même facilité, respirait dans ses chants plus tendres l'âme même de la douceur et de la passion. « Aucun homme, dit Sheridan, n'a fait passer autant de son cœur dans les élans de son imagination. » « Les Amours des Anges, » « l'Epicurien, » le poème de « la Péri » et, à un plus haut degré, celui des « Adorateurs du Feu, » offrent ce caractère : l'âme du poète y vibre tendre, passionnée, puissante ; car le thème de ses accords, c'est l'amour de Dieu, de la patrie et de la liberté. Mais sa tendresse n'a pas de termes aussi doux, sa passion d'accents aussi pathétiques et aussi enthousiastes, son génie d'inspirations aussi grandioses que dans les « Mélodies Irlandaises. » Ce sont ces poésies patriotiques, vraie musique à elles seules, de toute beauté, d'un charme indéfinissable, d'une puissance prodigieuse, expression la plus élevée de son esprit et de son cœur, qui ont fait de « Moore, comme Lord Russell l'a proclamé, « le premier des poètes lyriques anglais (2). »

---

(1) « Oh you, who in all names can tickle the town, »
« Anacreon, Tom Little, Tom Moore, or Tom Brown. »
(Byron to Thomas Moore — May 19, 1813.)

(2) Memoirs of Moore. Vol. I. Introd. p. 22.

BIBLIOGRAPHIE

(Les Œuvres sont classées par ordre de dates).

1800   Odes of Anacreon translated into English verse with notes by T. M. London. J. Stockdale 1800. 4º.

(British Museum : 653. b. q.)

Odes of Anacreon translated into English verse. The second edition. London. Carpenter. 1802. 2 volumes 8º.

$$\left(\begin{array}{l}\text{Bibliothèque nationale : y 294}\\ \text{D}\end{array}\right)$$

Odes of Anacreon translated into English verse by T. M. London. J. Stockdale 1802. 12º.

(British Museum : 11335. b.)

Odes of Anacreon translated into English verse with notes by T. M. London $\left\{\begin{array}{l}\text{Stockdale}\\ \text{Carpenter}\end{array}\right.$ 1804. 12º.

(British Museum : 11335. aaa.)

Odes of Anacreon translated into English verse with notes by T. M. London. $\left\{\begin{array}{l}\text{Stockdale}\\ \text{Carpenter}\end{array}\right.$ 1806. 8º.

(British Museum : 11335. b.)

Odes of Anacreon translated into English verse by T. M. London. } Stockdale / Carpenter 1815. 8º.

(British Museum : 11335. d.)

Odes of Anacreon translated into English verse by T. M. London. } Stockdale / Carpenter 1820. 8º.

(British Museum : 11335. aa.)

Odes of Anacreon translated into English verse by T. M. London. { Stockdale / Carpenter 1826. 12º.

(British Museum : 11335. a.)

Odes d'Anacréon suivies de la traduction en vers anglais par T. M. (Edition polyglotte publiée sous la direction de M. Monfaucon) Paris, Firmin-Didot, 1835. 8º.

(British Museum : c. 29. m. 10.)

The Odes of Anacreon translated into English verse by T. M. with drawings by Girodet de Roussy. London J. C. Hotten. 1871. 4º.

(British Museum : 11335. a.)

1801 The poetical Works of the late Thomas Little, esq. London. Carpenter 1810. 8º.

(British Museum : 992. c. 15.)

Another edition with a preface by T. M. London Carpenter 1804. 8º.

(British Museum : 11642. aa. 60.)

Poetical Works of the late Thomas Little. Dublin. Mackenzie 1804. 12º.

$$\left(\text{British Museum} : \frac{11641 \text{ b. } 60.}{1}\right)$$

Another edition. Philadelphia. H. Maxwell 1804. 12°.
(British Museum : 11642. d. 25.)

The ninth edition. London. Carpenter 1808. 8°.
(British Museum : 11644. bb. 6.)

Another edition. Dublin. Mackenzie 1810. 8°.
(British Museum : 11642. bb. 39.)

The tenth edition. London. Carpenter 1810. 12°.
(British Museum : 11642. aaa. 40.)

The twelfth edition. London. Carpenter 1814. 8°.
(British Museum : 11641. a. 32.)

Another edition. MS. notes. Dublin. Mackenzie 1817. 12°.
(British Museum : 11641. a. 33.)

The fourteenth edition. London. Carpenter 1819. 8°.
(British Museum : 11632. aaa. 33.)

The fifteenth edition. London. Carpenter 1822. 12°.
(British Museum : 11643. aaa. 21.)

Another edition. London. Carpenter 1828. 12°.
(British Museum : 11641. aa. 27.)

1806 Epistles, Odes and other Poems by T. M. London. Carpenter 1806. 1 volume 4°.
(British Museum : 11647. g. 4.
Bibliothèque nationale: y 6500.
Fb

An attempt to vindicate the American character being principally a reply to the animadversions of T. M. [In his « Epistles » in verse] pp. 43. B. Johnson. Philadelphia 1806. 8º.
(British Museum : 11645 f. 46 (2).)

Epistles, Odes and other Poems by T. M. Second edition. London. Carpenter 1807. 2 volumes 8º.
(British Museum : 11641. aaa. 37.)

The fourth edition. London. Carpenter 1814. 2 volumes 12º.
(British Museum : 11643. e. 18.)

The sixth edition. London. Carpenter 1822. 2 volumes 8º.
(British Museum : 11643. aaa. 13.)

1807 A selection of Irish Melodies [with the music]. (Supplement) London. J Power 1807-1834. 5 volumes folio.
(British Museum : H. 1390.)

A selection of Irish Melodies with symphonies and accompaniments by Sir J. Stevenson and words by T. M. Dublin. Power 1813. Nº 1. folio.
$\left(\text{British Museum} : G \frac{807}{35}\right)$

Irish Melodies with an appendix containing the original advertisements and the prefatory letter on music. London. J. Power 1821. 8º.
(British Museum : 991. c. 31.)

Another copy. Philadelphia. Jekyll 1821. 12º.
(British Museum : 11621. e. 25.)

T. M's Irish Melodies, complete, to which are added National Melodies. Brussels. Paul and co. 1822. 12°.

(British Museum : 11621. e. 24.
Bibliothèque nationale : y.)

Melodies Irish and National from the London edition 1822. Pisa. 1823. 12°.

(British Museum : 11621. aa. 32.)

Irish Melodies with an appendix, containing the original advertisements, and the prefatory letter on music. The sixth edition. London. Power 1825. 8°.

(British Museum : 11644. b. 7.)

Irlandiska Melodier och Dikter... och en Saga af Novalis : jemte en af ojversaettaren lemnad charakteristik oefverforstnaeumde Skald. Stockholm 1825. 8°.

(British Museum : 11642. aaa. 61.)

Proof sheets of four leaves of the selection of the Irish Melodies with symphonies by Sir J. Stevenson, with autograph corrections by T. M. (1). London Power 1825. Folio.

(British Museum : b. 45. k. 1.)

---

(1) Nous transcrivons fidèlement les corrections écrites de la main même de Moore :

« And our death come on *blessed* and calm as the night. »

Dans ce dernier vers de la Mélodie « Oh ! had we some bright little isle..., » le poète a rayé le mot *blessed* et l'a remplacé par *holy*.

« He *will certainly* take thee for one, my dear ! »

Tel est le dernier vers de « the young May moon. » Moore a raturé *will certainly* et a écrit en marge *might happen to*.

Le 7e vers de la Mélodie « You remember Ellen » est ainsi imprimé :

« *They* must seek *their* fortune on other plains. »

Moore l'a modifié de la manière suivante :

« *We* must seek *our* fortune, etc. »

Irish Melodies. The tenth edition. London Power 1832, 8°.

(British Museum : 11622. aaa. 28.)

Cantus Hibernici, auctore T. M., latine redditi a N. Lee Torre. Londini. R. Flynn 1835. 8°.

(British Museum : 11642. c. 4.)

Landscape illustrations of M's Irish Melodies with comments. (No more published) London J. Power 1835. 8°.

(British Museum : 789. a. 2.)

Irish Melodies written in the erse language. Dublin. 1842 8°.

(British Museum : 11642. d.)

Irish Melodies. Paris. Baudry 1843. 8°.

(Bibliothèque nationale : y.)

M's Irish Melodies illustrated by D. Maclise. London. Longman 1846. 8°.

(British Museum : c. 30. b. 1.
Bibliothèque nationale : y.)

The Irish Melodies and other Poems, with a melologus upon National music, to which are appended the original advertisements to the Melodies, and the prefatory letter on music. With a brief sketch of the author's literary career. Copious *MS. notes* (1). Dublin Cumming 1846. 32°.

(British Museum : 11642. a. 33.)

---

(1) Parmi ces nombreuses notes manuscrites, nous avons remarqué surtout celle-ci au verso du 1er feuillet : « Moore — Burns and Beranger are three greatest lyric poets and writers of *national songs* in modern times and rank among the best of any age or country from Pindar, Anacreon, Horace down to our day. »   Dublin, 1850.

A la fin de la notice biographique, p. XII, on a écrit ces mots :

Irish Melodies. London. Longman 1849. 8°.

(British Museum : 11621. bbb. q.)

Another edition. London. Longman. 1854. 16º.

(British Museum : 11647. a. 21.)

Another edition illustrated with engravings. London. Longman 1856. 8°.

(British Museum : c. 30. h. 6.)

Cantus Hibernici, auctore T. M. latine redditi. Editio nova a N. Lee Torre. 3 series. Leamington. Knibb 1856-1859. 3 volumes 8º.

(British Museum : 11642. g. 22.)

Irlaendika Melodier..... aefversatta af C. R. Upsala. Nyblom 1858. 8°.

(British Museum : 11641. b. 26.)

Irish Melodies. Dublin. Duffy. 1859. 16º.

(British Museum : 11641. a. 37.)

A selection of Irish Melodies, Songs, and other Poems by T. M. London. 1859. 16º.

(British Museum : 11641. a. 38.)

M's Irish Melodies with new symphonies and accompaniments for the piano forte by M. W. Dalfe. London. A. Novello 1859. 12º.

(British Museum : 7895. a.)

« Moore was not the greatest poet of the 19th century but Byron was — Moore was one of the greatest or perhaps the greatest lyric poet of his age. »

130 of Moore's Songs and Irish Melodies. London. Davidson 1859. 16°.

(British Museum : 11642. a. 53.)

Irish Melodies..... London. A. Novello 1860. 16°.

$$\left(\text{British Museum} : \frac{11621.\ \text{aaa.}\ 42.}{2}\right)$$

Comic illustrations to T. M's Melodies by Sir C. E S. Bart. [With mottoes taken from the poems]. London. Dangerfield 1865. 8°.

(British Museum : 1750. a.)

M's Irish Melodies illustrated by D. Maclise. New edition. London. Longman 1866. 8°.

(British Museum : 11622. bb. 22.)

M's Irish Melodies, Lalla Rookh, National Airs (1), Legendary Ballads, Songs, etc., with a Memoir by J. F. Waller. London. W. Mackenzie 1867. 4°.

(British Museum : 11611. h. 3.)

Mélodies irlandaises traduites en vers français par H. Jousselin. Préface de Jules Janin. Paris. E. Maillet 1869. 8°.

$$\begin{pmatrix}\text{British Museum : 11621. bbb. 7.}\\ \text{Bibliothèque nationale : y.}\end{pmatrix}$$

Appendice aux Mélodies irlandaises de T. M. traduites en vers français par H. Jousselin. [A collection of favourable critiques on the translation]. Paris. E. Maillet 1870. 12°.

(British Museum : 11622. bbb. 8.)

---

(1) Le volume qui contient les premiers Airs Nationaux, publié en 1815, ne se trouve pas au British Museum.

T. M's Irish Melodies and Songs. London. Routledge and Sons 1874. 16°.

(British Museum : 11622. aa. 51.)
(Bibliothèque nationale : y.)

Irish Melodies and National Airs... New edition. Dublin. Duffy. 1879. 16°.

(British Museum : 11645. aaa. 58.)

Quelques Mélodies irlandaises. Lyon. Pitrat 1879. 8°.

(Bibliothèque nationale : y.)

1808 Corruption and Intolerance, two poems with notes by an Irishman. London. Carpenter 1808. 8°.

(British Museum : 11641. d. 41.)

Another copy. London. Carpenter 1809. 8°.

(British Museum : 11631. bbb. 20.)

1809 The Sceptic, a philosophical satire by the author of « Corruption and Intolerance. » London. Carpenter 1809. 8°.

(British Museum : 11631. bb. 78.)

1810 A letter to the Roman Catholics of Dublin [on the subject of bishops' appointment]. The second edition. Dublin. Gilbert and Hodges. 1810. 8°.

(British Museum : 8145. d.)

1811 M. P. or the Blue Stocking, a comic opera in prose with songs. London. J. Power 1811. 8°.

$$\left(\text{British Museum} : \frac{643 \text{ g. } 18.}{6}\right)$$

Another copy. London. J. Power 1811. 8º.

$$\left(\text{British Museum}: \frac{643.\text{ f. }15.}{6}\right)$$

Another copy. London. J. Power 1811. 8º.

(British Museum : 162. k. 20.)

1813 Intercepted Letters or the two penny Post-Bag (1) to which are added trifles reprinted by T. Brown the Younger. The eighth edition. London J. Carr 1813 8º.

(British Museum : 1164. d. 1.)

The eleventh edition. London. J. Carr 1813. 8º.

(British Museum : 11643. aaa. 16.)

1816 The World at Westminster by T. Brown the Younger. London. W. Ginger 1816. 12º.

(British Museum : pp. 6131.)

Lines on the death of Sheridan by T. M. London. W. Howe 1816. 8º.

(British Museum : 11645. cc. 6.)

1817 Lalla Rookh, an oriental romance. London. Longman 1817. 4º.

(British Museum : 643. l. 8.)

The second edition. London. Longman 1817. 4º.

(British Museum : 79. h. 19.)

---

(1) La première édition des « Lettres Interceptées, » parue en 1812, ne se trouve pas au British Museum.

The sixth edition illustrated with engravings from Westall. [With an engraved, as well as printed, title-page]. London. Longman 1817. 8º.

(British Museum : 1466. h.)

Another edition. New-York. Kirk and Mercein 1817. 12º.

(British Museum : 11643. a. 39.)

Lalla Rookh... Third American edition. New-York. Kirk and Mercein 1818. 12º.

(British Museum : 11643. a 40.)

Heusel. W. Die lebenden Bilder... bei dem Festspiel Lalla Rukh after the poem of T. M. etc. 1823. Folio.

(British Museum : 605. k. 18.)

De Visur - aanbidders. Naar het Engelsch van T. M. Lennep (Ivan) Vertalingen en Navolgingen in Poezy 1824. 8º.

(British Museum : 11641. g. 24.)

Lalla Rukh die mongolische Prinzessin... aus dem Englischen in dem Sylbenmassen des Originals übersetzt [in verse] von F. Baron de la Motte Fouque. (Anhang. Das Paradies und die Peri. In einer andern Uebersetzung von Brenet) Wien. Gedradt 1825. 2 volumes. 16º.

Note. Forming Bde 4, 12, 13 of the classische Cabinets Bibliothek.

(British Museum : 1164, a. 10. 11.)

Lalla-Rukh xierznicka Mogolska. Przeklad. W. Maleckiej [in prose] Warszawie. Nakladem 1826. 2. Tomy 8º.

(British Museum : 11641. a. 50)

Lalla Rookh... Fifteenth edition. London. Longman 1829. 12°.

(British Museum : 11641. aaa. 38.)

Lalla Rookh, oesterlaeusk Romance... oefversaettning fraen Originalet af Larnell. Abo. Ludv. Hjelk 1829-30. 12°.

(British Museum : 11643. aa. 57.)

Lalla Rookh, an oriental romance. Paris. Baudry 1835. 8°.

(British Museum : 11643. h. 3.)

Pearls of the East or Beauties from Lalla Rookh designed by F. Corbaux and drawn on stone by L. Corbaux. London. C. Tilt. 1837. folio.

(British Museum : 1754. c.)

Lalla Rookh. London. Longman 1838. 8°.

(Biblothèque nationale : y.)

Il Profeta Velato, poema orientale [being the first portion of Lalla Rookh] tradotto da G. Flechia. Torino. Confari 1838 8°.

(British Museum : 1164. f. 19.)

Peri i raj. Powięsé wschodnia. Odyniec (AE) Tlomaczenia. Tom. 5. 1838. 8°.

(British Museum : 11585. c.)

Lalla Rookh with engravings from designs by. R. Westall. pp. 376. London. Longman 1844. 8°.

(British Museum : 11646. eee. 9.)

Lalla-Rukh. Eine romantische Dichtung aus dem Morgenlande. Nach dem Englischen bearbeitet und mit anmerkungen begleitet von Wollheine. Hamburg und Leipzig. Schaberth 1846. 16°.

Note. Being Bd 1 of « klassische Bibliothek des In-und Auslandes. »

(British Museum : 11641. a. 36.)

Lalla Rookh, an Oriental romance... Illustrated with engravings, etc. London. Longman 1851. 8°.

Note. Here is a second title-page engraved.

(British Museum : 11642. e. 31.)

Raj i Pery, poemat wyjety z Lalli-Ruk... z Angielskiego przctoryt A. Rypiuski. Londyn. Polskiej. 1852. 16°.

(British Museum : 11585. a.)

Selections from Lalla Rookh, etc., in deutscher Uebersetzung mit gegen übergedrucktem Original. Leipzig 1852. 16°.

$$\left(\text{British Museum : } \frac{11643. \text{ bb. } 33.}{3}\right)$$

Lalla Rookh, etc. London. Longman 1854. 32°.

(British Museum : 11647. a. 19.)

Another edition illustrated with engravings from drawings by eminent artists. London. Longman 1856. 8°.

(British Museum : 1347. h.)

D., O. S. F. Scenes from the Fire-Worshippers by T. M. Illustrated by O. S. T. D. 1857. 4°.

(British Museum : 1259. c.)

Lalla Rookh, an oriental romance, to which is added a life of the author..... with illustrations. London. Longman 1859. 8º.

(British Museum : 11642. b. 47.)

Another edition. Edinburgh. Gall and Inglis 1859 8º.

(British Museum : 11641. b. 27).

Lalla Rookh, an oriental Romance. A New edition. Guildford [printed] London. Longman 1859. 16º.

(British Museum : 11633. a. 30.)

Lalla Rookh, with illustrations from original drawings by G. H. Thomas. [printed on tinted paper]. London. Longman 1860. 4º.

(British Museum : 1347. g.)

Paradise and the Peri (Illuminators O. Jones and H. Wassen. On stone by A. Wassen). London. Day and Son 1860. 4º.

(British Museum : c. 43. g. 5.)

Lalla Rookh, with sixty nine illustrations from original drawings by J. Tenniel, engraved on wood by the brothers Dalziel, and five ornamental pages of Persian design by T. Sulman, engraved on wood by H. N. Woods. [whith notes]. London. Longman 1861. 4º.

(British Museum : 1347. g.)

Another edition with illustrative notes. Dublin. Duffy 1861. 16º.

(British Museum : 11642. a. 56.)

Lalla Rookh, an oriental extravaganza, founded on M's poem. In three acts [and in verse] by V. Amcotts. The music selected from Offenbach. London. Hailes Lay 1869. 8°.

$$\left(\text{British Museum}:\frac{11781.\ b.\ 42.}{17}\right)$$

Il Paradiso e la Peri... Traduzione di G. Comisani. Milano. Gaglielmini 1872. 8°.

$$\left(\text{British Museum}:\frac{11645.\ g.\ 53}{8}\right)$$

Il Profeta Velato del Khorassan, dramma in tre atti e prologo, di G. R. Del-Frate d'Arezzo, [in verse] founded on the poem by T. M. Firenze. Ducci 1874. 16°.

Note. Forming Fase 55 of the collection entitled « Nuova biblioteca Teatrale di autori Italiani e stranieri. »

(British Museum : 11715. df.)

Lalla Rookh. London [printed] New-York. Routledge 1874. 12°.

(British Museum : 11633. a. 31.)

Feramors — Lalla Rukh. Lyrische Oper in drei Aufzügen nach T. M's Gedicht von J. Rodenberg. Leipzig. Barth und Scuff 1877. 8°.

$$\left(\text{British Museum}:\frac{11745.\ dc.\ 10.}{10}\right)$$

Lalla Rookh... Digt... Oversat. af Lembcke pp. 284 Kjobenhaon. Copenhague. F. Hegel 1878. 8°.

(British Museum : 11650. cc. 4.)

Das Paradies und die Peri. Dichtung aus Lalla Rookh [sic] von T. Moore. In Musik gesetzt von R. Schumann. pp. 22,

Brectkopf und Haertel's Text-Bibliothek. N° 64. Leipzig 1879. 8°.

(British Museum : 11747. c.)

Lalla Rookh. Selections from Parts I and II of the Fire-Worshippers... with prefatory and explanatory notes. [Blackie's School Classics]. London, 1879. 12°.

(British Museum : 12200. c.)

1818 The Fudge Family in Paris, edited by T. Brown the Younger. London. Longman 1818. 8°

(British Museum : 11643. e. 13.)

The second edition. London. Longman 1818, 8°.

(British Museum : 11643. bb. 27.)

The third edition. London. Longman 1818. 8°

(British Museum : 11642. c. 47.)

The sith edition. London. Longman 1818. 8°.

(British Museum : 11643. e. 11.)

The seventh edition. London. Longman 1818. 8°.

(Bibliothèque nationale : y.)

The eighth edition. London. Longman 1818. 8°.

(British Museum : 993. a. 5.)

1819 T. Crib's Memorial to Congress with a preface, notes and appendix by One of the Fancy. London. Longman 1819. 12°.

(British Museum : 11645. ee. 16.)

The third edition. London. Longman 1819. 8°.)

$$\left(\text{British Museum}: \frac{993 \text{ e. } 34.}{3}\right)$$

The fourth edition. London. Longman 1819. 8°.

(British Museum : 11641. aa: 12.)

The Works of T. M. comprehending all his Melodies, Sacred Songs (1), National Airs, Ballads, etc., never before published without the accompanying music. Embellished with a portrait and a sketch of the author's life. Paris. Galignani 1819. 6 volumes. 12°.

(Bibliothèque nationale : y.)

The Works of T. M., etc. The second edition. Paris. Galignani 1820. 7 volumes. 8°. Note. Volume III is of the first edition.

(British Museum : 11612. bb. 9. 11.)

1823 The Loves of the Angels, a poem. London. Longman 1823. 8°.

(British Museum : 11642. e. 4.)

The fourth edition [with notes]. London. Longman 1823. 8°.

(British Museum : 992. h. 16.)

The Loves of the Angels, an eastern romance. The fifth edition. [with notes]. London. Longman 1823. 8°.

(British Museum : 992. b. 17.)

The Loves of the Angels. Philadelphia. R. Rhodes 1823. 16°.

(British Museum : 11644. bbb. 50.)

---

(1) J. Power publia, en 1816, *les Chants Sacrés* (avec les paroles par Thomas Moore, et la musique composée par Sir J. A. Stevenson et T. Moore) ; mais cette édition n'est pas au British Museum.

The Loves of the Angels. Paris. Amyot 1823. 12°.

(Bibliothèque nationale : y.)

Les Amours des Anges. Trad. Davezies de Pontès. Paris. Pillet aîné 1823. 12°.

(Bibliothèque nationale : y.)

The Loves of the Angels. London. Longman 1824. 12°.

$$\left(\text{British Museum}: \frac{11646.}{5} \text{ dc. 2.}\right)$$

Les Amours des Anges. Trad. Eug. Aroux. Paris. A. Mesnier 1830. 18°.

(Bibliothèque nationale : y.)

Les Amours des Anges. Trad. Lysias Moutardier. Angoulême. Laroche 1830. 8°.

(Bibliothèque nationale : y.)

Les Amours des Anges, poème traduit en vers français par Ostrowski. Paris. Gosselin 1837. 8°.

(British Museum ; 1161. g. 19.)

Englarnes Kaerlek, skaldestycke af T. M. oefversatt fran Engelskan af V. A. Allèn. Jonkoeping. Sandwall 1848. 32°.

(British Museum : 1164. a. 24.)

Les Amours des Anges, poème traduit de l'anglais de Th. Moore, par Toussaint Cabuchet. Paris. Bray 1857. 16o.

(Biblothèque nationale : y.)

Aenglaroies Haerleksoden oefversaettning. Upsala. Es. Edquist. 1864. 8°.

(British Museum : 11641. bb. 41.)

F. B .. Berti sceglievano questi brani dal poema gli Amori degli Angeli dell' Inglese T. M. in... veste poetica all' Italia .. presentato da A. Maffei, e li pubblicavano Nelle... nozza del Signor C. Delvecchio colla Signora A. Servadio, etc. Perugia 1873. 8º.

(British Museum : 11436. i. 6.)

Fables for the Holy Alliance. Rhymes on the Road by Th. Brown the Younger. London. Longman 1823. 8º.

(British Museum : 637. c. 38.)

1824 Memoirs of Captain Rock, the celebrated Irish Chieftain, with some Account of his Ancestors, written by himself [by T. M.] London. Longman 1824. 12º.

(British Museum : 1139. f. 1.)

Insurrections irlandaises ou Mémoires du Capitaine Rock. Paris 1829. 8º.

(Bibliothèque nationale : N° 125.)

1825 Memoirs of the life of the Right Hon. R. B. Sheridan. London. Longman 1825. 4º.

(British Museum : 615. l. 13.)

Another copy. London. Longman 1825. 4º.)

(British Museum : 134. b. 11.)

Another copy. Paris. Galignani 1825. 2 volumes. 12º.

(Bibliothèque nationale : N x. 997.)

Another copy. The third edition. London. Longman 1825. 2 volumes. 8º.

(Bibliothèque Nationale : 997. A.)

Evenings in Greece with music. (First and second evenings). The poetry by T. M. Esq. the music composed and selected by Henry. B. Bishop and Moore. London. Power 1825. Folio.

(British Museum : G. 405.)

Abénde in Grieckenland Gedicht... aus dem Englischen übersetzt von G. C. Dieffenbach. Darmstadt. 1846. 16°.

(British Museum : 11641. a. 35.)

1826 A letter to T. Moore, Esq. on the subject of his criticism upon Sheridan's « School for Scandal » by the author of an « Essay on light-reading. » (Edward Mangin). Bath. G. Wood 1826. 8°.

(British Museum : 11778. f.)

1827 The poetical Works of T. M., including his Melodies, Ballads, etc... (a biographical and critical sketch of T. M... by J. W. Lake.) Paris Galignani 1827. 6 volumes. 16°.

(British Museum : 11607. a. 24. 9.)
(Bibliothèque nationale : y.)

Another edition. Paris. Galignani 1827. 7 volumes. 32º.

(Bibliothèque nationale : y.)

The Epicurean, a Tale. London. Longman 1827. 12°.

(British Museum : 634. e. 1.)

L'Epicurien, traduit par A. Renouard. Paris. J. Renouard 1827. 12º

(British Museum : 12614. a.)

The Epicurean, a Tale. Paris. Galignani 1828. 12°.

(British Museum : 12613. bb.)

Another edition with vignette, illustrations by J. M. W. Turner; and Alciphron, a poem. *M. S. notes.* 2 Parts. London. J. Macrone 1839. 8°.

(British Museum : 12614. aa.)

Alciphron, a Poem. Paris 1840. 18°.

(Bibliothèque nationale : y.)

The Epicurean, a Tale [a new edition]. London. Longman 1856. 8°.

(British Museum : 12618. f.)

L'Epicurien, traduction nouvelle. Avignon. A. Chaillot 1861. 16°.

(Bibliothèque nationale : y.)

L'Epicurien, traduit par H. Butat, mis en vers par Théophile Gautier. Préface de E. Thierry. Dessins de Gustave Doré. Paris. Dentu 1865. 8°.

(Bibliothèque nationale : y
British Museum : 12603. g.)

1828. Odes upon Cash, Corn, Catholics and other matters by T. M. London. Longman 1828. 12°.

(British Museum : 993. a. 41.)

Another edition. Paris. Galignani 1829. 12°.

(Bibliothèque nationale : y.)

1829 The Works of T. M..... The fifth edition. Philadelphia. Washington Press. 1829. 2 volumes. 8°.

(British Museum : 12270. c.)

Another edition. Paris. Galignani 1829. 8°.

(Bibliothèque nationale : y.)

1830 Letters and Journals of Lord Byron with Notices of his Life by T. M. London. J. Murray 1830. 2 volumes. 4°.

(British Museum : 841. m. 16. 17.)

Mémoires de Lord Byron publiés par Thomas Moore, traduits de l'anglais par Mme Louise Sw. Belloc. Paris. Mesnier 1830. 5 volumes. 8°.

(Bibliothèque nationale : Nx.)

Mémoires sur la vie de Lord Byron. Œuvres complètes de Lord Byron. Traduction par M. P. Paris 1830. 8°.

(British Museum ; 11609. g. b. 12.)

Baroness Wentworth. A letter to T. M... occasioned by his Notices of the Life of Lord Byron. London. Marsh and Miller 1830. 8°)

(British Museum : 10803. b. 7 (7))

Baroness Wentworth. Remarks occasioned by T. Moore's Notices of Lord Byron's Life. 1830. 8°.

(British Museum : 10855. c.)

Letters and Journals of Lord Byron, with Notices of his Life by T. M. London. J. Murray 1831. 8°.

(British Museum : 10855. ee.)

Another edition. Paris 1831. 4 volumes. 12°.

(Bibliothèque nationale : Nx. 322.)

Another edition. Paris. 2 Pts. 8º.

(Bibliothèque nationale : 322 A.)

Another edition. London. J. Murray 1833. 8º.

(British Museum : 10855. d.)

Another edition. Paris. 1833. 2 volumes 8º.

(Bibliothèque nationale : 322. B.)

Another edition. London. Chatto and Windus 1875. 8º.

(British Museum : 10856 bbb.)

Legendary Ballads [with the music]. London, J. Power 1830. Folio.

(British Museum : G. 407.)

1831 T. M's Life and Death of Lord Edward Fitzgerald. London. Longman 1831. 2 volumes. 8º.

(British Museum : 615. g. 18.)

Another edition. Paris. Galignani 1831. 12º.

(Bibliothèque nationale : Nx. 499.)

Another edition. Glasgow and London. Cameron and Fergusson 1875. 8º.

(British Museum : 10817. aaa. 1.)

The Summer Fête, a Poem with songs [with the music]. London. J. Power 1831 folio.

(British Museum : g. 404.)

Another edition. Paris. Galignani 1832. 12º.

(Bibliothèque nationale : y.)

1833 The Works of T. M... with a sketch of his life by J. W. Lake. Leipzig. E. Fleischer 1833. 2 volumes 8º.

(British Museum : 11611. f. 14.)

Travels of an Irish Gentleman in search of a Religion with notes and illustrations by T.-Moore. London. Longman 1833. 2 volumes. 8º.

(British Museum : 1119. a. 29.)

Another edition. Paris. Gagliani 1833. 12º.

(Bibliothèque nationale : D. 56270.)
(British Museum : 4415. dd. 10.)

Second Travels of an Irish Gentleman in search of a Religion (occasioned by T. M's « Travels of an Irish Gentleman in search of a Religion). Dublin. Milliken 1833. 2 volumes. 8º.

(British Museum : 1119. a. 31.)

A guide to an Irish Gentleman in his search for a Religion [in answer to « Travels of an Irish Gentleman, etc., by T. M.] by Rev. Mortimer O'Sullivan. Dublin. W. Curry 1833. 8º.

(British Museum : 1119. a. 33.)

Rheinwald (G. J. H.) Wanderungen eines Saechsischen Edelmanns zur Entdeckung der warhen Religion. Ein Seitenstück zu den Wanderungen eines Irlaendischen Edelmanns zu Entdeckung einer Religion, von T. M... 1835. 8º.

(British Museum : 4378. i.)

Travels of an Irish Gentleman in search of a Religion. Paris. Baudry 1835. 8º, tome 83 de la collection Baudry.

(Bibliothèque nationale : z.)

Travels of an Irish Gentleman in search of a Religion [with notes and illustrations, with a biographical and literary introduction by James Burke]. London. Dolman 1853. 8°.

(British Museum : 4416. g.)

The Works of R. B. Sheridan.collected by T. Moore. Leipzig. E. Fleischer 1833. 8°.

(British Museum : 11771. g. 1.)

The Works of R. B. Sheridan, with a Memoir containing extracts from the Life by T. M. London. Bickers and Son 1873. 8°.

(British Museum : 2306. g.)

1835 History of Ireland by T. M. London. Longman 1835-1846. 4 volumes. 8° (Lardner's Cyclopædia.)

(British Museum : 2103. c. d.)

Another edition. Paris. Baudry 1835-1846. 4 volumes. 12°.

(Bibliothèque nationale : N° 102.)

Histoire de l'Irlande. Trad. Bion-Morlavagne. Paris. 1835. 8°.

(Bibliothèque nationale : N° 104.

Htstoire de l'Irlande. Trad. Roujoux. Lyon 1836. 8°.

(Bibliothèque nationale : Na. 290.)

The History of Ireland. London. Longman 1836. 8°.

(Biblothèque nationale : No. 103.)

Mason (H. J. M.) Primitive Christianity in Ireland. A letter to

T. M. exibiting his misstatements in his history. Dublin. Curry 1836. 12º.

$$\left(\text{British Museum}: \frac{1116.\ a.\ 16.}{3}\right)$$

Altere Geschichte Irlandes von den fruhesten zeiten bis zur britischen Invasion. Aus dem Englischen des T. M. frei übergetragen von C. Ackeus. 2 Bde. Baden Baden [printed] und Karlsruhe 1846. 8º.

(British Museum : 1325. f.)

Poetical Works of T. M. Paris. Baudry 1835. 2 volumes 8º. Tomes 77 et 78 de la collection Baudry.

(Bibliothèque nationale : Zh. 2410.)

The Fudges in England, being a sequel to the Fudge Family in Paris by T. Brown te Younger. 2ᵈ edition. London. Longman 1835. 8º.

(British Museum : 993. a. 6.)

The Fudges in England, being a sequel to the Fudge Family in Paris. Paris. Galignani 1835. 8º.

(British Museum : 11642. c. 55.)

Another edition. Paris. Galignani 1835. 12º.

(Bibliothèque nationale : y.)

Another edition. Paris. Baudry 1835. 8º.

(Bibliothèque nationale : y.)

The Works of Lord Byron with his Letters and Journals and his Life by T. Moore. London. J. Murray 1835. 17 volumes 8º.

(British Museum : 991. f. 4. 20.)

Œuvres complètes de Lord Byron avec les Notes et Commentaires de Sir· W. Scott, T. M., etc. Paris 1836. 8°.

(British Museum : 1466. k.)

Opere complete di Lord Byron... con note ed illustrazione... dei Signori M., W. Scott. 1842. 8°.

(British Museum : 11611 g.)

The poetical Works of Lord Byron with his Letters and Journals and his Life by T. M. with portraits and autographs. [Printed by Davidson]. London 1844. 4°.

(British Museum : c. 44. e. h.)

Another edition with notes by T. M. 1845. 8°.

(British Museum : 11611. g. b.)

Another edition with notes and illustrations of T. M. 1850. 8°.

(British Museum : 2046.)

Another edition with notes by Sir W Scott... T. M. 1859. 8°.

(British Museum : 11603. g. 21.)

Another edition with illustrative notes by T. M New-York. Appleton 1869. 8°.

(British Museum : 11611. h. 7.)

1840 The poetical Works of T. M. collected by himself [with a preface to each volume by the author]. London. Longman 1840-1841. 10 volumes. 8°.

(British Museum : 993. c. 16.)

Poetical Works of T. M. Volumes 26-30 of the edition of British authors. Leipzig. Tauchnitz 1841. 16°.

(British Museum : 12267. b.)

Chefs-d'œuvre poétiques de Thomas Moore traduits par Sw. Belloc, avec une traduction des poésies satiriques et burlesques de Moore, une notice sur la vie et les œuvres du même auteur, par D. O'Sullivan. Paris. Gosselin 1841. 8°.

(Bibliothèque nationale : y.)

Poetical Works of T. M. etc. Paris. Galignani 1841. 8o.

(Bibliothèque nationale : y.)

Another edition. Paris. Baudry 1841. 3 volumes. 8°. Tomes 307-309 de la collection Baudry.

(Bibliothèque nationale : Zh. 2410.)

The poetical Works of T. M. A new edition. Paris. Galignani 1842. 8°.

(British Museum : 11611. f. 15.)

T. M's poetische Werke deutsch von Delckers. Zweite Ausgabe. Leipzig. Tauchnitz 1843. 5 Bde 16°.

(British Museum : 11611. a. 23. 4.)

1846 The Beauties of Moore, a series of portraits of his principal female characters... Engraved by a under the superintendence of E. Finden. With a Memoir of the poet and descriptive letter press. London. Chapman and Hall 1846. Folio.

(British Museum : 789. h. 22.)

1847 Select poetical Works. Paris. Baudry 1847. 8°. Tome 342 de la collection Baudry.

(Bibliothèque nationale : z.)

1849 Songs, Ballads and Sacred Songs. London. Longman 1849. 8°.

(British Museum : 11642. c. 34.)

1850 The poetical Works of T. M. complete in one volume (prefaces to the collected edition of ten volumes published in 1840-1841). London. Longman 1850. 8°.

(British Museum : 2046. e.)

Poetical Keepsake containing the best poems of T. M. London. Noble 1850. 16°.

(British Museum : 11601. a. 17.)

1852 The Life of T. Moore by James Burke. Dublin. Duffy 1852. 12°.

(British Museum : 10854. a.)

1853 Poetical Works of T. M. with a Life of the author (Routledge's British poets). London. Routledge 1853. 8°.

(British Museum : 11603 e. 18.)

The Beauties of M., a series of portraits of his principal female characters... Engraved by a under the immediate superintendence of E. Finden. With a Memoir of the poet, and descriptive letter press. London [printed], Edinburgh and New-York. J. Tallis. 1853. Folio.

(British Museum : 1259. d.)

Memoirs, Journal and Correspondence of T. Moore, edited by the R. H. Lord J. Russell. London. Longman 1853-1856. 8 volumes. 8°.

(British Museum : 2039. c.
Bibliothèque nationale : Nx. 786.)

1854 Correspondence between... J. W. Croker and Lord J. Russell on some passages of M's Diary, etc. 1854. 12º.

(British Museum : 10854. c.)

Letter from T. C. Croker... to J. S. Redfield respecting the sale by auction in London of the Letters of T. M. 1854. pp. 31. 8º.

$$\left(\text{British Museum}:\frac{10921\text{ bb.}}{2}\right)$$

Notes from the Letters of T. M. to his music publisher J. Power (the publication of which was suppressed in London). With an introductory Letter from T. C. Croker. New-York Redfield 1854. 8º.

(British Museum : 10920. c.)

Another copy. New-York. Redfield 1854. 8º.

Note. This is a duplicate with the exception of the title page and introductory Letter which have been reprinted. With the suppressed tittle page, London, T. Bosworth, 1853, prefixed, and also a title page as the Letters of T. Moore, New-York.

$$\left(\text{British Museum}:\frac{10921\text{ bb.}}{1}\right)$$

Another copy. The Letters of T. M. (Letter from T. C. Croker... to. J. S Redfield... respecting the sale by auction, in London, of the Letters of T. M) 2 pts. New-York. Redfield 1854. 8º.

Note. This is a duplicate of « Notes from the Letters of T. Moore to his music publisher J. Power, etc. » with the exception of the title page and Croker's Letter.

(British Museum : 10921. bb.)

1855   The poetical Works of T. M. complete in one volume. London. Longman. 1855. 8º.
   (British Museum : 11611. e. 15.)

1856   The poetical Works of T. M. collected by himself with a Memoir. Boston [Mass.] Cambridge [Mass. printed]. Little and Brown 1856. 6 volumes. 8º.
   (British Museum : 11611. aaa. 6. 11.)

   Songs, Ballads and Sacred Songs. London. Longman 1856. 12º.
   (British Museum : 11601. b. 25.)

1858   Poetry and pictures from T. M. with illustrations on wood by B. Foster, D. Maclise etc. London. Longmann 1858. 4º.
   (British Museum : 1347. i.)

1859   Poetical Works of. T. M. with Life. Edinburgh. Gall and Inglis 1859. 8º.
   (British Museum : 11611. bb. 20.)

1860   The poetical Works of T. M. London. Longman 1860. 8º.
   (British Museum : 11611. d. g.)

   Memoirs, Journal and Correspondence of T. Moore, edited and abridged from the first edition by the R. H. J. Russell, with portraits. London. Longman 1860. 8º.
   (British Museum : 10856. c.)

   Thomas Moore, his life, writings, and comtemporaries. by H. R. Montgomery, pp. 208. London. Cautley Newby 1860. 8º.
   (British Museum : 10856. c.)

1862 Israel's Return from Babylon, an oratorio in four parts by J. R. Schachner. The poetry from M's « Sacred Songs ». London. Mitchell 1862. 8°.

$$\left(\text{British Museum}: \frac{11781.\ f.\ 47.}{5}\right)$$

1863 Poetical Works of T. M. with illustrations by K. Halswelle. (Memoir.) Edinburgh. W. Nimmo 1863. 8°.

(British Museum : 11611. aaa. 12.)

1868 The poetical Works of T. M. reprinted from the early editions with explanatory notes etc. The « Chandos Classics. » London. F. Warne 1868. 8°.

(British Museum : 11607. cc. 18.)

1869 The true story of Lord and Lady Byron as told by T. M. (and many others) in answer to Mrs. Beecher Stowe. London. Camden Hotten 1869 8°.

(British Museum : 10856. a.)

1870 Poetical Works of T. M. with illustrations. London. Dicks 1870. 8°.

(British Museum : 11611. c. 21.)

Maffei. Poeti Inglesi e Francesi Byron, Moore (and others) Traduzioni etc. 1870. 8°.

(British Museum : 11420. bb.)

1872 Poetical Works of T. M. with Memoir by D. Herbert... New edition carefully revised. Edinburgh. W. Nimmo 1872. 8°.

(British Museum : 11611. ee. 13.)

The poetical Works of T. M. edited with a critical Memoir by W. M. Rossetti, illustrated by T. Seccombe. Edinburgh and London. Ward and Lock 1872. 8°.

(British Museum : 11611. cc. 15.)

1874 Lord Macaulay's Essay on Moore's Life of Lord Byron (Stoor's English school Classics) London. Rivington 1874. 16°.

(British Museum : 12205. aaa. 38.)

Personal Reminiscences by M... [abridged] and edited by R. H. Stoddard 1874. 8°.

(British Museum : 12209. bbb.)

1877 T. M's favourite poems... Illustrated. Cambridge [Mass. printed] Boston [Mass] J. Osgood 1877. 16°.

(British Museum : 11644. e. 33.)

The Moore's Birth day Book [consisting of extracts from T. M's Works, arranged from every day in the year] Ardrossan [printed] London. Houlston 1877. 12°.

(British Museum : 11646. de 1.)

1878 Poetical Works of T. M. with Memoir by D. Herbert. New edition. Edinburgh. W. Nimmo 1878. 8°.

(British Museum : 11611. ccc. 20.)

Prose and Verse humorous, satirical and sentimental by T. M. with suppressed passages from the Memoirs of Lord Byron, chiefly from the author's manuscript and all hitherto inedited and collected. With notes and introduction by R. H. Shepherd. London. Chatto and Windus 1878. 8°.

(British Museum : 2344. c.)

Another edition. London. Chatto and Windus 1878. 8°.
>(British Museum : 12274. c. 1.)

Alcune poesie di... T. M... Traduzioni di A. Messidaglia, con alcune poesie di H. W. Longfellow, etc. 1878. 12°.
>(British Museum : 11603. b. 25.)

1879 Poetical Works of T. M. with Memoir and notes by Kent... With illustrations (the centenary edition). London. Routledge 1879. 8°.
>(British Museum : 2290. g.)

The Moore's Birth day Book. Another copy (published by A. Guthrie). London. Houlston 1879. 16°.
>(British Museum : 11601. bb. 30.)

A Memory of T. M. with a portrait by S. C. Hall. London. Virtue 1879. 8°.
>(British Museum : 10856. ee. 3.)

M's Poetical Works... with a Life of the poet, illustrated by forty eight steel engravings etc. The London printing and publishing Company 1879-1880. Folio.
>(British Museum : 1869. a. 26.)

1880 The poetical Works of T. M. edited with a critical Memoir by W. M. Rossetti... Illustrated by J. Seccombe. pp. xxviii. 595. (Maxon's popular poets). London. Maxon and Son 1880. 8°.
>(British Museum : 11604. ee.)

The national Moore. Centenary edition including the Airs of the Irish Melodies, National Airs... and a Memoir by J. F. Waller. London. W. Mackenzie 1880. 4°.
>(British Museum : 1603.)

Thomas Moore, the poet, his Life and Works. [with selections from his poems] by A. J. Symington pp. 255 (« Men of Light and Leading ») London. Blackie and Son 1880. 8°.

(British Museum : 10601. aaa.)

The Centenary of Moore... an Ode by D. F. Mac Carthy, etc. 1880. 4°.

(British Museum : 11651. 1. 7.)

1881 Poetical Works of T. M... with a Life etc. pp. xxii. 490. (Part of « the Landscape series of poets ») Edinburgh. Gall and Inglis 1881. 8°.

(British Museum : 11604. df. 16.)

Poetical Works of T. M... with a Life of the author. pp. xxvii. 528. (Part of the « Excelsior series. ») London. Routledge and Sons 1881. 8°.

(British Museum : 11609. e.)

1882 Rothwell J. S. S. From eye to heart etc. [Selections from the poetry of T. M. and others] 1882. 8°.

(British Museum : 12350. i. 16.)

The poetical Works of T. M. edited with a critical Memoir, by W. M. Rossetti. Illustrated by T. Seccombe. pp. xxviii. 595. Perth [printed] London. Ward and Lock 1882. 8°.

(British Museum : 11609. h. 19.)

FIN.

Vu et lu à Bordeaux, le 3 Mai 1886.

Le Doyen de la Faculté, A. COUAT.

Vu et permis d'imprimer :

Bordeaux, le 10 *Mai* 1886.

Le Recteur, H. OUVRE.

TABLE DES MATIÈRES

Page.

Chapitre premier. — (1779-1799). — *Moore à la Maison et au Collège. — Premières œuvres.* — Date de la naissance de Moore. — Sa famille. — Son enfance. — Ses premiers vers. — Ses premiers maîtres. — Supériorité de son intelligence. — Son goût pour le théâtre. — Il devient correspondant d'une revue littéraire. — Le bill de 1793. — Moore entre au collège. — Il obtient une récompense extraordinaire pour des vers anglais. — Ses dispositions pour la musique. — Ode au Roi de Dalkey. — Etat des esprits dans l'Université. — Robert Emmet. — La Société de Dialectique. — Moore concourt pour l'obtention d'une bourse. — La Société d'Histoire. — « Ode sur Rien. » — Moore adresse une lettre au journal « *La Presse.* » — Caractère de cette lettre. — Sa mère découvre qu'il en est l'auteur. — Promesse de ne plus recommencer. — Ses amis. — Son amour du plaisir et du travail. — Il traduit Anacréon. — Ses visites assidues à la Bibliothèque Marsh. — Son bonheur. — Il dédie ses premières œuvres à sa mère. — « La Lampe de sainte Agathe. » — Passion de Moore pour la musique. — Ce qu'il doit à Edward Hudson. — Vocation de Moore. — Les jours d'épreuves. — Inquisition politique au collège. — Insurrection de 1798. — Les victimes. — Mort d'Emmet. — Douleur de Moore. — Il termine ses études avec succès. — Considération dont il jouit. — Il se destine au barreau. — Son départ pour Londres.. 1

Chapitre II. — (1799-1802). — *Traduction des « Odes d'Anacréon. » « Œuvres poétiques de feu Thomas Little. »* — Pre-

Chapitre II (suite). Page.

mières relations de Moore à Londres. — Ses occupations. — Le Docteur Hume. — Quelques odes d'Anacréon jugées par le Docteur Lawrence. — Moore fait connaissance de Lord Moira. — Ses relations dans le grand monde. — Il y trouve des souscripteurs. — Publication de sa traduction d'Anacréon. — Examen de l'ouvrage. — Son caractère. — Sa valeur. — Sa vogue. — Grande réputation de Moore. — Il est fêté dans tous les salons. — Sa vie de plaisirs. — Ses affections de famille. — Sa pureté de cœur. — Son amour du travail ne perd rien de sa force. — Ses « Poèmes de Jeunesse. » — Raison pour laquelle il les publie. — Ses regrets à ce sujet. — Ce que montre sa poésie « My birthday. » — Thomas Little comparé à Horace et à Prior. — Genre de ses poésies. — Leur examen. — Véritable caractère de Little. — Jugement de Byron. — Little est-il un Catulle ? — Aspirait-il à être un Tibulle ? — Ses poésies sont-elles de même nature que celles d'Alfred de Musset ? — Leur mérite littéraire.................................. 19

Chapitre III. — (1803-1807). — « *Odes, Epîtres et autres Poèmes.* » Les « *Mélodies Irlandaises.* » — Moore obtient une charge aux Bermudes. — Ses sentiments à ce sujet. — Son voyage à bord du « *Phaëton.* » — Il relâche à Norfolk. — Lettre à sa sœur Catherine. — Sa ballade « le Lac du fatal Marais. » — Son arrivée aux iles Bermudes. — Description du pays dans une lettre à sa mère. — « L'Esprit de Neige. » — Epitres à la Marquise Douairière de Donegal, à George Morgan, à Joseph Atkinson. — Les descriptions poétique de Moore jugées par le Capitaine Hall. — Ses Odes à Néa. — Raison pour laquelle il quitte les Bermudes. — Sa grave négligence en prenant un mandataire. — Voyage en Amérique. — Fragments d'un Journal. — Epîtres à Lord Vicomte Forbes, à Thomas Hume, à l'Honorable W. R. Spencer. — Influence passagère des anti-démocrates sur l'esprit de Moore. — Il visite la cataracte du Niagara. — Son sentiment en présence de ce spectacle. — Epitre à Lady Charlotte Rawdon. — Il descend le Saint-Laurent. — La Chanson du bateau canadien. — Son véritable caractère d'après la lettre de Mr. Wyld. — Moore rentre en Angleterre. — Publication de ses « Odes, Epîtres et

Chapitre III (suite).

autres Poèmes. » — Il obtient une place en Irlande pour son père et en attend une pour lui. — Critique virulente de Jeffrey. — Véritable motif de sa critique. — Moore est indigné, mais il n'a pas encore l'intention bien arrêtée de provoquer Jeffrey en duel. — Un incident l'y détermine. — La police empêche les deux adversaires de se battre. — Leur mésaventure. — Communication de Moore au « *Morning Chronicle.* » — Entrevue de Moore avec Jeffrey. — Conséquence heureuse de cette entrevue. — Origine de l'amitié de Samuel Rogers. — Engagement contracté par Moore avec Mr. Power pour adapter des paroles aux Mélodies Irlandaises. — Sa lettre à sir John Stevenson. — Publication des Mélodies. » — Opinion de Moore sur la musique irlandaise. — Caractère général des poésies de Moore. — Examen de quelques-unes. — Leur esprit patriotique. — Leur caractère musical. — Comment il faut les lire. — Intention de Moore en composant les « Mélodies Irlandaises. » — Sa popularité et sa gloire. — Jugement de Lord Byron. — Admirable beauté des « Mélodies ». — Leur puissance actuelle en Angleterre et en Irlande.. 38

Chapitre IV. — (1808-1816). — *Chefs-d'œuvre satiriques.* — Les satires graves de Moore. — La « Corruption. » — L' « Intolérance. » — « Le Sceptique. » — Examen de ces satires. — Leur insuccès. — Moore offensé par Byron. — Provocation en duel sans résultat. — Lettre de Moore aux Catholiques romains de Dublin. — Examen de cette lettre. — Penchant de Moore pour la scène. — Le théâtre de Kilkenny. — Actrices en renom. — Miss Elisabeth Dyke. — Son portrait par Mistress Hall. — Mariage de Moore. — Son opéra-comique « le Bas-Bleu. » — Insuccès de la pièce. — Jugement de Byron. — En quoi consiste le mérite de cet opéra. — Le « Times » accuse l'auteur de courtisanerie. — Comment il s'en défend. — Il se réconcilie avec Byron. — Leur amitié. — Séjour de Moore à « Kegworth cottage. » — « Les Lettres Interceptées. » — Caractère et analyse de ces nouvelles satires. — Leur vogue. — Lord Moira, gouverneur des Indes. — Misère du poète. — Il trouve un asile chez Lord Holland. —

Chapitre IV (suite). Page.

Son attachement aux Whigs. — Il continue ses satires. — Leur publication dans le « Morning Chronicle. » — Analyse de quelques-unes. — Caractère de la raillerie dans Moore. — Objet principal de son attaque. — Ce qui rend ses satires durables. — Leur valeur. — Jeffrey sollicite la collaboration de Moore. — Le poète dans son cottage à Mayfield. — Description de ce cottage. — Son bonheur domestique. — Les « Airs Nationaux. » — Un dialogue inédit. — « Le Monde à Westminster. » — Examen de cette publication. — Les « Chants Sacrés. » — Leurs qualités et leurs défauts. — Beauté parfaite du « Chant de Miriam. » — Les vers de Moore sur « la Mort de Sheridan. » — Leur caractère.................... 68

Chapitre V. — (1817). — « *Lalla Rookh.* » — Moore se dispose, sur le conseil de quelques amis, à composer un poème oriental. — Négociations avec les éditeurs Longman. — Heureuse intervention de Mr. Perry. — Conventions écrites de l'auteur et des éditeurs. — Raisons pour lesquelles Moore n'avance que très lentement dans son travail. — Preuve de confiance de ses éditeurs. — Délicatesse excessive de l'auteur. — Conduite honorable de Messrs. Longman. — Moore va habiter à Hornsey. — Publication de « Lalla Rookh. » — Comment l'ouvrage est accueilli. — Lettre de Lord Strangford à ce sujet. — Il est fort goûté dans toute l'Europe et particulièrement en Prusse et en France. — Considérations générales sur cette composition. — Ses beautés. — Mélange de la fiction et de la vérité. — Opinions d'Hazlitt et de Symington. — Divisions de l'ouvrage. — Exposé de l'histoire de Lalla Rookh. — Le barde Feramorz. — Le grand Chambellan Fadladeen. — Sa critique. — Examen du « Prophète Voilé. » — Caractère de Mokanna. — Episode d'Azim et de Zélica. — Défauts du poème. — Jugement de Byron. — Mérite de l'œuvre. — Opinion de Lord Russell. — Le « Paradis et la Péri. » — Caractère et analyse du poème. — Ce qu'il faut penser du jugement de Fadladeen. — « Les Adorateurs du Feu. » — Supériorité de ce poème. — Son origine. — Exposition du sujet. — Hafed et Hinda. — Caractère de ces deux personnages. — Quelques traits de

Chapitre V (suite).   Page.

ressemblance entre le héros parsi et les héros irlandais.
— Génie dramatique de Moore. — Jugement de Byron. —
Procédé de Moore pour faire mieux ressortir le caractère
de ses personnages historiques. — « La Lumière du
Harem. » — Beauté de ses chants. — Signification du
poème. — A quelle famille de poètes appartient Moore.
— Ce que c'est que « Lalla Rookh. » — Génie de la poésie
orientale dans Moore. — Genre de sa versification. — Ce
qui la caractérise. — Etude de son mécanisme. —
Conclusion   91

CHAPITRE VI. — (1817-1822). — « *La Famille Fudge à Paris.* »
« *Rimes sur la route.* » — Moore visite Paris avec son ami
Rogers. — Aspect de la capitale. — Les badauds de
Londres. — Avantages que le poète irlandais tire de ce
spectacle. — Son retour à Hornsey. — Il change de résidence. — Sloperton. — Description de son nouveau cottage. — Œuvres charitables de Mistress Moore. — Publication de la satire « la Famille Fudge à Paris. » — Objet
et examen de cette satire. — Sa portée. — Sa vogue.
— Son mérite. — Moore apprend les malversations de son
mandataire. — Il est redevable de 6,000 *l.* — Offres de
service faites avec une extrême délicatesse. — Lettre de
Jeffrey et de Napier. — Moore refuse tout secours. — Sa
gaieté naturelle l'emporte sur ses chagrins. — Lettre à
Lady Donegal. — Cause du voyage de Moore à Dublin.
— Grand dîner donné en son honneur. — Il prononce
de nobles et chaleureuses paroles. — Chanson plaisante
de Samuel Lover. — Moore fait l'éloge des poètes vivants
de la Grande-Bretagne. — Ses nouvelles occupations à
Sloperton. — La « Vie de Sheridan. » — « T. Crib's
Memorial. » — Comment l'auteur juge lui-même cette
facétie. — A ce propos, il nous apprend ce qui lui rend la
composition plus facile. — Moore est obligé de quitter
l'Angleterre. — Il part pour l'Italie avec Lord Russell. —
Ascension du Simplon. — Emotion du poète. — Le Jura.
— Effet produit sur Moore par la vue du Mont-Blanc.
— Sentiments du poète. — Continuation du voyage. —
Vers adressés par Moore à Lord Russell. — A Milan, les
deux amis se séparent. — Lord Russell part pour Gênes.

Chapitre VI (suite). Page.

— Moore se rend auprès de Byron. — Les deux poètes à Venise. — Leur vie intime. — Byron donne à Moore ses Mémoires. — Conjectures de Moore à ce sujet. — Ses réflexions sur le caractère de Byron. — Son séjour à Florence et à Rome. — Son voyage en compagnie de Chantrey et Jackson. — Visite aux Charmettes. — Il s'établit à Paris. — Sa vie de plaisirs n'affaiblit pas son amour pour Bessy. — Bonheur de Bessy. — Charmes du cottage que Moore habite sur la route de Bellevue. — Ses relations avec les propriétaires du cottage. — Nombreux travaux du poète. — Barnes lui propose d'écrire dans le « Times. » — Arrangement de ses affaires. — Son retour à Sloperton. 122

Chapitre VII). — 1822-1825). — « *Les Amours des Anges.* » « *Le Capitaine Rock.* » « *Vie de Sheridan.* » — Réduction de la dette de Moore. — Générosité d'un ami. — Moore se libère. — Sa nouvelle ardeur. — Projet de composition poétique. — Fâcheuse nouvelle. — Même sujet traité par Byron. — Il hâte en vain, contre ses procédés habituels, la composition et la publication de son poème. — « Les Amours des Anges » ne paraissent qu'après « Ciel et Terre. » — Le poème de Moore repose sur un verset de la Genèse. — Il n'y a pas d'erreur dans la version des Septante. — En quoi consiste l'erreur. — Esprit du poème. — Ce qu'il enseigne. — Analyse et examen de chaque partie. — Les anges de Moore diffèrent de ceux de Milton. — Intérêt du poème, malgré ses défauts. — Exposé de la composition de Byron. — Différence complète entre les deux œuvres. — Leur caractère. — Elles sont peu goûtées. — Mérite du poème de Moore. — Ses « Fables. » — Leurs vérités. — Ce qu'ont rappporté à Moore ces deux ouvrages. — Séjour à Londres. — Ses triomphes dans le monde. — Voyage en Irlande. — « Mémoires du Capitaine Rock. » — Leur importance. — Mort de Byron. — Sa famille et ses amis personnels réclament ses Mémoires. — Noble conduite de Moore. — Son intégrité et ses scrupules. — La perte des Mémoires de Byron n'est pas très grande. — Témoignage de Lord Russell et de Lord Byron à ce sujet. — « Vie de Sheridan. » — Le public est un peu désappointé à son apparition. — Ce qu'on reproche à cet ouvrage. — Propos

Chapitre VII (suite). Page.

malicieux du roi George IV à cette occasion. — Partialité de Moore reconnue par lui-même. — Caractère et importance de l'ouvrage. — Lettre de Lord Russell à ce sujet. — Les « Soirées en Grèce, » chants lyriques. — Ce qui les caractérise 143

Chapitre VIII. — (1825-1827). — *Nouvelles poésies satiriques.* « *L'Epicurien.* » — Voyage de Moore en Ecosse. — Son opinion sur Robert Burns. — Il visite Walter Scott. — Ce qui fait l'objet des conversations du grand romancier. — Particularité du talent musical de Moore. — Effet qu'il produit sur Scott. — Le poète à Edimbourg. — Sa visite à Jeffrey. — Opinion du célèbre critique sur la « Vie de Sheridan. » — Puissance du chant de Moore sur Jeffrey. — Rapports de Moore avec les écrivains les plus distingués. — Scott et Moore au théâtre. — Réception triomphale. — Retour du poète à Sloperton. — Il apprend que son père est dangereusement malade. — Son départ immédiat. — Précautions prises au sujet de Moore par sa mère et ses sœurs. — Mort de son père. — Graves embarras. — Moore refuse l'offre de Wellesley. — Opinions diverses sur sa conduite dans cette circonstance. — Bons offices de Messrs. Longman. — Moore arrange toutes les affaires et tire sa mère de peine. — Il revient à Sloperton. — Il compose pour le « Times » des poésies satiriques. — Sujets de ces poésies. — Ce qu'elles lui rapportent. — Moore revoit Walter Scott. — Propositions faites à Moore pour éditer des ouvrages périodiques. — Comment il les accueille. — Etat de gène dans lequel il vit. — Sa cause. — Publication de « l'Epicurien. » — La conception de cet ouvrage est fort ancienne. — Exposé du plan tracé par l'auteur en 1820 et analyse de l'ouvrage. — Modifications introduites par Moore dans son plan. — Leur importance. — Premier essai en vers. — Difficultés qui le font renoncer à ce genre. — Il recommence son ouvrage en prose. — Grave défaut de composition. — Caractère poétique de l'ouvrage. — Opinion d'Edouard Thierry sur la ressemblance de « l'Epicurien » avec les « Martyrs » et « Atala. » — Réfutation de cette opinion. — Esprit dans lequel Chateaubriand a conçu ses

Chapitre VIII (suite). Page.

deux poèmes. — Intention de Moore en composant le sien. — Sens allégorique de « l'Epicurien. » — Son originalité. — Ce qu'il est, si on le considère en dehors de toute allégorie. — Moore assiste à une fête sur la Tamise. — Rapprochement fait entre cette fête et « la fête d'Athènes » de « l'Epicurien. » — Origine de « la Fête d'Eté. » 166

Chapitre IX. — (1828-1834). — « *Vie de Byron.* » « *Vie d'Edward Fitzgerald.* » « *Voyages d'un Gentleman Irlandais.* » — Moore commence la biographie de Byron. — Il conclut un marché avec Murray. — Moore perd sa fille Anastasie. — Sa douleur inconsolable. — Ses propres paroles à ce sujet. — Publication de la « Vie de Byron. » Attrait incomparable de l'ouvrage. — Ce qu'il a coûté de recherches et de travail. — Raisons pour lesquelles la « Vie de Byron » était plus difficile à écrire que celle de Sheridan. — Extraits de l'ouvrage. — Caractère de l'homme et de l'écrivain dans Byron. — Mérite littéraire de cette biographie. — Jugement de Macaulay. — Seul reproche qu'on puisse faire à Moore. — Son intention en écrivant ce livre. — Son indulgence pour les fautes de Byron est justifiée. — Macaulay lui-même défenseur de Byron. — Moore avait une connaissance parfaite du caractère de Byron. — Extraits de ses notes manuscrites. — Lettre de Lady Byron. — Objet et valeur de cette lettre. — Voyage de Moore avec Bessy en Irlande. — Motifs de ce voyage. — Souvenirs de vingt ans. — Moore complète par des renseignements les documents qu'il possède déjà pour écrire la vie d'Edward Fitzgerald. — Il assiste à un meeting en l'honneur de la Révolution de 1830. — Il y prend la parole. — Ses qualités oratoires. — Il refuse de se porter candidat pour un siège au Parlement. — Sa rencontre chez Mr. Watson Taylor avec la duchesse de Kent et la Princesse Victoria. — Il publie les « Mémoires de la Vie et la Mort d'Edward Fitzgerald. » — Mérite de cette biographie. — Entretien de Moore avec ses amis Whigs sur le bill de réforme parlementaire démontrant la fausseté des bruits qui circulaient sur son compte. — Il revoit Walter Scott pour la dernière fois. — Ses vers

Chapitre IX (suite).

sur le poète Crabbe. — Il perd sa mère. — Sa constante affection pour elle. — Caractère et traduction d'une poésie qu'il lui avait adressée. — Trait de délicatesse de Moore à l'occasion d'une offre faite par le Capitaine Marryat. — Ce trait confirme le jugement porté jadis sur son caractère par le Docteur Parr. — Ses concitoyens le pressent encore une fois d'accepter un siège au Parlement. — Raison pour laquelle il refuse de nouveau toute proposition de ce genre. — Comment William Curran juge la lettre qu'il écrit à ce sujet. — Publication des « Voyages d'un Gentleman Irlandais à la recherche d'une Religion. » — Jour nouveau sous lequel se montre l'écrivain. — Sa connaissance des auteurs ecclésiastiques. — Analyse de l'ouvrage. — Sa conclusion. — Quel personnage a-t-il représenté dans ce Gentleman Irlandais? — Ses convictions religieuses. — Caractère de son ouvrage. — Œuvres suscitées par les « Travels. » — « L'Irlande et Lord Grey. » — Ce qu'était encore Moore en 1834, d'après le portrait fait par Willis. — Supériorité de ce portrait sur celui qu'avait tracé Leigh Hunt en 1828.............. 188

CHAPITRE X (1835-1852-1879). — « *Histoire de l'Irlande.* » « *Les Fudge en Angleterre.* » *Mémoires, Journal et Correspondance de Moore.* — « Histoire de l'Irlande. » — Plan de l'ouvrage. — Publication du premier volume. — Ce que Moore aurait fait, s'il avait suivi le conseil de Lord Russell. — Défauts de son premier volume. — Comment Moore fut jugé. — Erreurs commises à propos de l'introduction première du Christianisme en Irlande. — L'ouvrage s'étend à cinq volumes. — Conséquences de ce travail. — Ce qu'il faut en penser. — Moore fait paraître « les Fudge en Angleterre. » — Objet de ces nouvelles lettres satiriques. — Examen du caractère des personnages qui sont censés les avoir écrites. — Reproche adressé à Moore au sujet de cette composition. — Comment il s'en lave. — Esprit religieux du satirique. — Edition des Œuvres de Lord Byron. — Son défaut. — Lord Russell propose à Moore une place aux Archives. — Le poète la refuse. — Lord Lansdowne lui fait part d'un projet de pension pour lui. — Nouveau voyage de Moore en Irlande. — Comment il est reçu par

Chapitre X (suite). Page.

ses concitoyens. — Il revoit la maison où il est né. — Il assiste à une scène émouvante. — Lord Lansdowne l'informe qu'une pension lui est accordée. — Ce qu'elle représente. — Moore visite la vallée d'Avoca et le village de Bannow. — Lettre de Mistress Moore à son mari au sujet de sa pension. — Opinion du Journal de Chambers et du « Standard. » — Moore revient en Angleterre. — Il se rend à Mayfield. — Sa visite à Lord Shrewsbury et à Lady Cooper. — Il rentre à Sloperton. — Ennui que lui cause une indiscrétion de Willis. — A quoi se bornent ses productions, à partir de cette époque. — Préfaces pour la grande édition de ses Œuvres poétiques. — Erreurs qu'elles contiennent. — Cause de ces erreurs signalée par Lord Russell. — Chagrins domestiques. — Mort du plus jeune fils de Moore. — Décoration conférée au poète. — Il parait ne plus se plaire dans le monde. — Ses absences d'esprit à propos desquelles Sydney Smith le plaisante. — Gravité de ces absences. — Il perd son fils aîné et sa dernière sœur. — Effet désastreux de ces morts sur la santé et le moral de Moore. — Il est atteint d'un ramollissement du cerveau. — Pension accordée à Mistress Moore. — Son dévouement admirable. — Mort de Moore. — Il repose dans le cimetière de Bromham, à côté de deux de ses enfants. — Etat dans lequel Mistress Hall trouve sa veuve six mois après. — Ses occupations. — Lord Russell édite les Mémoires, le Journal et la Correspondance de Moore. — Ce que cet ouvrage rapporte à Mistress Moore. — Sa mort. — Son legs. — Défauts de l'ouvrage. — Le Journal de Moore offre peu d'intérêt. — Ce qui en fait le fond. — Il met en évidence deux traits du caractère de Moore. — Conclusion de Lord Russell. — Cause et résultat de la correspondance entre J. W. Croker et Lord Russell au sujet de quelques passages du Journal de Moore. — Honneurs rendus au poète en 1857 et en 1879. — Discours de Lord O'Hagan. — Ode de Mac Carthy. — Les « Mélodies » sont chantées. — On célèbre aussi la mémoire de Moore dans le Nouveau-Monde. — Caractère de cette fête. — Elle est la consécration du jugement de Byron 210

Chapitre XI. — *Moore et les Poètes contemporains.* — *Conclusion.*

Chapitre XI (suite). Pages.

L'homme et l'écrivain connus à fond dans Moore. — Ce qu'il reste à rechercher. — Effet différent produit sur Walter Scott et sur Moore par la gloire de Byron. — Génie poétique de Moore comparé à celui de ses contemporains. — George Crabbe. — Samuel Rogers. — William Wordsworth. — Walter Scott. — Samuel Taylor Coleridge. — Robert Southey. — Charles Lamb. — Thomas Campbell. — James Leigh Hunt. — Byron. — Percy Bysshe Shelley. — John Keats. — Originalité du génie de Moore. — Sa suprématie dans la poésie satirique et lyrique........ 232

Bibliographie... 247

FIN DE LA TABLE DES MATIÈRES.

Saint-Brieuc. — Imprimerie de Francisque Guyon.

ERRATA

Lisez p. 1 et 283. Le bill de 1794.
— p. 6. En 1794, un bill du Parlement avait ouvert l'Université aux Catholiques. C'était le *relief bill* qui fut présenté au Parlement au mois de Janvier de cette année et adopté par les deux Chambres avant la fin de Mars.
— p. 38 et 284. Les descriptions poétiques etc.
— p. 51. un arrangement pris d'avance entre eux pour qu'il n'y eût pas de balles etc.
— p. 68 et 285. Leur amitié.
— p. 72. la grande satire « les Poètes anglais et les Critiques écossais » que Lord Byron n'avait mis guère plus d'un an à composer, pour se venger de l'article impitoyable publié en janvier 1808, etc.
— p. 76. « Young Love lived once in an humble shed. »
— p. 92. le Général Vallancey etc.
— p. 104. ses soins etc.
— p. 106. se réfugièrent etc.
— p. 117. Spirit of Fragrance etc.
— p. 118. nous obtenons alors un anapeste. « ãspen-trees, »
— p. 120. variété de la césure, etc.
— p. 121. un caractère d'harmonie pure ou imitative.

Lisez p. 132. Byron, le génie par excellence, etc.
— p. 143. Propos malicieux du Roi George IV etc.
— p. 155. dans une gloire sans tache etc.
— p. 173. avec simplicité et économie.
— p. 179. by the flash that blazed
— p. 180. { But quick let fall.....
          { dans les éditions postérieures.
— p. 215. c'est le Livre de Durrow, et non ce manuscrit, etc
— p. 227. dans le VIIIe volume, etc.
— p. 252. are the three greatest etc.
— p. 258. Anmerkungen etc.
— p. 272. T. Brown the Younger.
— p. 277. writings and contemporaries, etc.
— p. 286. Comment l'ouvrage est accueilli.
— p. 289. Il revient à Sloperton.

www.ingramcontent.com/pod-product-compliance
Lightning Source LLC
Chambersburg PA
CBHW070742170426
43200CB00007B/618